JN074365

入門 歴史総合

General History

Q&A 100

坂出 健 著

中央経済社

はじめに
──『逆まわりの世界』へようこそ

　本書は，時間的・空間的に膨大な広がりをもつ歴史総合世界を，100のクエスチョンを入り口として，読者一人一人の歴史総合・世界史探求・日本史探求の歴史観を構築するためのガイドブックです。本書は，世界史（欧米史・東アジア史）・日本史を100の見開きのクエスチョンとアンサーにまとめたので，トピックのリストを眺めて，関心のあるトピックをどこからでも読むことができます。トピックの選定においては，世界の歴史と日本の歴史の相互関連性を重視し，現代的な課題の形成に関わる歴史の大きな変化を理解しやすいように構成しました。クエスチョン形式をとることによって，社会的事象の歴史的な見方・考え方を働かせ，課題を追究することができるようにしました。また，高大接続（高校大学接続）の観点から，叙述は大学1・2回生の基礎的歴史的知識を得ることができるようにしたので，専門課程での欧米・アジア・日本の歴史系講義を履修する助けになればと考えます。言わば，決められたコースに沿ってサファリ・パークを観光するのではなく，本書を片手に歴史総合世界を探検するためのヒッチハイク・ガイドです。

本書の特色

(1)　「問い」からの出発。まず，目次のトピック・リストを眺めてください。気になるクエスチョンについて，著者の見開き2ページのアンサーを読んでください。なるほどと思うものもあるかもしれませんし，ちょっと納得いかないなあ，難しいなあと思うトピックもあるかもしれません。トピック末の関連トピックの示唆や，前後のトピックを読んでみてはどうでしょうか？

(2)　「逆さ・世界史」。本書は通例の歴史の書物が取る「過去→現在」でなく，フィリップ・K・ディックがSF小説『逆まわりの世界』で描いた時間軸が逆に流れる世界のように，「現在→過去」に遡って叙述しています。現在から過去にトピックを遡っていくやりかたで，因果関係でいえば，結果を前提にして，その原因を探っていきます。ただし，本書を初めから終わりに，現代から過去に読む道筋は，中高での世界史・日本史・歴史総合科目のいずれ

かを一通り学習した読者には，知識をおさらいしながら読めるので理解しやすいが，そうした経験のない者にとっては脈絡がつかみにくいかもしれません。そうした場合は，本書の終わりの方から初めに，Part VIからPart I に，つまり現実の歴史的時系列に沿って読むと頭に入りやすいでしょう。こうした倒叙法はミステリーでは，よくある手法ですね。冒頭で真犯人を提示しておいて，なぜどのように彼／彼女が犯罪を犯したか読者に推理してもらう手法です。

(3) 世界史と日本史の連関。本書は，世界史，なかでも欧米史と東アジア史の連関，また，日本と東アジア・日本と欧米の連関を，「点と線」で結ぶだけでなく，さらには，日本史にとっての世界史だけでなく，世界にとっての日本史についても重層的に叙述するように試みました

本書の使用法

(1) 高校での歴史総合授業では，教師と学生で，帝国書院編集部『明解歴史総合図説シンフォニア』（帝国書院，2022年）などの歴史地図・史料集を使い，本書のトピックを参考にしながら討議してみてはどうでしょうか？

(2) 受験対策としては，歴史総合・世界史（探究）・日本史（探究）について，①共通テスト，②私立大学入試，③国立大学二次試験（論述）の学習をできるようにしました。勉強の仕方としては，まずトピックの本文を読み，太字の重要キーワードを理解して下さい。その後，Chapter末の各トピックの「本文の用語」でおさらいしてください。その後，「共通テストの用語」「私大の用語」をお読みください。私大問題は，各大学・各学部毎に特色があるので，受験学部の過去問を解き，①共通テストをベースにおさらいするといいでしょう。本文に出てこない用語については，教科書・用語集などで意味を理解して下さい。こうした用語を踏まえて，国立二次の論述を試すとよいでしょう。

(3) 大学の講義・ゼミなどでは，参考文献を入手してより深いテーマ探究を期待しています。本文内には適宜，学習参考書読み物という特徴の範囲内で，参考にした文献を，坂出［2010：23-25］のようなスタイルで明示しました。各トピックには，歴史面では岩城卓二他編著『論点・日本史学』（ミネル

ヴァ書房，2022年・吉澤誠一郎監修『論点・東洋史学』（ミネルヴァ書房，2022年）・金澤周作監修『論点・西洋史学』（ミネルヴァ書房，2020年）の項目の対応箇所を記しました。表記は，『論点・西洋史学』Ⅴ西洋現代史の論点9混合経済と福祉国家（坂出健）の場合は，坂出健「混合経済と福祉国家」西Ⅴ-9：256-257（ページ）となります。経済面では，入門Q&A100シリーズから，坂出健・秋元英一・加藤一誠編著『入門アメリカ経済Q&A100』（中央経済社，2019年），坂出健・松林洋一・北野重人編著『入門国際経済Q&A100』（中央経済社，2023年）より，坂出健「Q66プラザ合意とは何だったのか？」（アメリカ［2019］）；坂出健「Q97ウクライナ戦争は国際経済をどう変えるか？」（国際経済［2023］）のように表記しました。

(4) ビジネスマンがリカレントのために，経済面ではインフレ・円安・資源エネルギー価格の高騰・金利の行方，政治・軍事面ではウクライナ戦争以後の国際情勢の激動を，政策的・理論的に理解するために，世界史・日本史を学びなおしするマテリアルにもなるでしょう。

　また，各パートに適宜，本書の理解を助けるように，小説等についてのコラムをイラストレーション付きで掲載しました。学習の息抜きに楽しんでくれれば幸いです。

京都三大祭の一つである時代祭では，明治維新時代から平安京の造営された延暦時代まで最近から昔へ，歴史を遡って各時代の風俗が行進します。同様のスタイルで，現代の世界から過去へタイム・トラベルの旅を楽しんでください。歴史総合宇宙の果てにある未来のレストランで料理を食べながら，この宇宙の終末を見物するか？　過去に飛び，この宇宙の中心でハンバーガーを食べながらビッグバンを見物するか？　いずれも，また実世界（リアル・ワールド）に干渉することも，可能です（ダグラス・アダムス『宇宙の果てのレストラン』をお読み下さい）。

2023年4月

吉田，京都

坂出　健

800年世界史の概観

	Society	覇権	戦略商品
①米中覇権衝突	Society5.0 Industry4.0	サイバー・ 宇宙覇権	５G携帯・AI・ 自動運転等
②パクス・アメリカーナ	Society4.0 情報 （第二・三次産業革命）	空の覇権	鉄鋼・石油・化学・ 自動車・航空機・ 原子力
③パクス・ブリタニカ	Society3.0 工業 （第一次産業革命）	海の覇権	奴隷・綿・鉄・ 鉄道・造船
④パクス・モンゴリカ	Society2.0 農耕	陸の覇権	香辛料→砂糖・茶・ 奴隷・毛織物・絹 （生糸）

動力	通商決済・貨幣	レジーム	God (価値観・拠り所)
核融合・ 新エネルギー	電子マネー	民主主義人権 をめぐる闘争	シン冷戦「サイバー 空間における民主主 義規範」
内燃機関・ 原子力	ドル体制 （ブレトン・ウッズ体 制→米国債本位制）	独占資本主義・ 債務国帝国主義	冷戦「自由・民主主 義・人権」vsスター リニズム
蒸気機関	自由貿易・金貨・ ポンド （国際金本位制）	自由競争資本主義・ 債権国帝国主義	宗教改革・鎌倉新仏 教から近代科学へ
馬	遠隔地貿易・ 銀貨	封建帝国（封建制・ 絶対主義・重商主義）	世界宗教の貴族宗教 化

●CONTENTS ────────────────────────────

PART II

米中シン冷戦の20年

Chapter 5

第二次世界大戦神話の解体 （1941-1960） —— 101

Chapter 8 アメリカの台頭（1750-2021）—————— 167

📖 ユートピア・ディストピア⑥ 佐藤賢一『アメリカ第二次南北戦争』
————————— 168

Chapter 9 イギリス革命と産業革命（15世紀〜1850）————— 181

📖 ユートピア・ディストピア⑦ ミルトン『パラダイス・ロスト』—— 182

PART VI

ニシエヒガシエ

Chapter 12 フィクションとしての「ウェストファリア」──── 259

PART I

世界史という問い

●基本地図Ⅰ：パクス・モンゴリカ

神聖ローマ帝国

ワールシュタット
の戦い

キプチャク＝ハン国
(1243～1502)

オゴタイ＝ハン国
(1225頃～1252)

イル＝ハン国
(1258～1353)

チャガタイ＝ハン国
(1307～14世紀～16世紀)

マムルーク朝

元

上都

大都

元寇

Chapter 1
世界史という問い

📖 『ハーモニー』 伊藤計劃

　三人の女子中学生，霧慧トァン・御冷ミァハ・零下堂キアンは，「生府」によってすべての個人の中脳に医療デバイスWatch Meがインストールされた健全・健康・平和な医療社会を憎んでいた。医療社会は，半世紀前のアメリカでの暴動を契機に全世界で戦争が起こり未知のウイルスが蔓延した＜大災禍＞によって，人間のボディが稀少な資源となったことから生み出された。このシステムはナチス・ドイツの生命主義（構成員の健康の安全を最大の責務とする政治的主張，若しくはその傾向，20世紀に登場した福祉国家（坂出健「混合経済と福祉国家」西V-9：256-257）を原型とする）を中核原理とする医療合意共同体であった。善意に包まれ，お互いが慈しみ合いハーモニーを奏でる医療社会では，公共的正しさが絶対であり，禁煙ファシズムの究極型として，身体を損なうあらゆる悪慣習—喫煙・飲酒・自傷—が禁じられていた。トァンは，ミァハの革命思想に共鳴し，医療社会で最も禁じられていた自殺を試みるが，キアンが生府に密告したため，ミァハだけが死ぬ。

　長じてトァンは世界保健機構（世界原子力機構の遺伝子版）螺旋監察事務局上級監察官となっていた。生府が管理しない紛争地域で，禁じられた不健康行為である酒と葉巻を嗜むためであった。しかし，不法行為は発覚し，日本に送還される。日本でトァンと再会したキアンは「ごめんね，ミァハ」といいつつ食事中，フォークで自らの喉を刺し，自殺する。その瞬間，世界中で「同時多発自殺事件」が発動する。トァンは捜査を開始する。トァンは，ミァハが死んでいなかったことを知るとともに，人間の意志を操る「次世代ヒト行動特性記述ワーキンググループ」が生府上層部に存在し，同時多発自殺事件にも関与していることを究明する。そのとき，「同時多発自殺事件」実行犯がテレビ放送で，「健康・幸福社会を壊すため，1週間以内に人類全員が誰か1人を殺さなければ，世界中の人間を自殺させる」と宣言する。健康で幸福なユートピア——医療社会——は，自分が生き残るために人と人が殺しあうディストピアに変貌する。

　トァンは，「同時多発自殺事件」がミァハが謀った医療社会への復讐だと

察する。ミァハは，人間の意志を制御することで＜大災禍＞の再来を防ぐ
「ハーモニー・プログラム」の過激派であった。「ハーモニー・プログラム」
は，人間の意識を消滅させるメカニズムであった。ミァハはソビエト連邦崩
壊時のコーカサスの紛争地域チェチェンに存在した「意識のない民族」の出
身だった。トァンは，ミァハの待つチェチェンに向かい，ミァハに再会する
までの痛みと苦しみのなかで，Watch Meが，人間から病と病と感じること
を「外注」に出したことを悟る。ミァハは，再会したトァンに，ハクスリー
『すばらしき新世界』（1932年）を引き，彼女の思いを告げる。「人類は
＜大災禍＞のあと，まやかしの幸福と永遠を選択し，進化のその場その場の
適応パッチの塊で，継ぎ接ぎの出来損ないな動物であることの否定を選ん
だ」と。トァンはミァハに自分の意思で弾丸の引き金を引き，「わたし」と
いう人間の意識が消滅する。

　サイバー空間なる人間の集合的な意識野で虚構＝フィクションと現実＝リ
アルが交錯する。現代において個人の自由意志はいかにして可能か？（映画
版配信はPrime Video）

世界史を地球史のなかでどう位置づけるか？

〈視点① 人新世〉

物質の歴史から人類の歴史へ

　これから歴史を総合的に考えていくイントロダクションとして，世界史を地球史のなかでどう位置づけるか？　という問題を考えてみよう。SF作家H.G.ウェルズは『世界史概説』（1922年）で，最初に物質の誕生から始めている。ウェルズの世界史は，物質の誕生が始まって，宇宙の始まり，銀河系の生誕，地球の誕生，それから地球史の中でも，無機物の発生，有機物の発生そしてようやく生物，そして哺乳類・人類そして社会の成立まで，岩波新書翻訳版の前半を占めている。最初から読み進めても人類がなかなか登場しなくてやきもきするところだが，現在，ウェルズのような自然科学的な歴史，地球史との関係で世界史を考える視点が注目されている（ウェルズ［1966］）。それが，「人新世」という概念である。

視点① 人新世

　資本主義が始まってだいたい200年ぐらいとして，この時期の人類の活動のアウトプットが，地球史の時代を画すような，地質学的な変化を及ぼしているというのが人新世論の主なメッセージである。現代は，地球の気候変動について，世界の首脳が真剣に考えなくてはならない時代になっている。世界史を地球史とリンクさせて考えないといけない時代に入っているというのが第一の押さえるべき点である。

　図表産業革命―「人新世」の始まりを見てほしい。人新世を提唱したボヌイユは，地球史のおおまかに200年前までの完新世（地質時代の区分として，最後の氷期が終わり，温暖化が始まった1万年前からを指し，人類が発展した新石器時代以降にほぼあてはまる）とそれに対してこの200年間の資本主義の活

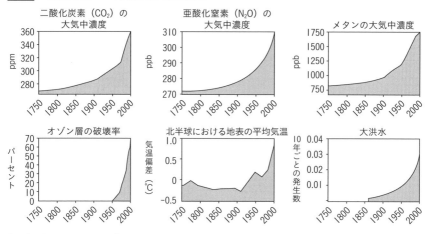

図表 ▶ 産業革命 ―「人新世」の始まり

（出所）ボヌイユ・フレゾズ『人新世とは何か』（青土社，2018年）26〜27頁

動によって，人口・エネルギー，CO_2，こういう指標で，今日，地球の地質そのものを計測すると，この長い完新世から200年でもう新しい時代に入っていることに着目した。地球史という非常に長い時間から見るとほんのわずかな200年という過程が地球史までフィードバックするようになってしまい，地質そのものが変化しつつあるという警告を発している（ボヌイユ・フレゾズ[2018]）。

なぜユーラシア大陸で文明が発達し，南北アメリカ大陸で発達しなかったのか？
〈視点②　ウイルス〉

図表 大陸の広がっている方向

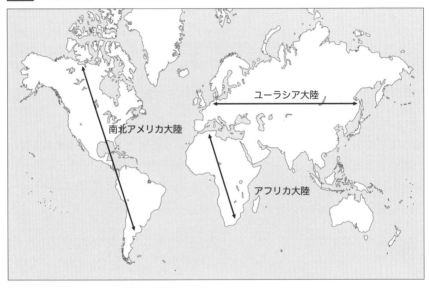

(出所) ジャレド・ダイアモンド『銃・病原菌・鉄（上）』（草思社，2012年）327頁

視点②　ウイルス・病原菌

　近年，世界史分野のベストセラーが内外で連発されている。たとえば，この間の社会情勢では，新型コロナ（COVID-19）が大きな着目を浴びているが，COVID-19との関係でいうと，**ウイルス・病原菌から見る1万3000年の人類史**という視点で，ダイアモンドの『銃・病原菌・鉄』が世界・日本で，上・下巻累計120万部のベスト・セラーとなった。ダイアモンドは，なぜユーラシア大陸で文明が発達し，南北アメリカ大陸では文明が発達しなかったのか？　とい

う疑問に取り組み，人類1万3000年の歴史を描いている。

　生物学者ダイアモンドは，鳥類進化の調査のために訪れたニューギニアで，あるニューギニア人から「あなたがた白人は，たくさんのものを発達させてニューギニアに持ち込んだが，私たちニューギニア人には自分たちのものといえるものがほとんどない。それはなぜだろうか？」との問いを投げかけられた。西洋白人文明と貧しい熱帯地域の不均衡についての根源的なこの質問から，ダイアモンドは人類社会の歴史が大陸ごとに異なる展開という問題に踏み込んだ（ダイアモンド［2012］）。

　ダイアモンドは，ユーラシア大陸は東西に長く，それに対して南北アメリカ大陸は，南北に長いという事実に着目した。メルカトール図法でいうと，南北アメリカ大陸・アフリカ大陸は緯度との関係で，縦長だったが，ユーラシア大陸は，緯度でいえば同じ幅で，経度でいえば長く，横長だということになる。これ自身は当たり前のことに見えるが，人類の発達史からすると，食物について，栽培，家畜，野生植物が栽培され農耕に発達するプロセス，それから野生動物を飼い馴らして，家畜にするという発明の伝播の仕方が，南北に長いアメリカ大陸・アフリカ大陸と東西に長いユーラシア大陸で違いがある。

　栽培・家畜において主要な作物・品種があるが，南北に長い南北アメリカ大陸の場合，緯度の幅が大きく，寒暖差があるので，伝播が困難である。それに対してユーラシア大陸の場合は栽培・家畜化の新発明が東西に，比較的寒暖差がない同じ緯度で東から西へ，西から東へと比較的容易に伝わり，同じ幅の緯度の範囲内で伝播することが可能である。その結果，文明はユーラシア大陸で発達し，南北アメリカ大陸，そしてアフリカ大陸ではそれほどは発達しなかったとダイアモンドは考えた。南北アメリカ大陸には，古代文明，古代帝国が栄えたけれども，それが発展することがなかった。それに対してユーラシア大陸は発展することができたとダイアモンドは考えた（安村直己「コロンブス交換」西III-3：130-131）。

「世界史」はいつ始まったのか？
〈視点③　モンゴル〉

　このように「世界史」とひとくくりにいっても，多様な見方がある。では，現在の国際社会を考えるうえで遡って考えるべきミニマムなポイントはどこにあるのか？モンゴルがユーラシア大陸を統一した800年前が世界史の誕生であるという考えが，岡田英弘の学説に基づく，筆者の見方である。本書では，非常に大雑把であるが，800年前にパクス・モンゴリカが成立し（Part V），200年前に「近代」が誕生し，これがパクス・ブリタニカ，イギリスを中心とした国際秩序であった（Part IV）。そして100年前に「現代」とも呼ばれるパクス・アメリカーナの時代（Part III），そしてこの20年の米中覇権衝突の時期を「現在」（Part II）と考える。この歴史を現在・現代・近代・前近代と遡って叙述をしていく。その時期ごとに，モンゴル，イギリス，アメリカそして米中覇権衝突という形で，世界がどのように推移してきたか，あるいは戦略商品（安部悦生の定義によれば，①「ある時代の経済的活動を規定するような，あるいはその国を最も繁栄させるような商品」，②「その商品を押さえれば，時代の経済的覇権を握れるような商品」，③「人々が最も必要とする商品であり，同時に他の経済的活動・産業分野に大きな影響を与える商品」安部［2010：22]），その生産力の基盤が何だったのかということを考えることが本書のフレームワークである（岡田［1999]；四日市康博「モンゴルの衝撃：モンゴル・インパクトとは何か」東II-29：142-143；諫早庸一「モンゴルの覇権と危機：『14世紀の危機』とは何か」東II-31：146-147）。

　800年の歴史をどのように見るのかということを非常に単純化して図式化したものがiv頁の「800年世界史の概観」である。現在の米中覇権衝突，現代のパクス・アメリカーナ，近代のパクス・ブリタニカ，モンゴルがユーラシア大陸を制覇した800年前のパクス・モンゴリカという４つの時期に分けられる。

パクス・モンゴリカは，Society5.0論でいう農耕社会で，動力としては馬・帆船（風力）が生産力的基盤である。パクス・ブリタニカは，Society5.0論でいえば，（第一次）産業革命を経た工業社会で，産業分野としては綿工業・製鉄業・造船業がポイントになった。動力としては蒸気機関が基盤として用いられた。覇権としては「海の覇権」が重要であった。パクス・アメリカーナは，（第二次・第三次）産業革命を経験し，産業分野としては鉄鋼・石油・化学・自動車・航空機・原子力が，主要な新規産業になった。そしてそうした産業，自動車，航空機の動力として内燃機関（エンジン），そして原子力が動力になる。Society5.0論から考えると情報社会に当てはまり，覇権としては「空の覇権」が重視された。現在の米中覇権衝突期は，インダストリ4.0を経た，Society5.0論でいうところの「新しい社会」である。エネルギー源としては，再生エネルギーが注目されている。覇権領域としては，宇宙空間・サイバー空間が主戦場になりつつある。

　これらの時期は，通商（モノのやりとり）・決済（おカネのやりとり）からみると，前近代においては，モンゴル帝国内では紙幣が流通し，その後，ヨーロッパでは金が，アジアでは銀が決済に使用された。パクス・ブリタニカでは，徐々にイギリス・ロンドンを中心とした国際金本位制が成立し，パクス・アメリカーナでは，ドル体制（ブレトン＝ウッズ体制（IMF＝GATT体制）から米財務省証券本位制へ）が続いている。ゴッド（God）というのは宗教にとどまることではなく，政治的にはリベラル・デモクラシー，経済的には市場経済と経済成長のセットとなる。これが欧米の類型である。フランシス・フクヤマは冷戦終結後，リベラル・デモクラシーが世界を覆うと考えた。フクヤマのような政治思想家からすると，パクス・アメリカーナ・冷戦の時期は，自由・民主主義・人権（これは民主主義の中身としては複数政党制と普通選挙），さらにはジェンダー平等，人種の平等，こうした流れが米ソの対立構造だった。しかし，それに対してソ連のスターリニズム・その変種としての中国のマオイズム（毛沢東主義）とは何だったのか？　そして今起こっている問題として，リアル空間だけではなく，サイバー空間においてもこの民主主義秩序が問題になりつつある。米中覇権衝突はアイデンティティーをめぐる戦いという意味で，米中シン冷戦という性格をもつ。

鎌倉武士団は蒙古軍をなぜ撃退できたのか？

〈元寇〉

オリエンタル・デスポティズム

　では，ユーラシア大陸の東西ではどのように文明が発生し，どのような特徴の違いがあったのだろうか。ユーラシア大陸の経済史・世界史ということで言うと，岡田モンゴル論，あるいはダイアモンドの議論以外にウィットフォーゲルの水力社会論あるいはオリエンタル・デスポティズム（東洋的専制）という議論がある。オリエンタル・デスポティズムによると，中国は長江や運河の治水灌漑の必要性があったため官僚制度が発達し，中央集権的な東洋的専制が生まれたと考えられる（ウィットフォーゲル［1995］；湯浅［2007］；矢澤知行「宋元代の大運河と開運：その役割・変遷はいかなるものだったのか」東II-16：116-117）。

　東洋的専制の隋・唐帝国を打倒したのがモンゴル帝国である。モンゴル帝国はなぜ強かったのか？　モンゴル帝国がユーラシア大陸を制覇した理由として，軍事的に見て馬を活用したこと，あるいは部族制に基づく軍団制を採用したという組織論などいくつかある。モンゴル帝国は蒙古部族制度に基づいた軍制と馬の機動力により，ヨーロッパ家内奴隷タイプとアジア国家奴隷制の地域を席巻した。モンゴル帝国の遺産（レガシー）をどう見るか？　一つには，ロシアでは，もともとはキエフ公国（現在のウクライナ）の方が先進地域であったが，モスクワ公国がモンゴルの租税徴収機構として発達したことがロシアに後進性の刻印をしたという要因を重視する見方が存在する。これが「タタールの軛（くびき）」論である。もう一方が「タタールの平和」論，つまりパクス・モンゴリカという議論として，このモンゴルの成果のもとで東西が流通し，国家信用による紙幣が発行流通し，経済が発展したとの見方である。

図表 モンゴルを撃退した３地域

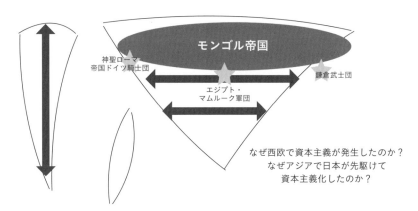

(出所) 梅棹 生態史観・ウィットフォーゲル 水力社会論・岡田英弘 モンゴル論・ダイアモンド

モンゴルを撃退した３地域と封建制

　強大なモンゴル帝国に抵抗した地域が３ヶ所ある。その一つが東では鎌倉武士団による元寇撃退，西では神聖ローマ帝国ドイツ騎士団，それからエジプトのマムルーク軍団（奴隷身分出身の軍人）である。これらの三地域は他の地域よりも抵抗力が強く，モンゴルは抵抗にあった場合深追いせず，他の地域で領域を広げていく結果となった（今谷［2008］）。では，これら三地域がなぜ抵抗しえたかについて封建制から考えよう。西ヨーロッパにおけるゲルマン封建制と日本の封建システム，そこにおける御恩と奉公のシステムは，奴隷制をベースにした諸国・諸地域に比べると軍事的に強力だったのではないかという仮説が考えられる。モンゴル帝国が征服した地域は奴隷制国家であったといえる。奴隷制は経済的には効率的だが，武力としては封建制の方が強かったと考えられる（野口実「武士論：武士はどのようにして出現したのか」日I-31：70-71；熊谷隆之「鎌倉幕府の全国支配：鎌倉幕府はいかにして全国を支配したのか」日II-7：100-101；五十嵐大介「マムルーク朝：奴隷たちはいかにして帝国を支配したか」東II-6：96-97）。

日本はなぜ資本主義化できたのか？

〈文明の生態史観〉

図表 文明の生態史観（梅棹忠夫）

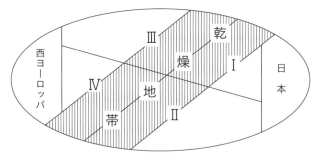

Ⅰ：中国世界，Ⅱ：インド世界，Ⅲ：ロシア世界，Ⅳ：地中海・イスラム世界

（出所）梅棹忠夫『文明の生態史観』改版（中央公論新社，1998年）202頁

　経済史の中心的「問い」は，大きく分類すると，西ヨーロッパで資本主義が発生したのはなぜか？　その反面，アジアが資本主義化しなかったのはなぜか？　なぜアジアで日本のみが先駆けて資本主義化したのか？　この三つが経済史の中心問題があった。今日ではこれらに加え，市場経済化した中国が急速な経済成長を遂げることができたのはなぜか？　という第4の問いが付け加わる。

　こうした問題群について，**梅棹忠夫**は1950年代に「文明の生態史観」を提示した。当時，論壇では，西ヨーロッパと日本がなぜこうも違うのかという議論が多かったが，梅棹は西ヨーロッパと日本は「似ている」という意見を提示した。梅棹の生態史観によると，アジアで日本が先駆けて資本主義化した要因として，西ヨーロッパ地域と日本だけが「第一地域」であり，他は「第二地域」であるという議論である。梅棹は，社会における信用度あるいは法律，決めた

約束を守るといった観点から，西ヨーロッパと日本はそうした信用度の高い「第一地域」といっても差し支えない，と考えた。そこからすると，アジアの中で当時日本のみが資本主義的発展を遂げたのは理解できるということになる（梅棹［1998］）。

　このような「比較的発達した地域」と，「発達できなかった地域」の違いはどこにあるのか？　アセモグルは経済学的観点から，経済発展を遂げる国と遂げることができない国に，どのようなヒストリカル・パス（歴史的経路依存）の違いがあるかということについて詳細に分析している（アセモグル・ロビンソン［2013］）。こうした差異を，ウィットフォーゲルのオリエンタル・デスポティズムから考えると次のようになる。つまり，「第一地域」の西ヨーロッパの神聖ローマ帝国ドイツ騎士団と日本の鎌倉武士団は，多数中心的な封建制の産物であり，ゲルマン型の封土制（レーエン制）や，御恩・奉公で主従が結ばれる鎌倉武士団の戦闘力はモンゴル軍団の撤退を促した。他方，残った「第二地域」においては四地域帝国－オスマン・トルコ帝国，ムガル帝国，清帝国，ロシア帝国－があったが，これら四地域帝国は第一次世界大戦で解体していく。そしてソ連邦は，ロシア帝国の後進性を引き継ぐことになった。西欧と日本封建制論は多数中心的で，個の目覚めを促すものであった。そのため貴族制度・奴隷制（大土地所有）と強固に結びついたカトリック教会，旧仏教の堕落への反発から，ルターの宗教改革と法然以来の鎌倉新仏教が生まれた。そして西ヨーロッパにおいては科学革命に基づく近代市民革命・産業革命といったパスを辿ったのに対して，日本においては幕藩体制下で鎖国政策がとられ，芸能として能の様式美を確立し――これはコジェーヴの歴史の終焉論によって高く評価される――，そして開港によって世界資本主義に飲み込まれ，次に明治維新以後産業革命を達成し，急速に資本主義化していった。一方，イギリスから覇権を簒奪したアメリカは，マニフェスト・デスティニー（明白な天命）を旗印に，政治的には自由・民主・人権という国際社会の支配的信仰を拡大し，経済的には市場経済メカニズムと経済成長を推進していった。

Q06

どのような国が経済成長するのか？
〈視点④　狭い回廊〉

図表▶ 「狭い回廊」の形状

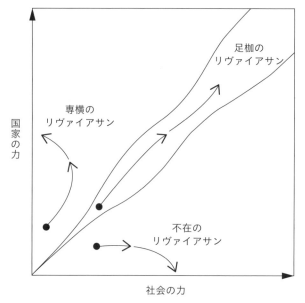

（出所）アセモグル・ロビンソン『自由の命運』（早川書房，2020年）259頁

視点④　アセモグル・ロビンソン「狭い回廊」

　アセモグル・ロビンソンの「狭い回廊」論は，経済成長論の視点から注目すべき見解を提示している。彼らは，自由が栄えるためには，国家と社会がともに強くならなければならないと主張する。暴力を抑制し，法の支配がなされ，人々が自由に選んだ道を歩むためには，「強い国家」が必要である。他方，この「強い国家」を抑制するためには，「強い社会」が必要である。社会からの

警戒がなければ，彼らのいう「ギルガメシュ問題（国家の悪い面ではなく，良い面を引き出すために，その権威と権力を制御すること）」を解決できない。自由を実現するためには，政治に参加し，必要とあれば抗議し，投票によって政権を追放するような，結集した社会が必要である。専横国家のもたらす恐怖や抑圧と，国家がもたらす暴力と無秩序の間に挟まれているのが自由への「狭い回廊」である。

　ホッブスは，「万人の万人に対する闘争」状態というべき悲惨な政府なき無秩序を解決するには，中央集権的権威を生み出さなければならないと考え，そうした権威を，旧約聖書に登場する海の巨大怪物リヴァイアサンと例えた。アセモグルはリヴァイアサンをいくつかのタイプに分類する。アセモグルは経済成長の類型を，アメリカ・西ヨーロッパのような市場経済メカニズム・リベラル・デモクラシー国家群と軍政・王政を伴うような独裁主義体制・権威主義体制との対比の中で考えた。経済システムとして，前者は私有財産が保護され，法律上契約が保護された包摂的経済制度をとり，国家・社会のセットとしては，アメリカ・西ヨーロッパの国々は，「強い国家」と「強い社会」の組み合わせである「足枷のリヴァイアサン」で，「狭い回廊」を抜けて成長軌道に乗る。それに対して，後者の国々は，経済システムとしては，主に私有財産が否定され，そして法秩序・契約というものが有効に働かない収奪的経済制度をとる。後者は，国家・社会のセットとしては，さらに二つのタイプで分類される。中東・サブサハラの国々は，社会の力が強いが，国家の力は弱い「不在のリヴァイアサン」であって，破綻国家の無政府状態になってしまう。また，中国・インドなどは「国家の力」が強くて「社会の力」は弱い「専横のリヴァイアサン」で，経済成長する可能性はあるが，結局のところ，経済成長が止まってしまうはずである（アセモグル・ロビンソン［2020]）。

　フクヤマのいうようにリベラル・デモクラシーと市場メカニズムに収斂し「歴史は終わる」とは考えず，自由はとめどなく発展するが，そのうちのどれか一つに収斂するのではなく，多様性の状態でありながら，人間は，紛争を解決し，専横を避け，監視の網の目と人々の相互統制という「規範の檻」を緩めることによって自由を促進する能力があると考える（末廣昭「開発独裁：経済発展と民主化は両立するのか」東V-17：326-327)。

「世界史必修」はなぜ挫折したのか？

〈歴史総合〉

2006年世界史未履修問題

「歴史総合」科目が2022年度から新設された。従来の日本史Aと世界史Aを合わせた科目である。単純に日本史ABと世界史ABをぶつ切りにして，吸収合併して日本史Aと世界史Aを教えるというやり方でどのような総合的な歴史観が見えるだろうか。

歴史総合で語られるべき世界史観を考えるには，まず，「歴史総合」という科目が新設される前史として2006年の「世界史未履修問題」がカギになる。2006年に起こった必修科目である世界史未履修問題とは，大学受験における実績を向上させることを重視した高等学校が，学習指導要領では必修科目だが大学受験には関係が薄い教科や科目 ——なかでも世界史—— を生徒に学ばせなかったため，結果として，単位不足になって卒業を危うくする生徒が多数いることが判明した問題である。この問題は種々の制度上の問題があったとはいえ，本質的には世界史をどう教えるか，世界史とは何か，という問題に帰着する。この問題を理解するには，「歴史学の歴史」，「ヒストリーのヒストリオグラフィー」が必要になる。

標準的な世界史教科書では，西洋史と中国史は別立てになっている。地域の歴史の相互作用云々という以前に，そもそも日本での高校教育や研究では西洋史，中国史それから日本史というのは，別立てになっているという点にボタンの掛け違いがある。世界史の授業にしても西洋史にしても，西洋史それから中国史はだいたい古代文明から始まって，中世・近世・近代・現代と進み，ようやく第一次世界大戦あたりで両者が接続するという形になる。西洋と東洋を往復して，そのギャップを補うものとして，東西交渉史を断片的に入れる形でそれがまるで一続きになっているかのような説明により，世界史の見方を得るこ

とができるのだろうか。

　しかも，そうした西洋史と東洋史がフランケンシュタインのつぎはぎ顔のようになっている世界史には，日本史が入っていないという致命的な欠陥がある。日本がかかわらない世界史を日本の学校で日本人が学ぶということになってしまう。そうすると日本の歴史は世界史と何の関係もなく何の影響も与えないものであるかのごとくになってしまう。これでは世界史で扱うべき事項の取捨選択に日本人との関連の観点が入らず，事項を増やせば増やすだけ筋道の混乱がひどくなり，雑駁になるばかりなのは当然である。教科書を見た印象としては，日本史は ——その歴史観が左翼的ないし自虐的であると批判する人もいるとは思うが——，土地制度の展開をベースとして，ある程度ストーリーテリングがはっきりしている。しかし，世界史はいろいろな意味で脈絡がないというのが特徴ではないか。ストーリーがないことに加えて，さらに固有名詞・年号について事項が多い困った科目という，高校生が社会で科目を選ぶときに選択肢にしにくい科目になってしまっていた。こういう事情が世界史未履修問題の背景にあったといえるのではないか（上島享「はじめに」日：i-iv；吉澤誠一郎「はじめに」東i-ii；「序説」東1-16；金澤周作ら「はじめに：『概説・西洋史』から『論点・西洋史学』へ」西i-viii）。

歴史総合の構成はどうあるべきか？

〈天命史観〉

岡田英弘「モンゴルが世界史を作った」

　西洋史・東洋史・日本史（「国史」とも呼ぶ）の奇妙な分類が生まれてきた日本の学問的成り立ちを考えよう。日本の歴史学問・研究・教育での西洋史・東洋史・日本史の分業論には問題がある，とごく早い段階から考えたのが岡田英弘である。岡田によると，「世界史」という言葉が日本人の心に常に思い起こさせる映像には，ほぼ相矛盾する概念が重ね焼きになって全体の文化の輪郭がぼやけて何か掴みにくい感じがすると述べている。日本人の歴史観には，国史と万国史という二つの歴史観がある。国史は日本における王朝・政権の興亡を正統性の観点から論じた。それに対し，万国史は，日本人は，明治の初めに一度にどっと押し寄せた西洋諸国の人々と交渉を持たなければならなかったために生まれた。明治期に，取り急ぎ，欧米の相手国 ——アメリカ・イギリス・ドイツ・フランス—— のバックグラウンドを日本人が知る必要があった。そのため，当時の日本に知識人がこのとき，これらの国の歴史を一国一国その興亡や盛衰の跡を叙述した。この万国史は，ヨーロッパ人の書いた原書の焼き直しだが，これを焼き直したのは当時の日本人なので，叙述する事項の選択基準は日本人がそれまで持っていた伝統的な歴史観であった。伝統的というのは漢籍 ——中国の歴史書—— から学んだ中国の歴史書の正史であった。1000年以上もの間，中国文化のもとで育まれてきた日本人にとっての歴史とは，どの政権が天命を受け，正統であるのかを問題にするものであった。そのため，万国史の対象はギリシャ・マケドニア・ローマ・ゲルマンからイギリス・フランス・ドイツに限られた。ギリシャから英独仏へ天命が推移したと考えたのである。というのも，日本の明治時代は，イギリス・ドイツ・フランスという三国が三大列強であったため，当時これら三国を正統と認め，これらの三国に至る

西洋の起源をギリシャに遡ると見るのが19世紀後半の万国史の観念であった。この「中国型の万国史」が西洋史になった。

　この天命・正史論は東洋史にも適用されていた。秦・漢,隋・唐,明・清,こういった形で王朝の正統性があって,天命が革まると,新たな天命が下った次の王朝が天命を継ぎ,そして前王朝までの歴史を書くという天命史観である。こうした天命史観の西洋史・東洋史に日本人の思考・歴史思考が凝り固まっていた。そのため,たとえ西洋史用語を使っても,実態としては日本の歴史家の根底は中国型であることを自覚しないままに,西洋史の用語だけを表面的に適用して失敗に終わった。つまり,この考えでは歴史学の統一は不可能であった。

　その後,第二次世界大戦後の学制改革を迎え,東洋史と西洋史を合体させようとして,世界史という科目が生まれた。しかし,これは土台無理な注文であった。それぞれ独自の正統思想ができ上がっている中国型の体系同士の二つの天命が対立することになっており,どうにも水と油の感を免れない。本来縦の脈絡が付いていたものを輪切りにし,一つおきに積み重ねたのでは,教える方も学ぶ方も,話の筋が通らず,そのためそれを繋ぐものとして,東西交渉史を引っ張ってきた。それにさらに不都合なことに西洋史と東洋史が合体した世界史には国史（日本史）は含まれない。その結果,日本抜きの世界史というものが生まれてしまった（岡田［1999］）。

Q 09

歴史をさかさまにみてみると何が見えるのか？

〈逆さ・世界史〉

アフリカ・南アメリカ大陸・イスラム等は入っていないにしても，西洋史・東洋史（東アジア）・日本史を統合した世界史をどのように叙述したら良いのだろうか？ 時期的にも地理的にもあまりに膨大なことになってしまわないだろうか。時期的・地理的にどこまでを対象にすれば適当だろうか。本書では，だいたい800年の歴史，紀元1200年ぐらいから2000年代までを考えたい。なぜそういう時間のレンジの工夫をするのかというと，普通，歴史・世界史・日本史・経済史の授業というのは，一番古い時期から新しい時期について続けて説明していくことが多く，因果関係では，原因から結果に時系列で説明するというのがスタンダードである。これに対して本書は，完全に逆のやり方で，新しいところから古いところまで進めていく『逆さ・世界史』ということをやっていきたいと思う（樋口 [1994]）。

「800年世界史の概観」という先述の図式に関して，これを新しい時期から古い時期に説明したいというのが本書の試みである。最初に米中の**覇権**の様相について，リーマン・ショックと9・11同時多発テロ以降の世界の状況等を説明して，それがなぜ生まれたのかということについて，プラザ合意以降の米欧の経済関係，それからニクソン・ショック，ブレトン＝ウッズ体制そしてパクス・ブリタニカの時期，ヴェルサイユ＝ワシントン体制，第一次世界大戦，そして，世界資本主義と明治維新，イギリス革命と産業革命という形で，新しい時期から古い時期に説明していく。普通，歴史叙述は古いものから新しいものに進んでいくが，本書はその逆である。実践的に言っても，世界史・日本史の授業は，だいたい昔のことから始まるが，進度が遅れて受験でよく出題される現代まではなかなか辿り着かないという事態（世界史・日本史アルアル）を防ぐことができる。

　この歴史を逆さにみるという発想の転換を，筆者は中学生時代に読んだ『逆さ日本史』に学んだ（樋口［1994］）。樋口の言葉で言うと，「私は，なぜ，ということを基準にして歴史をさかのぼっていく方法，倒叙法，この倒叙法こそが本来の姿だと考えている。なぜなら歴史とはただ古い時代のことを調べるだけの学問ではなく現在ただいまを知り，明日を洞察するために何よりの道具だからだ」。同書はシリーズ4部作であるが，第1冊はまず，市民の時代を，昭和・大正・明治というふうにさかのぼっていき，それから2冊目で，武士の時代，それから貴族の時代・神話の時代というふうにさかのぼる。そして最終的に古代史で「日本人とはそもそも何か」ということを考えるという道筋である。この方法は，日本史を叙述するだけでなく世界史を説明するときにも有効ではないかと考える次第である。歴史そのもの，つまり事実のディティールの面白みや起こりえたかもしれない結果を想像する。そういう歴史学のやり方は当然ありうるが，一方において，今起こっていることをまず考えた上で，それがなぜ現れたことのかの原因を探っていくという，倒叙法のミステリーのようなやり方で歴史を考えるという方法である。

　現在の米中覇権衝突はどうなるか？　パクス・アメリカーナは続くのか？を問題にし，その原因，そのフレームをその元となるパクス・ブリタニカ，さらにはその基層となる資本主義に起こるいくつかの変化を育んだパクス・モンゴリカは何だったのか？　こういうものを前提として，世界史ということまで振りさかのぼっていく。本書は，このような「逆さ世界史」のやり方で世界史・日本史を説明していく。

Q10

世界史（東洋史・西洋史）と日本史を どう統一的にとらえるのか？ 〈本書の四つのなぜ？〉

　本書は全体として次の四つの大問に答えていく。クエスチョン１としてはなぜ西ヨーロッパで資本主義が誕生したのか？　この問いは経済史，特に西洋経済史学で一番中心的な問題である。そしてクエスチョン２に，アジア経済史での問題として，なぜ西ヨーロッパに比して，もともと経済的・技術的に発展していたアジア・中国が「停滞」してしまったのか？　という，クエスチョン１との対比でのものがある。こうした「進んだ」西ヨーロッパと「遅れた」アジアの対比がマルクスの「アジア的停滞」論にその源があるとの根強い批判もある。クエスチョン３としては，これら二つのクエスチョンからのバリエーションとして，アジアの片隅の日本が明治維新後なぜ急速な資本主義化を遂げることができたのか？　という問いが日本史で考えられてきた。そして，近年の問題として，クエスチョン２で考えた「停滞するアジア」から，中国が改革開放後急速な経済成長を遂げたのはなぜなのか？　が第４のクエスチョンである。これら四つのクエスチョンは一つ一つ個別の質問というよりは，複数の要因が絡まりあって問題群をなしているため，シンプルに答えることは難しい。本書は，これらの大きな問題に対して，時期ごとの各地域の課題に答えることで全体像を掴んでいきたい。これが本書全体の目的である（伊藤亜聖「中国経済の躍進：その原動力は何か」東V-24：340-341）。

アジア史と西洋史をどう統一的にとらえるか？　世界史のとらえかた

　これら四つの問いに答えるには，東洋史と西洋史をどう統一的に把握する視点が必要である。この視点から世界史をどう考えるかについて，『唯物論と現代』で，第31号（2003年５月）「特集　世界史をどう捉えるか」で，西洋史家川北稔は「戦後史学から世界システム論まで」を，東洋史家中村哲は「世界史

をどう捉えるか——東アジア史の観点から——」を寄稿している。川北は，いわゆる欧米中心史観というのが再考を迫られるようになっていると考える。イギリス・ヨーロッパの歴史研究においても市民革命・産業革命についてもその断絶性でなく，社会史・人口史の研究が進むと連続説が妥当であるように思われるようになった。そして近年のポメランツの『大分岐』によると中国とヨーロッパは18世紀中頃まで同じように発展したが，その後コースがわかれた。中国は発展が止まっているのに対し，西ヨーロッパは発展した。その理由を新世界（大西洋経済）という周辺の存在・外部状況に求めた。川北は，国を超えた単位も，歴史の単位として考えなくてはならないとするグローバル・ヒストリー，世界システム論のウォーラーステインが注目に値すると論じる。

　それに対して中村は，東洋史の視点から次のように言う。すなわち，東アジア広域経済について，19世紀中期から20世紀前半まで東アジアの大部分の国・地域は植民地ないし中国のような半植民地も従属国だった。そのなかで1960年代まではアジア的停滞論が学界を支配し，日本はその例外と見なされてきたが，進歩する西欧と，それに追いつくにはどうしたらいいのかがよく議論されたポイントだった。当時は「進歩する西欧」と「停滞するアジア」，その停滞するアジアの中で「例外としての日本」という，アジアの中で植民地化もされず経済発展をする日本というような認識だったが，1980年代の韓国や台湾などの急激な経済成長，ASEAN諸国の「東アジアの奇跡」，21世紀になると中国が改革開放経済のもとで経済成長を遂げ「中国脅威論」が盛んになった（川北・中村［2003］）。

　この構図で言うと，従来の歴史学の考え方と，今日では現実も認識も大分変わってきた。では，こうしたヨーロッパ・アジア・日本を分析する本書の視点—3つのG（Gewalt, Gold, God）—を考えよう。

Gewalt（国家暴力装置と国際秩序）

〈トゥキディディスの罠〉

図表 God：米中シン冷戦－トゥキディスディスの罠

	時期	覇権国	新興国	結果
1	15世紀末	ポルトガル	スペイン	戦争回避
2	16世紀前半	フランス	ハプスブルク家	戦争
3	16～17世紀	ハプスブルク家	オスマン帝国	戦争
4	17世紀前半	ハプスブルク家	スウェーデン	戦争
5	17世紀半ば～末	オランダ	イギリス	戦争
6	17世紀末～18世紀半ば	フランス	イギリス	戦争
7	18世紀末と19世紀初め	イギリス	フランス	戦争
8	19世紀半ば	フランスとイギリス	ロシア	戦争
9	19世紀半ば	フランス	ドイツ	戦争
10	19世紀末と20世紀初め	中国とロシア	日本	戦争
11	20世紀初め	イギリス	アメリカ	戦争回避
12	20世紀初め	イギリス。フランスとロシアが支援	ドイツ	戦争
13	20世紀半ば	ソ連，フランス，イギリス	ドイツ	戦争
14	20世紀半ば	アメリカ	日本	戦争
15	1940年代～80年代	アメリカ	ソ連	戦争回避
16	1990年代～現在	イギリスとフランス	ドイツ	戦争回避

（出所）グレアム・アリソン『米中戦争前夜』（ダイヤモンド社，2017年）65頁

　　まず「覇権」というものの移り変わりについて説明する。古代ギリシャ人トゥキディディスは『歴史』という本でペロポネソス戦争を書いた。『歴史』は現存する限りでは，世界最古の歴史書である。トゥキディスが書いたところによるとスパルタとアテネという旧大国と新興覇権国，衰退しつつある旧覇権国と新興覇権国が登場するときに，政治的軍事的緊張が起きる。現代で言えば，旧覇権国アメリカと新興覇権国中国の関係である。グレアム・アリソンが

その著作『米中戦争前夜』（2017年）にて，旧覇権国と新興覇権国の大戦勃発可能性について言及している。『米中戦争前夜』は，過去500年間で新興国が支配的な大国を押しのけようとして生じた構造的ストレス（トゥキディデスの罠）にはまった16のケースのうち，戦争に至った12の例を分析しながら，今後の米中関係を考察した。そのときに，戦争が起こるかどうかをこの200年の18世紀後半からイギリスとフランス，イギリス・フランスとロシア，フランスとドイツ，ロシア・中国と日本，イギリスとアメリカ・ロシア，フランスとドイツという形で見ていくとだいたい7割か8割ぐらい戦争が起こっていると観察した。そして21世紀初頭にアメリカと中国ということになると，果たしてそれは戦争が起こるのかという問題提起の本である（アリソン［2017]）。

覇権の生産力基盤—戦略商品

パクス・モンゴリカ，パクス・ブリタニカ，パクス・アメリカーナ，米中覇権衝突の四つをどの軸で見るかということになるが，本書のキー概念としては「覇権」というものの考え方で，陸の覇権，それから海の覇権・空の覇権そして今サイバー・宇宙覇権というように，それぞれの空間・スペースにおける優位性を持った国という国家が覇権を握ってきたという歴史展開でみる。そうした軍事・政治・経済の覇権の基礎となる戦略商品としては，もともと香辛料貿易があったが，それから砂糖・茶・奴隷・毛織物と移って，それからパクス・ブリタニカという産業革命の時代においては綿，鉄・鉄道・造船と，そしてパクス・アメリカーナの時代になると鉄鋼・石油・化学，自動車・航空機・原子力になる。そして現在，5Gスマホ・AI（人工知能）や自動運転等が戦略商品になっている。

動力としては，パクス・モンゴリカでモンゴルが世界を制覇できた決定的な要因は機動力・軍事力として馬を活用したことである。そして，イギリスを覇権国とするパクス・ブリタニカでは，蒸気機関を原動力として蒸気船と鉄道が活躍した。パクス・アメリカーナにおいては，第二次産業革命ではエンジン（内燃機関），そして第三次産業革命では原子力機関が登場した。現在は，水素・再生エネルギー，また，核融合が注目されている。

Q12

Gold（経済価値の実体的裏付け）

〈世界貨幣金〉

　覇権の推移は，その背景に貨幣メカニズムを伴う。通商決済・貨幣については，パクス・モンゴリカの遠隔地貿易では，貨幣として銀が主に使われた。パクス・ブリタニカにおいては，自由貿易政策が主流になり，金貨・ポンド（イギリスの通貨単位）・国際金本位制が通商・投資の経済的基礎になった。そして，パクス・アメリカーナではドル本位制，そのなかでも，第二次世界大戦後からニクソン・ショックまではブレトン＝ウッズ体制（IMF＝GATT体制），ニクソン・ショック以降は米財務省証券本位制となった。現在では電子マネーが紙幣にとってかわるかが議論になっている（坂出「Q56電子マネーは紙幣に取って代わるか？電子マネー」国際経済［2023］）。

　また，覇権の帰趨を左右する最新最強の兵器開発は，究極的には国庫の金保有量に依存する。冷戦期においてはグレーバー『負債論』がハドソンの「スーパー・インペリアリズム」論に基づき指摘したように，19世紀イギリス型債権国帝国主義から20世紀アメリカ型債務国帝国主義への転換をもたらし，その最大の画期は，金とドルの交換制度の廃止をアメリカのニクソン大統領が宣言した，いわゆる「ニクソン・ショック」（1971年）である。その２年後にブレトン＝ウッズ体制から変動相場制になって約50年が経過した。

　最近は，日常の買い物でリアルな貨幣の代わりに電子マネーを使うのが当たり前となり，ビットコインに代表される仮想通貨も盛り上がりを見せている。このように金融資本主義が目覚ましく発展した現在では，マネーのほとんどが貨幣や紙幣などの実物ではなく，電子情報でやりとりされている。しかし，リーマン・ショック（2008年）以降の景気対策のためのゼロ金利政策・量的緩和の先進国中央銀行の国際協調の結果，実体的基礎を持たないマネーの急激な膨張と政府部門・民間部門の国際債務問題は解決不能となり，COVID-19対策

による更なる拡張政策は金融市場の混乱をもたらしている。マネーはいくらでも刷れるからこそ，価値を一瞬で失う可能性があり，今日でも富の究極的な裏付けとなる実体資産，ハード・カレンシーは依然としてリアルな金（Gold）である。事実，世界でもっとも金を保有する国はアメリカだが，フランスやドイツ，中国も金の保有量を増やし続けている。それに対して，日本は「世界最大の債権国」の称号とは裏腹に，国庫に保有する金は先進国としては極小であり，その一方，次世代の負債である**財政赤字**は尋常な財政金融手段では解決不可能である（吉川［1998］）。

負債－グレーバー

19世紀のイギリス・フランスといった列強は債権国であった。イギリス・フランスは国内だと投資利率が高くないので，アフリカやインドのように投資収益率が高い国に資本輸出をし，そうした植民地を確保するために，帝国主義制度が発生し，最終的には植民地を巡って帝国主義戦争が起こるとの非常に強力なテーゼがあった。これに対して，現在の**覇権国**アメリカは**世界最大の債務国**（借金国）である。ハドソンは，アメリカという世界最大の債務国が世界を支配している仕組みを明らかにした。これこそ世界覇権国アメリカが世界最大の債務国でもあるというパラドクスについて，その本質としては日本からアメリカへの富の移転，収奪構造，日本がなぜデフレ不況から脱出できないかということについて，債権国からアメリカに富が移転しているからというメカニズムから分析した。「最大の債務国」アメリカが「最強の覇権国」であり続けることができるように見えるのも，金の保有と並んで国家にとって重要な戦略資源である「石油」の価格決定権に，軍事力を背景とした強い影響力を持っていることが理由である（グレーバー［2016］；ハドソン［2002］）。

Q13 God（価値観・人々のこころの拠り処）

〈主体意識〉

God，価値観，こころの拠り処

　覇権というのは，単に物質的な基盤のことだけを指すのではない。たとえば，「アメリカの覇権」という場合，ミサイルや軍事機器といった軍備をまず想起するが，それに加えて「デモクラシー」という人々の価値観・心の拠り処も覇権を構成する大きな要素である。本書では，Godを，神・宗教という拠り処・価値観の「拠り処」という意味で使う。

　Godに関して，パクス・モンゴリカの時代では，（もともと世界宗教というのは800年前よりもっと前に生まれているが）そうした世界宗教が貴族という大土地所有者の宗教になっていったというのがこの時代の特徴である。パクス・ブリタニカの時代では，西ヨーロッパでルネサンス・宗教改革・市民革命というトリアーデ（三位一体）があり，そこから啓蒙思想・科学革命・産業革命へという太い流れがある。一方，日本では鎌倉新仏教という個人をベースにした宗教が登場した（後藤はる美「イギリス革命」西III-23：170-171；坂本邦暢「科学革命」III-24：172-173）。

　近代的個人の精神と近代資本主義の成立は密接な結びつきを持っている。オーソドックスな経済史学の問題意識で，西ヨーロッパがなぜ資本主義化したのかということと，アジアが資本主義化しなかったのはなぜか？　また，日本が比較的早くアジアの中で資本主義化したのはなぜか？　そういうベーシックな問題意識にたつと，土地制度・封建制の成熟により，大土地所有者の貴族の考え方でない，個人の意識の誕生として鎌倉新仏教の成立をとらえることができる。

　米ソ冷戦期の時代では，リベラル・デモクラシー，人権対スターリニズムという問題があり，そして現在米中シン冷戦ということで，サイバー空間におけ

る民主主義・人権規範が焦点となっている。

「信仰」としてのリベラル・デモクラシー

　ウィットフォーゲルの西洋・日本の封建制のビジョンというのは多数中心的から個の目覚めということになる。そして貴族制，つまりその内容としては大土地所有・奴隷制と強固に結びついたカトリック教会，旧仏教への反発から，ルター宗教改革と法然以来の鎌倉新仏教が誕生する。そして西洋では，はそこから近代科学を含め大航海時代・市民革命・産業革命に向かったのに対して，日本の場合は戦国時代から幕藩体制・鎖国になり，コジェーヴが評価したように能の様式美への完成に向かった。そして服部之総が論じたように「厳密な意味でマニュファクチュア段階」（厳マニュ説）に開港前に至った。西と東が交わるところに，世界資本主義の成立の画期としての日本の開港がある。そして市民革命・武力革命としての明治維新革命，その後の急速な資本主義の発達に続く。そして，もう一方，西洋からアメリカへの拡大として，政治的には自由・民主主義・人権，経済的には市場メカニズム・経済成長の世界的拡大とそれをマニフェスト・デスティニー（明白な天命）として現在のいわゆる国際社会の支配的信仰（belief）というものが，この担い手になっている。そして，自由・民主主義・人権・市場メカニズム・経済成長への現代国際社会のフルセットでの信仰が，ラーナーが見て取った公正社会仮説によって秩序化しているのが現代のアメリカの覇権といえる。では，中国の経済成長をどう見るか？ウィットフォーゲルの水力管理社会の問題に倣えば，巨大人口の情報管理，オリエンタル・ディスポティズム（「情報管理社会」）というものが政治的経済的基礎ではないか。

Q1　世界史を地球史のなかでどう位置づけるか？〈視点① 人新世〉

① 本文の用語

H.G.ウェルズ　物質　宇宙　銀河系　地球　生物　哺乳類　人類　人新世（じんしんせい）　産業革命　完新世　人口　CO_2　SDGs

Q2　なぜユーラシア大陸で文明が発達し，南北アメリカ大陸で発達しなかったのか？〈視点② ウイルス〉

① 本文の用語

COVID-19　ウイルス　病原菌　ユーラシア大陸　メルカトール図法　南北アメリカ大陸　アフリカ大陸　栽培　家畜

●コロンブスらによる新大陸の到着は新旧両大陸にどのような影響を与えたか？
（京都大学・世界史・2009・第3問）

Q3　「世界史」はいつ始まったのか？〈視点③ モンゴル〉

① 本文の用語

世界史　モンゴル　ユーラシア大陸　岡田英弘　パクス・ブリタニカ　パクス・アメリカーナ　米中覇権衝突　戦略商品　生産力　パクス・モンゴリカ　Society 5.0　産業革命　蒸気機関　海の覇権　内燃機関　原子力　空の覇権　インダストリ4.0　宇宙空間　サイバー空間　通商決済　紙幣　金　銀　ロンドン　ドル体制　ブレトン＝ウッズ体制　IMF＝GATT体制　米財務省証券本位制　リベラル・デモクラシー　市場経済　経済成長　冷戦終結　フランシス・フクヤマ　自由・民主主義・人権　複数政党制　普通選挙　ジェンダー平等　人種の平等　スターリニズム　マオイズム（毛沢東主義）　米中シン・冷戦

② 共通テスト

アッバース朝

④ 国立大学二次試験（論述）

●モンゴル帝国の拡大過程を説明しなさい。（東京大学・世界史・1994・第1問）
●モンゴル帝国支配下のユーラシア大陸内のネットワークについて説明しなさい。
（東京大学・世界史・2015・第1問）
●モンゴル帝国による陸路海路を通じた東西ユーラシア大陸ネットワークについて説明しなさい。（一橋大学・世界史・2017・第3問）

Q4　鎌倉武士団は蒙古軍をなぜ撃退できたのか？〈元寇〉

① 本文の用語

ユーラシア大陸　ウィットフォーゲル　水力社会論　オリエンタル・デスポティズム（東方的専制）　長江　運河　治水灌漑　官僚制度　隋・唐帝国　モンゴル帝国　馬　部族制　軍団制　ロシア　キエフ公国　ウクライナ　モスクワ公国　タタールの軛　タタールの平和　パクス・モンゴリカ　紙幣　鎌倉武士団　元寇　神聖ローマ帝国　ドイツ騎士団　マムルーク　ゲルマン封建制　御恩　奉公　奴隷制

② 共通テスト

黄河　科挙　煬帝　李淵（高祖）　チンギス・ハン　スキタイ　ヒッタイトマムルーク朝　拓跋氏　煬帝　高句麗遠征　楽浪郡　ワールシュタットの戦い（1241年）　バトゥ　ギリシア正教　ブランデンブルグ辺境伯領　守護　地頭　御成敗式目　建長寺船

④ 国立大学二次試験（論述）

● アッバース朝のマムルークについて説明しなさい。（東京大学・世界史・2012・第2問）

Q5　日本はなぜ資本主義化できたのか？〈文明の生態史観〉

① 本文の用語

梅棹忠夫　文明の生態史観　アセモグル　ヒストリカル・パス（歴史的経路依存）　封土制（レーエン制）　神聖ローマ帝国　封土制（レーエン制）　御恩　奉公　オスマン・トルコ帝国　ムガル帝国　清帝国　ロシア帝国　第一次世界大戦　ソ連邦　後進性　カトリック教会　旧仏教　ルター　宗教改革　法然　鎌倉新仏教　科学革命　市民革命　産業革命　幕藩体制　鎖国　能　コジェーヴ　歴史の終焉論　開港　明治維新　覇権　マニュフェスト・デスティニー（明白な天命）　市場経済メカニズム　経済成長

② 共通テスト

スレイマン1世　第一次ウィーン包囲　アクバル

Q6　どのような国が経済成長するのか？〈視点④ 狭い回廊〉

① 本文の用語

アセモグル　「狭い回廊」論　ギルガメシュ問題　ホッブス　「万人の万人に対する闘争」　リヴァイアサン　足枷のリヴァイアサン　不在のリヴァイアサン　専横のリヴァイアサン　フクヤマ　リベラル・デモクラシー　市場メカニズム　規範の檻

Q7　「世界史必修」はなぜ挫折したのか？〈歴史総合〉

① 本文の用語

歴史総合　　世界史未履修問題（2006）　　第一次世界大戦　　東西交渉史
土地制度

Q8　歴史総合の構成はどうあるべきか？〈天命史観〉
① 本文の用語
岡田英弘　　国史　　万国史　　ギリシャ　　マケドニア　　ローマ　　ゲルマ
ン　　フランス　　ドイツ　　天命　　イギリス　　列強　　秦・漢　　隋・唐
明・清　　第二次世界大戦
② 共通テスト
ゲルマン人大移動　　バンダル王国

Q9　歴史をさかさまにみてみると何が見えるのか？〈逆さ・世界史〉
① 本文の用語
逆・世界史　　覇権　　リーマン・ショック　　9・11同時多発テロ　　プラザ
合意　　ニクソン・ショック　　　　ブレトン＝ウッズ体制　　　　ヴェルサイユ＝
ワシントン体制　　第一次世界大戦　　明治維新　　イギリス革命　　産業革命
米中覇権衝突　　パクス・アメリカーナ　　パクス・ブリタニカ　　パクス・モ
ンゴリカ

Q10　世界史（東洋史・西洋史）と日本史をどう統一的にとらえるのか？〈本
書の四つのなぜ？〉
① 本文の用語
「アジア的停滞」　　川北稔　　中村哲（歴史学者）　　欧米中心史観　　市民革
命　　産業革命　　ポメランツ『大分岐』　　大西洋経済　　グローバル・ヒス
トリー　　世界システム論　　ウォーラーステイン　　東アジア広域経済　　半
植民地　　韓国　　台湾　　ASEAN諸国　　「東アジアの奇跡」　　「中国脅威
論」
② 共通テスト
ASEAN（東南アジア諸国連合）　　APEC（アジア太平洋経済協力会議）

Q11　Gewalt（国家暴力装置と国際秩序）〈トゥキディディスの罠〉
① 本文の用語
覇権　　トゥキディディス　　『歴史』　　ペロポネソス戦争　　アテネ　　スパ
ルタ　　旧覇権国　　新興覇権国　　グレアム・アリソン　　トゥキディデスの
罠　　パクス・モンゴリカ　　パクス・ブリタニカ　　パクス・アメリカーナ
米中覇権衝突　　陸の覇権　　海の覇権　　空の覇権　　サイバー・宇宙覇権

戦略商品　香辛料貿易　砂糖　茶　奴隷　毛織物　産業革命　綿
鉄　鉄道　造船　鉄鋼　石油　化学　自動車　航空機　原子力
5Gスマホ　AI（人工知能）　自動運転　馬　蒸気機関　蒸気船　第
二次産業革命　エンジン　第三次産業革命　原子力　水素・再生エネル
ギー　核融合
②　共通テスト
デロス同盟　ペロポネソス同盟

Q12　Gold（経済価値の実体的裏付け）〈世界貨幣金〉

①　本文の用語

覇権　通商決済　貨幣　パクス・モンゴリカ　遠隔地貿易　銀　パ
クス・ブリタニカ　自由貿易政策　金貨　ポンド（イギリス）　国際金
本位制　パクス・アメリカーナ　ドル本位制　IMF・GATT体制　ニク
ソン・ショック　米財務省証券本位制　デービッド・グレーバー　『負債
論』　マイケル・ハドソン　スーパー・インペリアリズム論　債権国帝国
主義　債務国帝国主義　ブレトン＝ウッズ体制　変動相場制　電子マ
ネー　仮想通貨　リーマン・ショック　ゼロ金利政策　量的緩和　国
際債務問題　COVID-19　「世界最大の債権国」　財政赤字　投資収益率
覇権国　世界最大の債務国　デフレ不況　石油

Q13　God（価値観・人々のこころの拠り処）〈主体意識〉

①　本文の用語

覇権　ミサイル　「デモクラシー」　パクス・モンゴリカ　世界宗教
貴族　大土地所有者　パクス・ブリタニカ　ルネサンス　宗教革命
市民革命　啓蒙思想　科学革命　産業革命　鎌倉新仏教　米ソ冷戦
リベラル・デモクラシー　スターリニズム　米中シン・冷戦　サイバー空
間　ウィットフォーゲル　奴隷制　カトリック教会
旧仏教　ルター宗教改革　法然　鎌倉新仏教　近代科学　大航海時代
市民革命　産業革命　戦国時代　幕藩体制　鎖国　コジェーヴ
能　服部之総　「厳密な意味でのマニュファクチュア段階」（厳マニュ説）
開港　市民革命　武力革明　明治維新革命　自由・民主主義・人権
市場メカニズム　経済成長　マニュフェスト・デスティニー（明白な天命）
メルビン・ラーナー　公正世界仮説　水力管理社会　情報管理社会

PART Ⅱ

米中シン冷戦の20年

●基本地図Ⅱ：米中シン冷戦

Chapter**2**

米中シン冷戦の構図
(2000-2020)

◉ユートピア・ディストピア②

📖 『沈黙都市』馬伯庸

◉本章で扱うテーマ

●5Gデジタル時代の米中覇権衝突

●アフガニスタンと逆・世界史

📖 『沈黙都市』 馬伯庸

　プログラマー・アーバーダンは，真正IDウェブアクセス制度の下，「健全語」以外の使用が禁止されている2046年のある国の首都で暮らしている。国の名前はない。国が一つしかないからである。国境のむこうには別のウェブサイトがあるとの噂も聞くが，都市伝説にすぎないと彼を含む住民は信じている。真正IDウェブアクセス制度は，「健全で安定したウェブをつくろう！」というスローガンの下，ウェブ管理を適切かつ合理的にし，匿名性による「深刻な問題」を排除するためであると「関係当局」は説明している。「関係当局」はすべてを管理し，指導・監視・警告を行う。サイバー上のセンサーシップ（検閲）があるのではない。「関係当局」は，「健全語リスト」に記載された単語と固定表現だけを使用するようすべてのウェブユーザーに強制している。綴り替え・同音異義語・押韻俗語を使って不健全な思想を表現する試みを反体制分子がしたためである。リストにない単語がウェブ上で混じっていると「遮断」され，遮断された単語は書くことも話すことも禁止されている。「遮断」という単語それ自体も遮断されている。

　ある日，BBS（掲示板システム）申請をしたアーバーダンは，申請書類に潜むキーワードの秘密を解き，毎週日曜に開かれている「会話クラブ」への参加資格を得る。そこでは，通常の日常生活では許されない「自由な会話」がされ，禁書であるオーウェルの『一九八四年』の朗読会が開かれていた。

　アーバーダンは会話クラブにおいて，BBS申請所で働く女性アルテミスとの親密な交流をもった。会話クラブのメンバー・ワグナーは言う。『一九八四年』は全体主義の伸長を予言したが，技術の進歩は予言できなかった，と。『一九八四年』の舞台オセアニアでは，秘密のメモを渡すことができたが，現在のウェブ上では，ネット上の伝言はウェブ統制官から丸見えなのだ。会話クラブに参加するようになって，アーバーダンは，ウェブ上の言葉に秘められた暗黙の表現に気づくようになった。市民と「関係当局」の戦いは終わっていなかった。思想や言論は隙間からかならず漏れてくる。

　アルテミスは，『一九八四年』でヒロインが主人公に「あなたが好きです」

というメモを渡した話をアーバーダンにする。「愛という言葉は，関係当局
が配布している健全語にないわ」とも。アーバーダンは，この会話クラブ以
外にも秘密の集まりが国内にあることを知る。ワグナーは，首都から遠く離
れた山間部に過激派がいるが，そこは僻地で「会話の自由」以外は清潔な水
すらないと教える。

　アーバーダンの密かな幸せは続かなかった。「関係当局」が新型の高出力
アクティブ式リスナーを導入し，室内の会話における要注意語の使用の監視
に成功し，会話クラブのような秘密会合を一斉逮捕したのだ。健全語リスト
はどんどん少なくなり，ついに今朝配布された最新の健全語リストは空白
だった。

　アーバーダンは再会したアルテミスに何か伝えようと唇を動かそうとする
が，最後の一語も「関係当局」に遮断されていた。都市は沈黙した。

　幸い，アーバーダンの脳内の思考を遮断する技術はまだなかった。失うも
ののないアーバーダンは，「会話の自由」以外何もない山間部に向かう。

Q14

デジタル時代において，民主政治・専制政治はどちらが勝つか？
〈民主政治vs専制政治〉

図表 民主主義サミット（2021年12月）

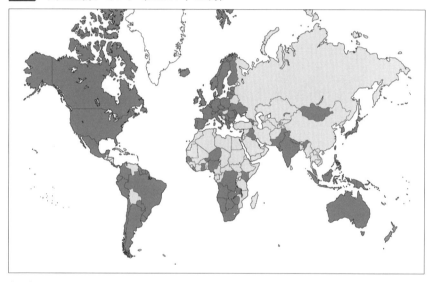

（出所）https://upload.wikimedia.org/wikipedia/commons/1/19/Summit_for_Democracy_Invited_Participants.svg

デジタル時代の民主政治・専政政治

　図表は，2021年12月9-10日にバイデン大統領の呼びかけでオンライン開催された民主主義サミットに招待され参加した国（濃いアミ）と招待されなかった国（薄いアミ）を表している。黒地の国々は，アメリカをはじめ，西ヨーロッパ・日本といった民主主義を国の価値観と自認する国々で，白地の国々は，中国・ロシアなどいわゆる非民主主義，専制・権威主義体制国家と呼ばれ，普通選挙・複数政党制を要件とする民主政と対比して非民主国家が多く，政治体制としては，軍政・王政ないし一党独裁をとる。現在は，アメリカが主導する前

42

者（民主政国家群）と中国が主導する後者（専制政国家群）の分断・対立が世界情勢の基本軸である。

　今日のデジタル時代の民主政・専制政を地政学的にどう見るか？　そこでの争点は自由・民主主義・人権である。アメリカは，9・11同時多発テロ・イラク戦争後，中東民主化計画という権威主義体制国家群を民主化するという計画を実行しようとしたが，この計画は全て破綻して中東はカオスな状態になった。特にシリア・イラクおよびその国境地帯は現在非常に混乱している。現在，アメリカは再び民主主義・人権外交を，特に東アジア地域ですすめようとしている。

新興デジタル専制国家群

　現在のアメリカと中国の対立の内実は，従来の国家間対立とも，米ソ冷戦期のイデオロギー対立とも違う，民主主義・人権をめぐる価値対立がサイバー・リアル双方からなるミラー・ワールドで戦われる米中シン冷戦といえる。この米中シン・冷戦において，中国の一帯一路構想に参加するアフリカ諸国・東南アジア諸国に対して，中国は安価な5Gスマホ・基地局を導入しつつある。これらの国々を新興デジタル専制国家群と呼ぶ。これらの国々の政治的指導者は，CCTV（監視カメラ）や，データ的にもセンサーシップ（検閲）というような形で，国民管理システムを構築し，その仕組は技術的にはむしろアメリカ・ヨーロッパ・日本より進んでいるともいわれている。こうした社会を，ウィットフォーゲルの「水力管理社会」にならって，「情報管理社会」と呼びたい。これらの発展途上の国々は，経済成長とか人口成長という観点からすると，米欧日G7先進国がエイジング（高齢化）問題・人口減少問題を構造的に抱えて国力が衰退していくのに対して，デジタル技術を通じて経済成長をしていくかもしれない。その場合，技術・価値観において，新興デジタル専制国家群が次世代のスタンダードを握るようになるかもしれないし，米中シン冷戦は趨勢的に中国が優位に進んでいくかもしれない（水野里香「Q80反トラスト法はアマゾンを止めることができるのか？ビッグデータ」アメリカ［2019］；篠田剛「Q55経済のデジタル化に国際課税は対応できるか？──市場国への課税権の配分デジタル課税」国際経済［2023］）。

アメリカと中国の覇権衝突をどうみるのか？

〈新興デジタル専制国家〉

　現在進行中の米中覇権衝突は，技術覇権戦争，中国の一帯一路構想をめぐる途上国インフラをめぐる問題など多面的であるが，そのなかでも民主主義・人権といった価値観をめぐる対立という側面がある。日本が提唱する「開かれたインド太平洋戦略」およびその技術的コアとしての1980年代に日米摩擦のプロセスで形成された日米ハイテク複合体，これの対中技術覇権との関係で見た持続可能性の問題，そしてもう一つの問題は途上国インフラの問題とも重なるが，アフリカを中心とした新興デジタル専制国家群の経済成長の地政学的なダイナミズム，こういった問題を総合的に捉える必要がある。米中シン冷戦について，中国は歴史的に阿片戦争，清末改革挫折，国共内戦，スターリニズムの変種としてのマオイズム（毛沢東主義），そして改革開放経済，大国化という経緯の中で，一方において，米中の技術・軍事・経済力の逆転傾向と，他方，国内的に社会経済的高齢化問題，不動産バブルなどの問題を抱え，危うい均衡状態にあるといえる。米中覇権衝突の帰趨を見極めるためには，中国を含む新興デジタル専制国家群の国内的ガバナンスの把握が必要となる。

　中国・アフリカといった新興デジタル専制国家群の経済成長の地政学的なダイナミズムをどうみるか？　まず中国の国家信用システムとBATH−バイドゥ・アリババ・テンセント・ファーウェイといった中国のITプラットフォーマーについて，アメリカの外交問題評議会が発行している外交雑誌『フォーリン・アフェアーズ・リポート』に掲載された「デジタル独裁国家の夜明け」（2020年3月号）は次のように説明する。アンドレア・ケンドル・テイラーは，北京モデルは，個人と企業の税還付から銀行の取引明細，ショッピング履歴，犯罪歴，医療記録まで膨大なデータを収集しそれをAI（人工知能）で分析し，個人や企業に社会信用スコアを作成し管理していると分析している。その社会信用スコ

ア次第で，たとえばアパートを借りるときに安く便利になるということがある。そしてグレート・ファイア・ウォール（デジタル万里の長城）を構築してそのインターネットのシステムの中でしかネットを使えないようにして，反体制的なコンテンツはそのなかでは削除されている。この北京モデルを，中国政府とBATH（中国のITプラットフォーマー）は運用している。この北京モデルは，中国一国にとどまるものではなく，アフリカなどの新興デジタル専制国家群に移植されている（テイラー［2020］）。「デジタル化が民主化を推進する」というテーゼについては，ゼロ年代の楽観論から10年代20年代に入っての悲観論に転換している。ゼロ年代の「アラブの春」と称される中東諸国市民の反政府デモでは，SNSを通じた市民の側でのコミュニケーションが大きな役割を果たしたと評価されていたが，今日の新興デジタル専制国家では，政府側が，ビッグデータ・AIを利用して市民の監視をしている場合が多い。これまでの権威主義国家体制は，従来の脅威　——軍事エリート・政府高官——　の監視のために，スパイを雇用・育成してきたが，これは非常にコストがかかっていた。これに対して，現在，ビッグデータ・AIを用いた監視技術が非常に発達し，独裁者はこれまでよりはるかに非介入的な方法で民衆の反政府運動を自動的に監視追跡することが可能になってきている。こうしたアフリカの権威主義体制諸国がデジタル抑圧テクノロジー領域での最先端国の北京モデルを自国に移植し，ハードウェアとしてはファーウェイなど中国製のスマホ基地設備を採用している。

　テクノロジーと民主主義・人権の問題領域の接合が重要になっている。中国の動向に対して，アメリカはグローバル・マグニツキー法という人権侵害に関与した外国人にアメリカ財務省が制裁を加えるという法律を準備しているが，なかなか実効性が伴っていないのが現状である（藤木剛康「Q96米中貿易戦争はどうなるのか？米中貿易摩擦」アメリカ［2019］；藤木剛康「Q60米中貿易摩擦の経緯　——関与政策からの転換はどのように進んだのか？米中貿易摩擦」国際経済［2023］；藤木剛康「Q61人民元問題はどのように管理されたのか？人民元問題」国際経済［2023］；唐成「Q62なぜ米中が対立しているのか？中国（対外面－米中摩擦）」国際経済［2023］；平野健「Q94米中デカップリングは可能か？」国際経済［2023］）。

Q16 新興デジタル専制国家群は今後経済成長するのか？ 〈デジタル・ガーシェンクロン・モデル〉

図表 大運河

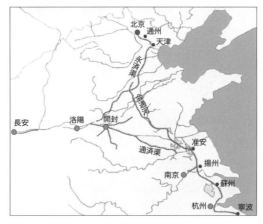

（出所）岡本隆司『世界史とつなげて学ぶ中国全史』（東洋経済新報社，2019年）67頁

水力管理社会から情報管理社会へ

　ウィットフォーゲルは，中国では長江・運河を灌漑する必要性から官僚制度が発達し，そのため中央集権を旨とする東洋的専制（オリエンタル・ディスポディズム）が成立した，と考えた。水力管理社会の特徴として，西ヨーロッパではルネサンス・宗教改革・市民革命というように「個人」が発達したのに対して，中国においては長江等の灌漑・開発のために，皇帝が非常に絶大な権力を持って，そのもとで官僚を組織して，多数の人民を所有して，それが国家奴隷制のような形で灌漑をするということになったため，官僚制は発達するけれども，個性・個人は発達しなかった。水力をベースにした生産基盤だからこそ，アジア（中国）は全体主義的な特徴を持っていることになる。今日の中国は，

46

水力管理社会のデジタル的発展型として情報管理社会ということができる。中国では，「中国版アマゾン」とも呼ばれるアリババなど中国ITプラットフォーマーが運営する通販・決済・情報網による巨大人口の情報組織・管理が経済成長の基盤になっている。その統制された情報のもとで，一方において消費が喚起され経済成長メカニズムが作られる反面，ネット情報においては，個人の自由・プライバシーの国家的統制・センサーシップ（検閲）がある。このデジタル空間における僭主政（古代ギリシャ民主政において正当な手続きを経ず支配者を名乗った者）・独裁制が新たな形で問題になっている。経済においては市場経済成長を理念とする国家の性格があり，サイバー技術としてGAFAvsBATHは中央集権的技術特性を持つIPアドレスを前提にすると，この点で米中は同根である。今後，サイバー空間における新たな秩序が米中戦局を左右することからすると，デジタル時代の民主政対僭主政の地政学・地経学を考える必要がある。中国を含む新興先制国家群の経済成長メカニズムを筆者は「デジタル・ガーシェンクロン・モデル」と考える。開発経済学者ガーシェンクロンは後進国・発展途上国が経済成長するメカニズムをモデル化した。そのモデルによると，日本・ロシアといった，英仏に比べると後進国が工業化するときに，①遅れて工業化を始める後進国は先発国の技術と資本が利用できるので，先進国よりも工業化のスピードは速い，②後発国の産業構造は先進国より早くから重化学工業化する，③重化学工業に必要な経営規模が大きいので，後発国で独占やカルテルなども形成されやすい，④後発国では大規模経営への要請から企業は政府によって「上から」形成される（玉木［2005］；ガーシェンクロン［2005］）といった特徴がある。今後世界の経済・技術のトレンドがデジタル化する過程で，むしろ中途半端にデジタル化している先進国よりも，最初からデジタルしかない，アナログがない状態でデジタル化していく国の方が経済発展するかもしれない。アフリカ諸国においては人口動態からするとたくさん若い世代がいるということになる。そうなると衰退するアメリカ・西ヨーロッパ・日本よりも，これから登場するアフリカの国々の方が経済成長する可能性がある（白石智宙「Q77第三世界は経済発展できるのか？ガーシェンクロン・モデルと内発的発展モデル」国際経済［2023］）。

アメリカは国内に回帰していくのか？
〈デジタル・モンロー主義〉

デジタル・モンロー主義

　通常のイメージでいうと，中国は鎖国的でアメリカが世界の自由貿易を主導するというかつての構造・イメージがあったが，現在は逆転している。中国が対外拡張的であるのに対して，アメリカはトランプ政権以降，「アメリカ第一主義」のスローガンの下，孤立主義・内向きの傾向が顕著である。

　20世紀の石油に匹敵する資源であるデータをGAFAが収集し，AIにおいては現時点ではアメリカに競争優位がある。そして，サイバー業界の土台であるインターネットはアメリカ系団体が掌握しているため，あとは不足する半導体製造技術を国内に確保すれば，アメリカ国内においてサプライ・チェーンが完結することになる（太田［2021, 151］）。デジタル時代においては，GAFAのようなITプラットフォーマーの世界的優位を背景に，経済安全保障的な意味での半導体等のサプライ・チェーンの国内自給体制を構築する一方，地政学的にはアフガニスタンなどユーラシア大陸から撤兵し，東アジアの起こりうる軍事紛争にアメリカが巻き込まれないようなオフショア・バランス戦略を採用している。これはデジタル・モンロー主義といってよい。逆に中国は自由貿易を求め，国内市場においては，半導体需要を作りだし，さらには，アメリカが参加しないTPP（環太平洋パートナーシップ）に加盟をすすめている。また，データ貿易の主導権を握ろうともしている。国際ルールの形成ということでは，WTO，国際電気通信連合などに影響力を持っている。つまり，今，半導体サプライ・チェーンに関しては，アメリカが鎖国をし，中国が自由貿易，あるいは国際的な秩序づくり，ルールづくりにコミットしているというようなことになっている。テクノ・ヘゲモニーをめぐる米中対決で，欧州がパワーバランスを握っている。半導体分野でも，たとえば半導体製造において決定的な露光装置ではオ

ランダ企業ASML社が絶対優位を，半導体アーキテクチャにおいてはイギリス
ARM社が絶対優位を握っている。また，データ・プライバシーの分野でもEU
のGDPR（一般データ保護規則）はGAFAのデータ「囲い込み」（デジタル・
エンクロージャー）に対する抑止力となっている。今後，デジタル分野では，
米欧中のデジタル三国志の帰趨が重要である。宇宙分野・量子コンピュータで
は，中国は，宇宙強国戦略をとり，特に量子コンピュータにおいては，中国が
優位を持っている。2016年8月に，世界初の量子通信衛星，墨子号を打ち上げ
成功し，宇宙量子通信実験を行った。そして，中国独自の宇宙ステーション，
火星着陸，一帯一路沿線国にバーチャル地上ステーションを開設するなど，
着々と宇宙開発を進めている。

デジタル・ガーシェンクロン・モデルvsデジタル・モンロー主義

　では，中国を中心とするデジタル・ガーシェンクロン・モデルとアメリカを
中心とするデジタル・モンロー主義では趨勢的にどちらが優位に立つのだろう
か。「BRICSプラス」というブラジル，ロシア，インドなどの新興国プラス a
は27カ国で全人類の半分を掌握し，ここにおいて中国が影響力を持つ。さらに
は2018年9月に，アフリカ53カ国が出席した，中国・アフリカ協力フォーラム
が北京で開かれた。また，ジブチにアフリカ最大の国際自由貿易区が設置され
たのをはじめ，中国とアフリカとの軍事的結合も進んでいる。今後，中国やア
フリカなどの今まで第三世界と言われた国々の経済成長について，先進諸国の
エイジング（高齢化）問題という人口動態変化を併せて考える必要がある。

Q18 なぜトランプ支持者は連邦議事堂に乱入したのか？
〈合衆国議会議事堂襲撃事件〉

民主主義国の選挙は操作可能か？

　中国，新興デジタル専制国家群がセンサーシップ（検閲）によって管理された国だということについて，――これをたとえばオーウェル『一九八四年』になぞらえて全体主義的監獄国家だと非難する人もいるが―― 他方，アメリカ・西側国家はどうであろうか，民主政の根幹である選挙 ――統治者選出メカニズム―― が正常に機能しているか，という点から考えてみる必要がある。アメリカの民主政は機能しているのだろうか？　2018年3月に明らかになった，Facebookが保有する個人データが2016年大統領選挙でトランプ陣営に利用されたとのニュースは衝撃的であった。そのニュースによると，イギリスの会社であるケンブリッジ・アナリティカが，Facebookの8,700万人分の個人データ（ビッグデータ）――プロフィール，友人関係，どの記事に「いいね」をしたかの情報―― を取得し，AIで分析し，有権者を細かくターゲットとして政治広告を制作したとのことであった。また，ケンブリッジ・アナリティカがウクライナなどの68カ国で選挙に関与し世論操作をしていたことも明らかになった。ケンブリッジ・アナリティカのマイクロ・マーケティング手法はビッグデータから人間では把握できない有権者それぞれの特徴，政治的傾向をAIが把握する。SNSに表示される広告はどの政党に投票するかという投票先を有権者に決定付けないが，本人も気づかないうちに怒り・不安が醸成され投票行動に影響を与えてしまう。これは1人1人が政治の決定に参加する民主主義という原則を破壊してしまう。

スノーデン事件

　もう一つの重要な事例としてスノーデン事件がある。2013年6月にエドワー

ド・スノーデンという国家安全保障局（National Security Agency），CIAに勤めたことのある技術者がNSAによる国際的監視網（プリズム）の実在を告白した。スノーデンは，プリズムという西側の電子メール・インターネット・電話回線を傍受分析する機構に米系IT業が協力していた可能性を示唆した。スノーデンの告発について，アメリカ政府・IT企業は認めていないが，シリアスな問題である。スノーデン問題は，単なるインターネットの自由や通信の秘密の問題ではない。国家の存立基盤と公正原理に繋がる問題である。**言論の自由**，民主主義，人権，プライバシー，言論の自由，そうしたアメリカ民主主義的な価値観の中核に関わる問題に，サイバー・スペースのセキュリティという問題は関わっている。**サイバー空間と民主主義・人権**という問題は，中国・G7諸国双方が抱える問題である（NHK取材班［2020］）。

トランプ支持者連邦議事堂乱入事件

　2021年1月の連邦議事堂にトランプ支持者が乱入した事件をどうとらえるかが，社会学者・政治学者の関心を惹いているが，これはまだ解明されてない領域の問題である。一つの仮説として，連邦議事堂に乱入した人々は本人も気づかないうちに「怒り」や「不安」が醸成され投票行動に影響を与えてしまい，その結果としてあのような行動になってしまった可能性がありうるのではないか。アメリカにおいてもAI・SNSが民主主義国の根幹である選挙に影響を及ぼすようになっている。2020年大統領選挙でトランプはバイデンに敗れ，ホワイトハウスを去った。この選挙は古代アテネのオクトラシズム（陶片追放）で市民が僭主を選挙で国外追放に処した事例を思い起こす。オクトラシズムで，一定の期間が過ぎれば公民権が回復されたように，トランプが2024年大統領選挙に帰ってくるかはオープン・クエスチョンである（記，2022年8月）。

Q19

アメリカはアフガニスタンからなぜ撤退したのか？
〈アフガニスタンの20年〉

アメリカ軍のアフガニスタンからの撤退

　2021年7月，バイデン政権はアメリカ軍が，同年の9月11日（9・11同時多発テロの起こった日）までに，アフガニスタンから撤退すると表明した。この声明によって，バイデンは20年間に及ぶアフガニスタン戦争を終結させ，迷走を重ねて膨大な金と人材をつぎ込んだ「テロとの戦い」から，中国への対抗に国家資源を移すことを意味する。15日にブリンケン国務長官がアフガニスタンを訪問しガニ大統領に米国の撤収方針を伝えた。バイデン氏は14日の演説で，今直面する課題に対処する必要があると，アフガンからの撤退理由に言及した。テロとの戦いは米国の最重要課題ではなくなったと認識を明らかにした。かわりに，ますます自己主張を強める中国との戦略的競争を課題に挙げた。

アフガニスタンの20年

　バイデン大統領のアフガニスタン撤退は，20年間におよぶアメリカ・アフガニスタン戦争が終結したことを意味する。では，この20年間がどうだったのかということと，9月11日までに撤収するということにどのような象徴的な意味があったのかを考えよう。撤退予定日であった2021年9月11日は，その20年前の2001年9月11日の9・11同時多発テロをアメリカ国民に印象づけるということになっている。そして「テロとの戦い」を2001年の9・11同時多発テロ以来アメリカが強調してきたが，この「テロとの戦い」から米中対立の時代へという形で，アメリカの戦略の焦点というのは完全にシフトしたということを特徴づけるということになった。つまり，2001年の9・11同時多発テロ，そこからアフガニスタン戦争，イラク戦争，中東民主化計画そしてアラブの春，そして米中覇権衝突にシフトしていったことになる。この20年間というのはどのよう

なものだったのかということが疑問になる。

　9・11同時多発テロ事件とは，2001年9月11日にアルカイーダというイスラム過激派組織が，ニューヨークのワールド・トレード・センター・ビルに旅客機で突入したとされている事件である。その翌日，当時のブッシュ・ジュニア大統領が「テロとの戦い」を宣言した。それから1カ月弱のうちに，アメリカは，アルカイーダをアフガニスタンのタリバーン政権が匿っているとしてタリバーンに空爆を開始し，アフガニスタン戦争が始まった。

　アメリカ軍のアフガニスタンでの軍事作戦は難航し，2010年から2012年にアラブの春という中東の**権威主義政権**，つまり王政ないし軍政の政権を倒すような民衆の運動があったが，その後中東は混迷を深めているという状況である。

　アフガニスタンでは，日本人に関わり深いところとして，アフガニスタンの人々に尊敬を受けていた中村哲医師が2019年12月4日に何らかの暴発的な事件によって命を落とした。考えてみるとバイデン政権のアフガニスタンからの撤退には，この20年というアフガニスタンへのアメリカの介入を清算するという性格がある。実際に，2021年9月を前にアメリカ軍がアフガニスタンから撤退すると，アフガニスタンは再びタリバーンが掌握し，バイデン政権に対するアメリカ国内の批判材料の一つとなっている。

Q20

ソ連はなぜアフガニスタンに侵攻したのか？

〈アフガニスタンの40年〉

　アメリカ軍のアフガニスタン撤退という現在起こっている事態を，20年のスパンで見たらどうなるか？　ということを考えた。次に，スパンをもう少し広げてみて40年という時間軸で考えてみると，このアフガニスタンという，あまり資源のない国がなぜそんなにアメリカなり他の国が関与するのかという謎がもう少し明らかになってくる。実はアフガニスタンは，現代史で非常に大きな意味を持っている。

　1979年12月にはソ連のアフガニスタン侵攻という現代史上非常に大きな事件があった。ソ連のアフガニスタン侵攻は米ソ冷戦の終結をもたらしたソ連の解体の大きな要因である。ソ連のアフガニスタン侵攻が起こった1978年から79年というのは現代史の大きな転換点と言っても過言ではない。1978年1月にはイラン・イスラム革命が起こり，その直後にイランとイラクの戦争が始まる（イラン・イラク戦争）。1978年12月には，中国鄧小平政権が改革開放を開始する。こうした状況のもとで翌年12月にソ連はアフガニスタンに侵攻して，結局ソ連が崩壊する1989年までこのアフガン侵攻が続く。

　1979年12月のアフガニスタン侵攻から，1985年にゴルバチョフ改革（ペレストロイカとグラスノスチ）でアメリカに対して柔軟な外交をするようになるまで，これを新冷戦という。ソ連のアフガニスタン侵攻は冷戦史の非常に大きな転換点で，それまで1970年代の東西間で緊張緩和（デタント）が相当進んだが，それが一気に転換する。アメリカ議会はアメリカ政府とソ連の間の第二次戦略兵器制限交渉（SALT II）の批准を拒否した。ソ連のアフガニスタン侵攻に対抗する勢力として，ムジャーヒディーン（イスラム義勇兵）が組織された。このイスラム義勇兵がアフガニスタンに投入された。アメリカはこのとき，イスラム義勇兵，特にサウジアラビアのイスラム義勇兵，ウサマ・ビン・ラディン

とビン・ラディン家を支援した。9・11同時多発テロ事件を引き起こしたとされるアルカイーダのリーダーがウサマ・ビン・ラディンであることからして，1979年のソ連のアフガニスタン侵攻ということは，9・11同時多発テロ事件とも非常に密接に結びついた事件だということになる。1980年にはモスクワ・オリンピックが予定されていたが，アメリカ・西ヨーロッパ・日本はこれをボイコットして選手団を送らなかった。その後に1984年にロサンゼルス・オリンピックにソ連・東欧が参加しないという非常に厳しい時期が起こった。そして1985年にソ連でゴルバチョフ改革，1989年に天安門事件，ベルリンの壁が崩壊し，1991年にはソ連邦が解体する。ここまでソ連のアフガニスタン侵攻が続く。ソ連が解体した理由はいくつかあるが，ソ連のアフガニスタン侵攻というのはソ連邦諸国・東欧諸国に対して大きな影響を与えたことは間違いない。ソ連がアフガニスタンに侵攻した理由としては，アフガニスタンの共産主義政権をサポートするなどの諸説があるが，次のクエスチョンでは，アフガニスタンを時期的にも地理的にもマクロ的な視野から考えてみよう。

日本はなぜロシアと戦ったのか？

〈アフガニスタンの200年〉

図表 英露グレート・ゲーム

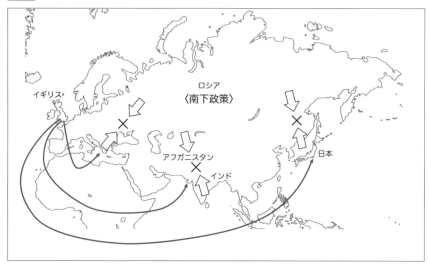

　だいたい19世紀初めぐらいから1907年の英露協商までイギリスとロシアが，ユーラシア大陸で勢力拡大を巡って対抗していた状況があった。この英露対立は，チェスになぞらえて「グレート・ゲーム」と呼ばれた。イギリスはヨーロッパ内部での秩序作りに関しては，比較的温和に振舞い ――「栄光ある孤立」という言葉もある―― 調整役に回っているということがあった。しかし，ヨーロッパ以外の地域では露骨に帝国主義的な政策を採っていた。ロシアも大国ではあるが，考え方としてはイギリスに対抗して陸軍が中心であった（ランド・パワー）。それに対して，イギリスは海軍が中心であった（シー・パワー）。この時期のイギリスの中心的な利害はインドだった。インドは，「王冠の宝石」

とも呼ばれており，インドとイギリスの経済関係は19世紀後半から20世紀前半を考える場合に一番重要な国際経済関係であった。また，軍事的にもインド兵はイギリスの陸軍力不足を補った。イギリスにとってはインドを支配することがイギリス帝国における一番の要だった。それに対して，冬季に凍結する港しかもたなかったロシアは，インド洋に港（不凍港）の獲得を目指した。これがロシアの最大の野望だったが，そのときにアフガニスタンが，イギリスとロシアにとっても最大の係争地になった。これが西の側面である。

なぜイギリスは日露戦争で日本を支持したのか？

イギリスとロシアの対決は，一方においては中東地域（西アジア）においてはアフガニスタンだった。イギリスは，19世紀後半，経済的にはアメリカ・ドイツから挑戦を受けるという状況のもとで，軍事的にはロシアの挑戦を受けていた。このようにイギリスが追い込まれており，そこで着目されたのが日本だった。要するにロシアの南下政策，当然モンゴル・チベット等にもあったが，極東においては，朝鮮・清において南下していこうということに対し，イギリスが目をつけたのが日本である。イギリスの指示のもとに日本はまず清と戦い（1894年，日清戦争），そしてロシアと戦った。日本はイギリスのバックアップを受けながら，日清戦争・日露戦争もイギリス（およびアメリカ）の資金で戦費を賄った。国際関係の中での日本の位置づけということを考えてみると，イギリスは香港・上海を握って徐々に清を半植民地化していくという状況であり，日本軍はイギリスのアジア侵略の尖兵の役割を担った。イギリスは「王冠の宝石」インドを支配した。ロシアはインド洋進出のために南下政策が，そして中東権益をめぐりアフガニスタンが重要であり，極東においては，ロシアがシベリア鉄道，そして日本は満州鉄道と権益を拡大していく。しかし，20世紀に入り，イギリスとロシアの対立関係が，日露戦争後，日英同盟は無力化・無効化され，驚くべきことに1907年に逆に英露協商が結ばれる。

Q14 デジタル時代において，民主政治・専制政治はどちらが勝つか？〈民主政治vs専制政治〉

① 本文の用語

民主主義サミット　専制・権威主義国家　普通選挙　複数政党制　軍政王政　一党独裁　自由・民主主義・人権　9・11同時多発テロ　イラク戦争　中東民主化計画　権威主義体制国家　民主主義・人権外交　一帯一路構想　5Gスマホ　新興デジタル専制国家群　CCTV（監視カメラ）センサーシップ（検閲）　ウィットフォーゲル　水力管理社会　情報管理社会　エイジング（高齢化）問題　人口減少問題　米中シン冷戦

Q15 アメリカと中国の覇権衝突をどうみるのか？〈新興デジタル専制国家〉

① 本文の用語

米中覇権衝突　一帯一路構想　開かれたインド太平洋戦略　途上国インフラ　新興デジタル専制国家　米中シン・冷戦　阿片戦争　清末改革国共内戦　スターリニズム　マオイズム（毛沢東主義）　改革開放高齢化問題　不動産バブル　新興デジタル専制国家群　BATH　バイドゥアリババ　テンセント　ファーウェイ　ITプラットフォーマー　北京モデル　AI（人工知能）　グレート・ファイア・ウォール　アラブの春SNS　ビッグデータ　民主主義・人権　グローバル・マグニツキ―法

Q16 新興デジタル専制国家群は今後経済成長するのか？〈デジタル・ガーシェンクロン・モデル〉

① 本文の用語

ウィットフォーゲル　長江　運河　オリエンタル・ディスポティズムルネサンス　宗教改革　市民革命　国家奴隷制　水力管理社会　アリババ　ITプラットフォーマー　センサーシップ（検閲）　僭主政　ギリシャ民主政　GAFA　BATH　デジタル・ガーシェンクロン・モデルガーシェンクロン

Q17 アメリカは国内に回帰していくのか？〈デジタル・モンロー主義〉

① 本文の用語

トランプ政権　アメリカ第一主義　石油　GAFA　AI　ITプラットフォーマー　経済安全保障　サプライ・チェーン　ユーラシア大陸　オフショア・バランス戦略　デジタル・モンロー主義　TPP（環太平洋パートナーシップ）　WTO　半導体　GDPR（一般データ保護規則）　デジタ

ル・エンクロージャー　　量子コンピュータ　　デジタル・ガーシェンクロン・
モデル　　BRICS　　エイジング（高齢化）問題

Q18　なぜトランプ支持者は連邦議事堂に乱入したのか？〈合衆国議会議事堂襲撃事件〉

① 本文の用語

Facebook　　ビッグデータ　　AI　　ウクライナ　　投票　　スノーデン事件
国家安全保障局（National Security Agency）　　CIA　　プリズム　　言論の自
由　　サイバー空間　　民主主義・人権　　SNS　　古代アテネ　　オクトラシ
ズム（陶片追放）

Q19　アメリカはアフガニスタンからなぜ撤退したのか？〈アフガニスタンの20年〉

① 本文の用語

9・11同時多発テロ　　「テロとの戦い」　　アフガニスタン戦争　　イラク戦
争　　中東民主化計画　　アラブの春　　米中覇権衝突　　アルカイーダ
ブッシュ・ジュニア　　タリバーン政権　　権威主義政権　　中村哲（医師）

Q20　ソ連はなぜアフガニスタンに侵攻したのか？〈アフガニスタンの40年〉

① 本文の用語

ソ連のアフガニスタン侵攻（1979年）　　米ソ冷戦　　ソ連解体　　イラン・イ
スラム革命　　イラン・イラク戦争　　鄧小平　　改革開放　　ゴルバチョフ改
革　　ペレストロイカ　　グラスノスチ　　新冷戦　　デタント　　第二次戦略
兵器削減交渉（SALT II）　　ムジャーヒディーン　　ウサマ・ビン・ラディン
ビン・ラディン家　　9・11同時多発テロ事件　　アルカイーダ　　モスクワ・
オリンピック　　ロサンゼルス・オリンピック　　天安門事件　　ベルリンの壁

② 共通テスト

ホメイニ　　第2次オイル・ショック

Q21　日本はなぜロシアと戦ったのか？〈アフガニスタンの200年〉

① 本文の用語

グレート・ゲーム　　「栄光ある孤立」　　ランド・パワー　　シー・パワー
「王冠の宝石」　　アフガニスタン　　南下政策　　日清戦争（1894年）　　日
露戦争（1904年）　　シベリア鉄道　　満州鉄道　　日英同盟　　英露協商
（1907年）

② 共通テスト

クリミア戦争　　中国分割　　ポーツマス条約　　三国干渉　　ポーツマス条約

（1905年）　血の日曜日事件（1905年）　　洋務運動　曽国藩　李鴻章
柳条湖事件　リットン調査団　満州事変　日清修好条規（1871年）
③　私立大学入試
サン・ステファノ条約　キプチャク・ハン国　ロシア・トルコ戦争
④　国立大学二次試験（論述）
●日露戦争の原因について説明しなさい。（東京大学・日本史・2002・第3問）
●19世紀ロシアの南下政策について説明しなさい。（東京大学・世界史・2014・
　第1問）

PART Ⅲ

パクス・アメリカーナの100年

●基本地図Ⅲ：米ソ冷戦とパクス・アメリカーナ

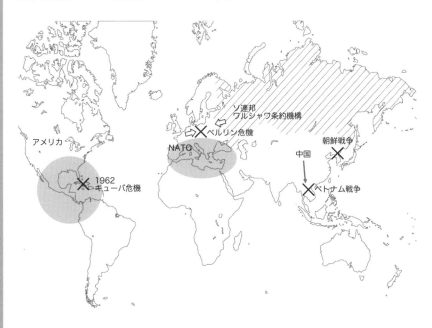

Chapter**3**
冷戦終結とプラザ合意
(1981-2000)

📖 『楽園への疾走』 Ｊ・Ｇ・バラード

　イギリス人の少年ニールは，核実験に立ち会ったせいで死亡したと思しき父を持つ経験から，核爆発による世界の終末という願望を胸に秘めている。彼は，「アホウドリを救え！」をスローガンとするタヒチ沖のフランス領サン・エスプリ島でのデモに参加する。フランスは，サン・エスプリ島にアホウドリを含む稀少生物が棲息しているにもかかわらず，軍事基地を造るために稀少動物を虐殺し，さらには核実験を行おうとしていた。

　デモのリーダーは，患者を安楽死させた件で医師免許を剥奪された元医師ドクター・バーバラ，40代の精力的な女医であった。ニールは徐々にバーバラに魅かれていく。バーバラはメディアを巻き込みながら，「ジュゴン号」という船で島に向かう。

　島へ侵入する際，ニールはフランス軍に銃撃され，この件がメディアを通じて世界中の知るところになると，ニールは環境保護運動のシンボルに祭り上げられる。その結果，デモ隊は再び島に向かう。上陸した彼らを再びフランス軍が襲い，この事件が衛星テレビによって世界中に配信されたため，フランスは世界中から批難を浴び，フランス軍は撤退する。

　世界の注目と支援を受けて，バーバラらは，自然保護区として守られることになったサン・エスプリ島に，絶滅が危惧される動植物を世界中から集め，さらにはデモ隊による孤立した自給自足生活を開始する。彼らはサン・エスプリ島を本物の楽園に作り替えようとしたのだ。

　ごく普通の環境保護運動は次第に変調を始める。リーダーであるバーバラは，サン・エスプリ島に女性優位社会を構築する。その閉ざされた社会で，男性たちは魚を捕り，子孫を残すことのみに奉仕させられる。そして，女性たちは男性を殺し始める。バーバラの狂気が島をユートピアからディストピアに変貌させていく。

　少年時代を上海共同租界で過ごしたバラードは，『太陽の帝国』に描かれたように，大日本帝国の戦闘機零戦に憧れたのであろうか。バラードはまた自身の代表作『沈んだ世界』―高温多湿の水浸しとなった地球を描く― が

大岡昇平『野火』が描く地獄での恍惚に影響を受けたと語る（『季刊NW-SF』1975年10号72頁）。

　ユートピアとディストピアが交錯する。『野火』が描く，地獄の中に見出した戦場と飢えの狂気の中の恍惚をバラードは楽園の中の地獄に見出したのか？

●映画コラム●

『ホーリー・マウンテン（THE HOLY MOUNTAIN, 1973）』アレハンドロ・ホドロフスキー監督

　眼前にある一つの線，あるいは地の裂け目が境界と見える者の意識は，すでに境界の向こう側に存する。とはいえ，境界の彼岸が此岸を越えた超越的な世界であることは得てしてなく，此岸同様の別の村の日常に辿り着いたに過ぎないことに失望することがしばしばである。それでは，あの高い山の頂点を目指さねばならない。

　この映画は，黄金と不死を求め，畏れられる聖山の頂を目指す盗賊・錬金術師・兵器商人・大統領財務顧問等の冒険と修行の旅をエキセントリックに描いた。衝撃のラストは，夢オチでなく現実オチ。境界は自己の外側でなく内側にあることを言っているようにも見える。毀誉褒貶の激しい作品であるが，ニューエイジのはしりであり，ジョン・レノンが製作を支援したことからすると，後期レノンの琴線に触れる要素もあったのであろう。

パクス・アメリカーナとは何だったのか？

〈パクス・アメリカーナ〉

　パクス・アメリカーナとは何だったのだろうか？　現在もパクス・アメリカーナは続いているのだろうか？　経済面では，レーガノミクス（1980年代のレーガン政権の経済政策）が大きな画期であった。レーガノミクスによってアメリカの双子の赤字（貿易赤字と財政赤字）が生まれた。この双子の赤字を解決するために，1985年のプラザ合意が日米欧間で合意された。プラザ合意の結果，日本は1980年代後半にバブル経済を迎え，1980年代末にはバブル経済は破綻した。

　レーガノミクスはどのように双子の赤字，アメリカの貿易赤字と財政赤字を生んだのか？　双子の赤字はどのようにプラザ合意を通じて国際的にファイナンスされたのか？プラザ合意の結果，日本の通貨である円はごく短い期間に1ドル＝240円から120円に切り上がり，そして金利においてアメリカの金利切り下げに追随する形で協調利下げが行われた。こうした金利と為替に関する国際マクロ政策協調はどのように実施されたのか？　その結果として，日本経済はぜ長期不況に突入し，その後，なぜ「失われた10年（20年・30年）」という現在に至る長期の景気停滞とデフレ経済を迎えたのか？　そしてこの間，GDPで日本と中国の経済規模が逆転したのはなぜか？

　政治・軍事面では，ソ連・東欧の共産主義体制はなぜ解体したのかというのが大きな画期である。はたして「社会主義の実験」が失敗した結果だろうか？ソ連・東欧の共産主義体制の解体は内在論と外圧の両側面から考える必要があるだろう。1970年代のキッシンジャー外交と東西デタント（緊張緩和）においては，資本主義体制と共産主義体制の共存が志向されたが，レーガン政権・ブッシュ・シニア政権においては，ソ連・東欧の共産主義体制の解体が追求された。その理念として，アメリカ民主主義人権外交が標榜された。軍事面では，

SDI（Strategic Defense Initiative, 戦略防衛構想）計画という宇宙軍拡が追求された。このレーガン軍拡は，経済面でのレーガノミクスを必要とした。ソ連は，アフガニスタン侵攻の泥沼化，レーガン軍拡とのマッチアップの困難から混迷した。ゴルバチョフ書記長はこの危機を打開しようと，ゴルバチョフ改革（ペレストロイカ・グラスノスチ（情報公開））をすすめ，米ソ新冷戦を終結させたが，ソ連内部の保守派の反発を招き，1991年の保守派クーデターとその失敗がソビエト連邦を解体に導いた。

　ソ連邦の解体という問題と，現在，国際社会が共有とする価値観としてのリベラル・デモクラシーは，冷戦終結時にフランシス・フクヤマの歴史の終焉論とそれに対してサミュエル・ハンチントンの文明の衝突論の論争として現れた。では，アメリカが民主主義・人権を拡大すること（アメリカ民主主義・人権外交）をどうとらえるか？　アメリカは建国以来の理念として，アメリカの民主主義・人権を世界に広げるということが，アメリカの国家としての使命だと考えてきた。では，民主主義と帝国という二つの軸をどのような関係としてとらえたらいいのだろうか。国内において民主主義理念を追求し，対外的な帝国的意図を覆い隠す無花果の葉，あるいは介入の大義名分として民主主義を標榜しているある種のダブル・スタンダードだろうか？　また，中東地域を政治的には民主主義的に改造し，経済的には石油収入依存から独立させようとした中東民主化計画はなぜ失敗し，中東地域は混沌状態に陥ったのか（平野健「Q75なぜアメリカの中東介入は失敗したのか？アメリカと中東」国際経済 [2023]；小野澤透「冷戦の起源」西V-15：268-269）。

Q 23

米ソ冷戦終結でリベラル・デモクラシーが最終的に勝利したのか？

〈冷戦終結〉

　1990年前後の米ソ冷戦終結時に，フランシス・フクヤマは冷戦終結後の世界のビジョンを提起する議論として歴史の終焉論を提示した。この議論によると，1970年代・80年代においてラテン・アメリカ，東欧・ソ連そしてアジアにおいて政治体制がぐらつき，リベラル・デモクラシーが波及していった。これらの地域では，自由主義的な経済原理が浸透していき，市場経済が普及し第三世界諸国でも前代未聞の物質的繁栄が達成されるようになった。フクヤマによると，キッシンジャーによって代表されるようなリアリズム外交は万能ではない。バランス・オブ・パワーを特徴とするキッシンジャー外交は，1972年2月のニクソン大統領の訪中（政治面でのニクソン・ショック）と米ソ共存を志向する東西デタント（緊張緩和）をもたらした（フクヤマ［1993］）。しかし，冷戦終結によって，ソ連・東欧の共産主義政権の解体が明らかになっている。フクヤマは次のように議論を進める。ソビエト連邦が崩壊した原因は軍事的に衰弱したためではない。ソビエト連邦は，究極兵器である核兵器を持ったまま崩壊した。これはリアリズムの軍事バランス論では説明できない。ソビエト連邦が崩壊した原因は軍事的に衰弱したためではなく，ソビエト共産党が支配の正当性を失ったからであるという。フクヤマによると，リベラル・デモクラシーは，19世紀までの専制王政との戦い，第二次世界大戦でのドイツ・日本のようなファシズム諸国との戦い，米ソ冷戦での共産主義の戦いに最終的に勝利して，おおまかな意味で言って，「歴史」というものは終焉してしまい，リベラル・デモクラシーが人類の統治の最終の形になる。そしてリベラル・デモクラシーそれ自体が歴史の終わりになる。多少いろいろな摩擦とか小規模の紛争はあるが，大筋において，西ヨーロッパのリベラル・デモクラシーを継承したアメリカのリベラル・デモクラシーが世界を覆っていくだろうというイメージである。

これが米ソ冷戦後の世界のビジョンとして，フクヤマが考えた歴史の終焉論であり，ヘーゲル『精神現象学』のコジェーヴによる解釈に基づく，人類のイデオロギー上の進歩は，リベラル・デモクラシーにおいて人類のイデオロギー上の進歩の終点を迎え，人類の統治の最終の形になる。そしてリベラル・デモクラシーそれ自体が歴史の終わりになる（コジェーヴ［1987］）。フクヤマの歴史の終焉論は，9・11同時多発テロ後のアメリカの「テロとの戦い」，アフガニスタン戦争，イラク戦争，イラク戦争後の中東民主化計画を主導したネオコン（ネオ・コンサバティブ）外交の中核的アイデアになった。ネオコン外交は，ブッシュ・ジュニア政権の外交理念で，第一に，白か黒かという善悪二元論かつ絶対的な道徳観，第二に，一極体制の下での軍事力重視，第三に，伝統的な外交機関，非軍事的な多国間主義機関，国際条約・協定を敵視し，第四に，外交の中心舞台を中東・イスラム世界に置くことを特徴とした。

　フクヤマに対する議論としてはサミュエル・ハンチントンの文明の衝突論がある。ハンチントンは1993年のエッセイ，「文明の衝突」において，今後世界において歴史上初めて世界政治は多極化し多文明化していくと論じた。西欧は次第に他の文明と衝突するようになり，特にイスラム圏や中国との衝突は極めて深刻になると考えた。ハンチントンとフクヤマの論争では，イスラム社会と西洋文明との関係性の問題では，フクヤマはアメリカのリベラル・デモクラシーが中東を覆い改造していくと考えたのに対し，ハンチントンは中東のイスラム圏は抵抗し続けるだろうと考えた（ハンチントン［1998］；堀内隆行「植民地と近代／西洋」西V-2：242-243；藤波伸嘉「イスラムと民主主義：誰が何のため論じるのか」東V-2：296-297）。

ソ連・東欧共産主義政権の解体は，「社会主義の実験」の失敗だったのだろうか？〈アメリカの共産主義体制解体戦略〉

ソ連・東欧共産主義体制の民主化

　1970年代の米ソ共存路線・東西デタント（緊張緩和）を覆したアメリカのネオ・コンサバティブ（新保守主義）運動に注目しよう。アメリカのネオ・コンサバティブ運動とは元来，民主党のニューディール的な伝統を強く保持する知識人グループに担われていた。1930年代ルーズヴェルト民主党政権のニューディール政策の下で形成されたニューディール連合が，1940年代から60年代にかけて解体していく。そのなかで1960年代後半から70年代にかけて民主党が左傾化していった（副島［1995：18-24，29-31]）。他方，ジョンソン大統領の公民権法や貧困撲滅運動に反対する中で，ヘンリー・ジャクソン上院議員などの民主党指導者，ポール・ウォルフォウィッツのような外交政策強硬派が台頭した。

　1970年代後半に民主党のメイン・ストリームが左傾化していった一方で，それに反発した右派的な部分が，レーガン・デモクラットという形で共和党にシフト（「転向」）する。そのなかでも代表的な人物が，もともと民主党員だったカークパトリックというジョージタウン大学の教授である。彼女は1979年のイラン革命後，「独裁政治と二重基準」という論文を『コメンタリー』という右派の外交誌に寄稿した。本論文は，アメリカの外交，特にカーター民主党外交批判であるが，アメリカは中南米・南北アメリカの独裁者に対して民主化圧力をかける割に，ソ連・東欧圏に対してあまり民主化圧力をかけないというカーターの人権外交を批判した。つまり，カーター政権が親米独裁政権に対して，共産政権には求めないような過大な民主化要求を押し付けた。これがイラン革命で親米シャー政権が敗北し，崩壊した原因であると考えた。そして，カークパトリックは共産主義諸国の民主化を求めた。

レーガンの自由の十字軍演説

　カークパトリックの議論に共和党の大統領指名候補のレーガンが感銘を受ける。レーガンは，1980年の大統領選挙で勝利して，東欧の中でも比較的親米といえるポーランドのワレンサの**連帯運動**にコミットしていく。そして1982年6月にはレーガンのウェストミンスター演説で自由の十字軍という，ソ連東欧を打倒しなければならないということを宣言し，共産主義国非共産主義諸国を問わず民主化を促進しようとした。こうして，キッシンジャー外交が前提としていた共産主義体制の継続からの転換，共産主義諸国の民主化を提唱することになった。そのプロセスの中で1985年にはレーガンとソ連の書記長であったゴルバチョフが首脳会談を行って，米ソ新冷戦に終止符を打つ。ここから，ソ連・東欧を解体に追い込む戦略が徐々に進行していく。そして1989年から91年にはまずベルリンの壁が崩壊し，それから東欧における政権転覆，そして1991年にはソ連の保守派のクーデターからその後のソ連邦の解体に至る一連のドラマティックな事件が続き，1991年までには米ソの冷戦状態が終結することになる。

　レーガン・デモクラット周辺の人物から，徐々にネオコン（ネオ・コンサバティブ）という政策グループを形成されていった。彼らがブッシュ・ジュニア共和党政権に参加していく。彼らはアメリカの自由主義保守派の民主的英知による統治を掲げた。2001年9月11日に，**9・11同時多発テロ事件**が起こると，ブッシュ・ジュニア政権は「テロとの戦い」と「中東民主化計画」を推進し，イスラム圏は米欧文化の中核である民主主義を受け入れないとする文明の衝突論を否定し，アメリカのリベラル・デモクラシーがイスラム圏にも適用されるという歴史の終焉論を適用しようとした（副島［1995］；坂出［2008：305-307］；青野利彦「デタント」西V-18：274-275；森聡「冷戦の終結」西V-20：278-279）。

なぜ中東地域は混沌状態に陥ったのか？

〈中東民主化計画〉

アメリカの中東民主化計画は何を目指したか？

　1991年のソ連邦崩壊から2001年の9・11同時多発テロまで，アメリカは「唯一の超大国」と言われた。2001年9月11日，ニューヨークのワールド・トレード・センター・ビルがテロによって破壊されるという大事件が起こる。その後，2002年6月1日にブッシュ・ジュニア大統領がウエストポイント陸軍士官学校の演説で中東民主化構想を提唱する。中東圏にもリベラル・デモクラシーの理念は適用されるし，同時にイスラム圏は米欧文化の中核である民主主義を受け入れないという文明の衝突論を否定する。中東民主化計画の経済的基礎としては，中東圏に市場経済化を推進した。2002年11月6日に，ブッシュ・ジュニア大統領は全米民主主義基金協会で演説をして，新政策として中東における自由の前進戦略，アフガニスタン戦争・イラク戦争と並行して中東の民主化を進めていくことを宣言する。2004年4月9日にNATO（北大西洋条約機構）のイスタンブール・イニシアティブの報告書（イスタンブール・ペーパー）は「アラブ地域は停滞している」という議論を検討した。報告書によると，アラブ地域の停滞がテロの温床になっているため，このような親米軍専制国家，たとえばサウジアラビアの王政，エジプトの軍事政権をアメリカ，ヨーロッパが支持するのは誤りである。そして根本的な政策転換が必要で，エジプトは地理的な要衝として重要であり，サウジアラビアは石油供給地として経済的に重要ということで，王政・軍政であってもこれを支持するという考え方をやめ，このダブル・スタンダードを克服して，中東民主化への信頼性確保のために，エジプト，サウジアラビアを含めて民主化していく。このサウジ・エジプト両者の民主化が，漸進的であるかあるいは革命的であるか，つまりエジプト・サウジにおいて革命が起こったとしても別にそれは民主化だったら支持するという姿勢をイ

スタンブール・ペーパーは提示した。

中東地域の混沌化

しかしその結果としてどうなったのかを少し長いスパンで見てみると，2001年に9・11同時多発テロ，それから2003年にイラク戦争，そしてネオコン外交が，2010年から12年に中東民主化計画を受けてアラブの春という市民運動がチュニジアなどで群発し，中東で次々と民主政権が生まれる。そうした民主政権は，非常に不安定だった。徐々に中東地域全体が混乱の度を深めていき，2014年にはイスラム国（IS国）が台頭して，中東世界は混沌に至った。

民主主義と人権それから市場経済原理・経済成長というトリアーデ（三位一体）が中東地域に成立する見込みは見えていない。11月6日にブッシュ・ジュニア大統領は全米民主主義基金協会で演説をして，新政策として中東における自由の前進戦略，アフガニスタン戦争・イラク戦争と並行して中東の民主化を進めていこうとした。むしろ中東民主化計画以前は，たとえばイラクのフセイン政権のように，シリアもアサド独裁政権の下でそれなりに安定していたが，混乱したまま問題が悪化していくという状況になっている（坂出［2008：305-307]）。

リーマン・ショックはなぜ起こったのか？

〈リーマン・ショック〉

リーマン・ショック

　2001年の9・11同時多発テロ以降，FRB（米連邦準備銀行）による比較的長期の低金利政策が継続していた。実物的要因としては住宅ブームが加熱したことが挙げられる。通常の住宅ローンには（これはプライムローンというが），頭金として20%が必要であったり，銀行口座やクレジットカードも個人の信用が必要だったが，アメリカの2000年代は，住宅価格が毎年上昇するので，住宅販売業者はローンを組む顧客にとって条件を低くすればいいと考え，サブプライム・ローンが生まれた。そして2007年8月にバリパ・ショック，サブプライム・ショックが発生した。これらの危機はすんでのところで抑えこまれたが，さらにリーマン・ショックが2008年に起こった。このリーマン・ショックというのは大恐慌以来最悪の危機と言われた。リーマン・ショック後の**量的緩和**（QE）として，リーマン・ショックの2008年後半から2009年にかけてFRBをはじめとする先進各国の中央銀行は相次いで政策金利を0%近傍に引き下げるゼロ金利政策へと移行している。名目金利をゼロ以下に下げられない以上一段の緩和も困難であったので，各国中央銀行が採用したのが，中央銀行が市場から金融資産を大規模に購入することによって金融緩和効果を狙う量的緩和（QE）という金融政策であった。量的緩和には大きな副作用が伴った。長期国債等の市場において中央銀行が最大の保有主体として立ち現れることによって，中央銀行の売買によって金利や価格が決定され，市場の価格決定メカニズムを歪めることになった。金融制度はいずれ本来のあり方に正常化しなければならず，量的緩和はその出口を探らなければならない。これを出口問題という（坂出「Q80なぜリーマン・ショックは起こったのか？ニューエコノミーからリーマン・ショックへ」国際経済［2023］；豊福裕二「Q81なぜ世界的な金融危機に

発展したのか？リーマンショック（国際的観点）」国際経済［2023］；豊福裕二「Q83リーマン・ショック後の量的緩和とは何だったのか？量的緩和」アメリカ［2019］）。

出口問題とテーパリング

　サブプライム問題が起きるまで，1990年代から2000年代ゼロ年代初頭のアメリカでは非常に長期にわたる景気拡大が続いた。この時期のルービン財務長官（民主党）は，「高金利はアメリカの国益である」と述べた。この発言の意味は，アメリカの金利が他の国の金利より高いということは，金利差から各国の資金がアメリカに投資するということになる。そのことを通じて，ニュー・エコノミーの循環が，長期にわたる景気拡大と繋がったと考えた。日本の経済政策では，高金利になると為替高になり，低金利になると為替安になるが，後者のセット（低金利と為替安）がだいぶ頭に染みついている。為替は円安の方が良いという日本の経済政策のマインド・セットになるが，ルービンの考え方は高金利・為替高になって，アメリカに世界中から資金が注入したらいいという，日本の経済政策とは逆の発想である。

　この延長線上に現れたのが，ヒラリー（民主党）とトランプ（共和党）で争われた2016年大統領選であった。もし，ヒラリーが大統領になっていたら，おそらくルービン路線で行ったと思われる。結果として，トランプという伏兵が現れ，大統領として実施したのは，アメリカの雇用を守るために低金利・為替安にするという経済政策であった。2016年には，FRB議長イエレンは，金利は上げられるし，金利を上げたいと言ったが，トランプはそれに抵抗した。結局2016年から2020年まで，金利はゼロ金利近傍を維持し，為替安・ドル安を志向した。ただ，バイデン政権は，基本的にはクリントン民主党政権のルービン，ヒラリーの考え方を引継いでいくと考えられる。2021年秋，FRBはCOVID-19経済下でのインフレを鎮圧するために，テーパリング（量的金融緩和政策を段階的に縮小）と2022年の金利上げを表明した。日本を含むアメリカ以外の諸国は，アメリカの金利上昇に対して，財政赤字利払い増大を伴う追随金利引き上げか，アメリカへの資金流出のリスクのある金利据え置きかの苦渋の選択を迫られるであろう。

レーガノミクスは何をもたらしたのか？

〈レーガノミクス〉

図表 ▶ アメリカの「双子の赤字」

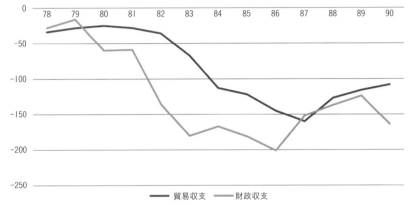

単位：10億ドル

（出所）篠原総一監修『アメリカ経済白書1992』（日本評論社，1992年）403，426頁

　デタント外交からソ連東欧共産主義政権転覆外交に転換したレーガン政権は，経済面においても大きな転換 ——レーガノミクス—— を遂行した。1970年代末というのはイラン革命が引き起こした**第二次オイル・ショック**を契機に，二桁の物価上昇，労働生産性の鈍化という現象，インフレ（物価上昇）のスタグネーション（景気後退）が同時に進行するスタグフレーションが日米欧先進国を襲った。1981年にレーガン共和党政権が登場すると，経済面では政策パッケージとして，政府の経済介入を重視するケインズ経済学を否定する反ケインズ政策 ——サプライ・サイド経済学（供給重視の経済学）・マネタリズム・合理的期待形成学派の結合— を遂行した。レーガン政権は，生産性の停滞と慢性的失業・政府の肥大化を問題としてとらえ，赤字財政に由来するインフレ並

びに重い負担が企業の投資・個人の勤労意欲を阻害しているという認識から，歳出の抑制等と大規模な減税を支柱とする経済再生計画を1981年12月に打ち出した。他方，レーガン政権は，ソ連との宇宙軍拡競争としてSDI計画を進めたため，国防費は歳出削減の例外であった。社会福祉関連の支出が削減されたものの，軍事費は拡大し減税の規模が歳出の圧縮幅をはるかに上回るため財政赤字が拡大した。インフレ対策として，極端な通貨供給量規制を行ったため，金利水準が非常に高まった。1982年2月には政策金利は20%を超え，高金利のため，レーガン・リセッションと呼ばれる景気後退も起こった。政策金利20%は今日からすると想像ができない。レーガン政権は，財政赤字が1984年度にはゼロになると見込んだが，83年度には2,000億ドル台を突破し，アメリカの貯蓄率は急落した。その反面，個人消費が伸びたため，アメリカの景気が拡大すると，外国商品がアメリカに流入し，貿易赤字が急拡大した。こうして，レーガノミクスの結果，貿易赤字と財政赤字という双子の赤字が発生することになった。この双子の赤字の解決策としてプラザ合意による先進国の国際マクロ政策協調が要請された（土志田［1986］；坂井［1991］；坂出「Q61双子の赤字はなぜ生まれのか？　貿易赤字・財政赤字」アメリカ経済［2019］；小野澤透「新自由主義」西V-21：280-281）。

プラザ合意は何を目的とし，何を結果としたのか？
〈国際マクロ政策協調〉

再版ビナイン・ネグレクトの終焉

　レーガノミクスの下でのドル高と高金利は，アメリカの産業空洞化と貿易赤字，財政赤字の悪化を招いた（双子の赤字）。1980年代前半には，アメリカ政府は，金利とドルの高さは，アメリカの成長率が他国より高く，世界の投資家にとってアメリカ・ドル資産の魅力が高まっている証拠だとの説明を継続し，双子の赤字の育成メカニズムを放置していた。これは，1970年代末の第二次オイルショック時の貿易収支悪化に対する「ビナイン・ネグレクト（優雅なる無視）」の再来であった。これが可能になったのは，外資が大量に流入し，経常収支が赤字であるにもかかわらずドル高になり，高金利に伴う外資流入により双子の赤字がファイナンスされ，国内景気が順調に維持されたからであった。

　しかし，1980年から85年にかけての7割以上の記録的なドル高の下，産業空洞化が進行した。記録的なドル高により1980年から5年間で7割以上ドルが上昇し，輸出が不利に，輸入が有利になる競争力の減退が起こった。在来工業製品だけでなく，ハイテク製品・農産物でもこうした競争力の減退が起こり，外資流入によるアメリカの対外債務急膨張により，アメリカが遂に「世界最大の債務国」となると，政策転換が必要になった。このため，もはや従来のような支出超過の借金経済は持続不可能になった。

プラザ合意と国際マクロ政策協調

　ここで出てきたのがマクロ政策協調，特定して言うとプラザ合意である。ドル高を修正し，ドル暴落でなく軟着陸を達成するために，1985年9月にニューヨークのプラザホテルで開かれたG5（先進五カ国）中央銀行総裁会議で，ドル売りの協調会議に対する合意がされ，ドルの長期下落・ドル安円高の劇的な

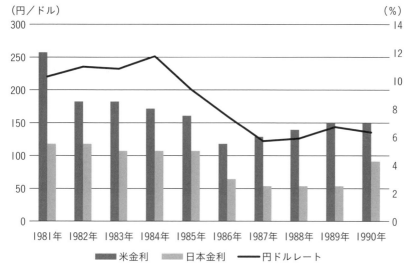

図表 1980年代の日米為替レートと公定歩合

（出所）（財）日本統計協会 編集・発行『新版 日本長期統計総覧 第3巻』総務省統計局監修（（財）日本統計
協会：2006年）548頁より作成

進行を内容とするプラザ合意が結ばれる。プラザ合意直前，1ドル約240円
だった円が87年初頭には120円付近に達する。つまり2年程度で円の価値が倍
に上がった。

　その一方，日本は国際協調的な米国債の購入を進める。1986年4月に大蔵省
（現財務省）は生命保険業界の外債投資枠の拡大をすすめ，アメリカ証券，特
に米国債の購入を促進した。これは財政赤字をファイナンスしようとするアメ
リカの要求に応えた措置であった。急激な円高ドル安の結果，生保業界が
1985・86年に2年間で被った為替差損は約3兆円にのぼると推定されている。
日本経済は，民間・公的部門双方が，自らがドル債券購入を控えるとドル安に
拍車がかかり，ストック全体について為替差損がひどくなるというジレンマの
中でアメリカ証券特に米国債への新規投資を続行した（坂井［1991］；坂出
「Q61双子の赤字はなぜ生まれたのか？貿易赤字・財政赤字」アメリカ［2019］。

日本人はなぜ貧乏になったのか？

〈円デフレ論〉

「勘定合って銭足らず」

　それでは，日本の対米債権の内容が何なのかが問題となる。日本経済は1980年代中葉に「世界最大の債権国」となったが，その実態は「勘定合って銭足らず」の典型であり，「黒字倒産」の状態になったといってもよい。日本の対外純債権は，中身は実態的にはドル建てであり，ドルの価値変動に左右される。1995年4月が円高のピークで1ドル約80円であったが，対外純債権対外純資産は30兆円の差損が発生していた。つまり債権をドル建てで保有しているので，ドルが安くなるとその債権の額そのものが実質的に減っていくことになる。この場合，徹底的にドル安を抑え込もうとするとストックの対外資産が自国通貨建てでないため減価し，デフレ圧力を被る。これがデフレの一つの原因となる。

日本が陥った「デフレの罠」

　1990-2010年代，日本という世界最大の債権国がデフレになっているのはどういう現象なのか，この奇妙な現象をどのように考えたらいいのだろうか。この時期以降，日本の経済はデフレ問題，日本はなぜデフレから脱却できないのかということについて経済政策上，種々の議論・論争があった。たとえば，紙幣を刷ればいいというかなり短絡的な結論に達した見解もあり，その議論に従った形で量的緩和・異次元緩和というようにどんどんお金を刷ったらいいということだったが，デフレが解決したような気はしない。日本のデフレ問題について，三國・マーフィーの円デフレ論は，日本に蓄積されたドルの退蔵が引き起こす問題だと分析している。つまり日本が保有するドルは会計上の定義により資産である。そのためアメリカの国債を日本銀行の外為特別会計が保有しているという現象になっているが，これらの資産はそれに対応する負債を必要

とする。日本の場合これらの資産は，円預金の形をとるが，円預金融資や株式投資を通じて日本経済内部で機能を果たすように創造（クリエーション）されるのではなく，少なくとも日本に関する限り使用されることのないドルの蓄積を支えるために用いられる。すなわち国内金融システムからその分だけ貨幣としての機能が除去されていることになる。預金の形をとった時，貨幣は単に遊休状態なのでドル資産を支えているだけである。つまり日本の中央銀行の資産でアメリカの国債を買えば買うほど日本の金融システムからその分だけ貨幣としての機能が除去されるということになる。日本経済のデフレとニューエコノミーにいたるようなアメリカ経済の景気過熱のメカニズムを通じて，日本人の富はアメリカに移転していった。このプロセスを通じて，「内需拡大」の呼び声とは裏腹に，日本の消費は落ち込み，日本経済はいわゆる「デフレ・スパイラル」に陥り，日本人は貧乏になっていった。

　これは「アメリカと日本の通貨準備の二重性」（三國・マーフィー［2002：48]）である。アメリカの銀行システム内に日本銀行が債権を積み上げつづけることは，実質的に連邦準備に貸出を続行し，通貨準備を創造していることになる。しかも，アメリカと日本の両国でそれぞれ使用できることから，理論的には外貨準備を生み出すもとになっている貿易取引額の二倍の通貨準備の創造となる。通常，外国に対する巨額の純債権を蓄積してきた国は，債権を，「債権国通貨建て」で保有していたのに対し，日本の対米債権（アメリカの対日債務）はドル（債務国通貨）建てであることから生じる問題である。中心国アメリカのインフレ傾向と周辺国日本のデフレ傾向を対にして考える必要がある（三國・マーフィー［2002：45-46]）。このメカニズムはQ31にみるようなニクソン・ショック（金＝ドル交換停止）によって完成された米財務省証券（国債）本位制から紐解く必要があるだろう。

「東アジアの奇跡」をどう見るのか？

〈東アジアの経済成長〉

東アジア諸国の経済成長

1980年代には東アジアNIES－韓国・シンガポール・台湾などの経済成長が顕著になった。日本が突出して成長した時代から1980年代東アジアNIESの経済発展の奇跡と通貨危機による破綻，そして中国の成長という軌跡である。こうした東アジア諸国の発展モデルはあるのだろうか。世界銀行は1993年に『東アジアの奇跡』という報告書を出して，東アジアNIESの経済成長は欧米の新古典派経済学が前提にした経済発展には政府の関与が少ない方がいいというテーゼに対して，アンチ・テーゼとして政府が関与した経済成長だったとまとめた（世界銀行［1994］）。それに対して1994年に著名な経済学者クルーグマンが「アジアの奇跡という幻想」で，これらの国々の生産性は上昇していない，だから経済成長は続かないということを一種予言的に書いたコラムを発表した（クルーグマン［1997］）。その言葉通りなのか，1991年に東アジアの経済危機が起こったが，果たして東アジアの資本主義は欧米の資本主義とどのような異なる特徴をもつのだろうか。

東アジア資本主義とは？

東アジア資本主義の形成期，19世紀から20世紀前半においては，東南アジアの植民地化，東北アジア（中国・日本）の不平等条約体制を前提にして，欧米主導の国際秩序ができ上がった。19世紀中期からの運輸交通通信手段の飛躍的発展により，イギリスを中心とするヨーロッパ系銀行が貿易金融に進出し，東アジア貿易の主導権を完全にヨーロッパが握るようになった。そして日本資本主義は，日本の開国，明治維新革命，国民国家形成・工業化とアジア的商品の近代的生産，輸出による日本資本主義の急速な発展により帝国を拡大していっ

た。その結果，日本資本主義は，欧米資本主義と対立し，東アジア内部の国際分業関係を分断し，形成され始めた東アジア太平洋経済圏を侵食・解体していった。しかし，日本帝国圏は第二次世界大戦で完全に解体し，同時に欧米帝国主義の東アジア植民地体制も解体を遂げる。

　そして20世紀後半になると，世界資本主義は，第二次世界大戦までの欧米諸国の東アジア・東南アジア支配に基づく，植民地を必要とする帝国主義段階を終え，多国籍企業を中心とする段階へ発展した。政治的な米ソ二極体制と経済的にはアメリカ世界覇権のもとにブレトン＝ウッズ体制において，日本の先進国化が進み，韓国・台湾・シンガポールのNIES化，ASEAN諸国の経済発展の開始，中国・ベトナムの開放政策への転換が進んだ。開放政策は，社会主義計画経済から，社会経済開発独裁資本主義という一種の開発独裁資本主義への転換であった。

　この東アジア資本主義の特徴は，東アジア・西ヨーロッパとともに地域全体として一つの経済圏を形成し，その中から資本主義経済圏を形成したことにある。これは世界の他の地域，ラテン・アメリカ，アフリカ・西アジア（中東）とは異なる。東アジアは西ヨーロッパと同じく16世紀に西ヨーロッパの資本主義の発生とほぼ同時期に，「ユーラシア大陸の東西でだいたい同時期に，別々に，資本主義の胎動が始まった」（中村［2000：41］；中村［1991］；鈴木早苗「ASEANと地域協力：地域協力の枠組みは何をめざしたか」東V-18：328-329；根本敬「東南アジアにおける民主化：その性格と背景は何か」東V-19：330-331）。

Q22　パクス・アメリカーナとは何だったのか？〈パクス・アメリカーナ〉

① 本文の用語

パクス・アメリカーナ　レーガノミクス　双子の赤字　貿易赤字　財政赤字　プラザ合意（1985年）　バブル経済　国際マクロ政策協調　「失われた10年」　「社会主義の実験」　キッシンジャー外交　東西デタント（緊張緩和）　レーガン　ブッシュ・シニア　SDI（Strategic Defense Initiative，戦略防衛構想）計画　ソ連のアフガニスタン侵攻（1979年）　ゴルバチョフ改革　ペレストロイカ　グラスノスチ　米ソ新冷戦　ソビエト連邦解体（1991年）　リベラル・デモクラシー　フランシス・フクヤマ　歴史の終焉論　サミュエル・ハンチントン　文明の衝突論　アメリカ民主主義・人権外交　中東民主化計画

② 共通テスト

イラク戦争

Q23　米ソ冷戦終結でリベラル・デモクラシーが最終的に勝利したのか？〈冷戦終結〉

① 本文の用語

米ソ冷戦終結　フランシス・フクヤマ　歴史の終焉論　リベラル・デモクラシー　キッシンジャー　リアリズム外交　バランス・オブ・パワー　キッシンジャー外交　ニクソン・ショック　東西デタント（緊張緩和）　リベラル・デモクラシー　ヘーゲル『精神現象学』　コジェーヴ　9・11同時多発テロ　「テロとの戦い」　アフガニスタン戦争　イラク戦争　中東民主化計画　ネオコン（ネオ・コンサバティブ）外交　ブッシュ・ジュニア　サミュエル・ハンチントン　文明の衝突論

② 共通テスト

冷戦　トルーマン・ドクトリン　封じ込め政策　マーシャル・プラン　ブレジネフ　デタント　イラン革命　イラン・イラク戦争　東欧革命　ベルリンの壁崩壊　ワレサ　カーター　マーシャル・プラン　原子爆弾　広島　長崎　チェチェン紛争　コソヴォ紛争

④ 国立大学二次試験（論述）

●ソ連・東欧の共産主義政権崩壊の原因について説明しなさい。（京都大学・世界史・2017・第3問）

●核兵器は冷戦史にいかなる影響を与えたか，適当な画期に基づいて説明しなさい。（一橋大学・世界史・2005・第2問）

Q24　ソ連・東欧共産主義政権の解体は，「社会主義の実験」の失敗だったのだろうか？〈アメリカの共産主義体制解体戦略〉

① 本文の用語

東西デタント（緊張緩和）　ネオ・コンサバティブ（新保守主義）運動　ニューディール　フランクリン・ルーズヴェルト大統領　ジョンソン大統領　公民権法　カークパトリック　イラン革命（1979年）　カーター　人権外交　レーガン大統領　連帯　キッシンジャー外交　ゴルバチョフ　米ソ新冷戦　ベルリンの壁　ソ連邦解体　ネオコン（ネオ・コンサバティブ）　ブッシュ・ジュニア大統領　9・11同時多発テロ　「テロとの戦い」　中東民主化計画　文明の衝突論　リベラル・デモクラシー　歴史の終焉論

② 共通テスト

INF全廃条約　米ソ戦略兵器制限条約（SALT I）　米ソ戦略兵器削減条約（START I）　米ソ中距離核戦力（INF）全廃条約　核不拡散条約（NPT）　部分的核実験停止条約　東西ドイツ統一　ワルシャワ条約機構　プラハの春　封じ込め政策　コミンフォルム　テネシー川流域開発公社（TVA）

③ 私立大学入試

マルタ会談　ゴルバチョフ　ヘルシンキ宣言

Q25　なぜ中東地域は混沌状態に陥ったのか？〈中東民主化計画〉

① 本文の用語

ソ連邦崩壊（1991年）　9・11同時多発テロ　「唯一の超大国」　ブッシュ・ジュニア　リベラル・デモクラシー　文明の衝突論　中東民主化計画　アフガニスタン戦争　イラク戦争　NATO（北大西洋条約機構）　ネオコン外交　アラブの春　イスラム国（IS国）　アフガニスタン戦争　イラク戦争　フセイン政権

Q26　リーマン・ショックはなぜ起こったのか？〈リーマン・ショック〉

① 本文の用語

9・11同時多発テロ　FRB（米連邦準備銀行）　サブプライム・ショック　リーマン・ショック（2008年）　量的緩和（QE）　ゼロ金利政策　出口問題　サブプライム問題　COVID-19　テーパリング

Q27　レーガノミクスは何をもたらしたのか？〈レーガノミクス〉

① 本文の用語

デタント外交　レーガン政権　レーガノミクス　イラン革命　第二次オイル・ショック　スタグフレーション　ケインズ　SDI計画　財政赤字　貿易赤字　双子の赤字　プラザ合意　国際マクロ政策協調

Q28 プラザ合意は何を目的とし，何を結果としたのか？〈国際マクロ政策協調〉

① 本文の用語

レーガノミクス　双子の赤字　「世界最大の債務国」　G5　プラザ合意

② 共通テスト

円高ドル安　内需拡大　金融緩和　バブル経済　オレンジ・牛肉の輸入
自由化　構造改革　小泉純一郎

③ 私立大学入試

GATT11条国　　IMF8条国

Q29 日本人はなぜ貧乏になったのか？〈円デフレ論〉

① 本文の用語

「世界最大の債権国」　量的緩和　異次元緩和　円デフレ論　外貨準備
ニクソン・ショック（金＝ドル交換停止）　米財務省証券本位制

② 共通テスト

傾斜生産方式　所得倍増　高度経済成長　バブル経済の崩壊

③ 私立大学入試

有沢広巳　復興金融金庫　下山事件　三鷹事件　松川事件　ロッキー
ド事件

Q30 「東アジアの奇跡」をどう見るのか？〈東アジアの経済成長〉

① 本文の用語

東アジアNIES　世界銀行　東アジアの奇跡　不平等条約体制　開国
明治維新革命　ブレトン＝ウッズ体制　ASEAN諸国　ユーラシア大陸

② 共通テスト

APEC

Chapter**4**

ニクソン・ショック50年
(1961-1980)

●ユートピア・ディストピア④ ─────────────

📖　『高い城の男』　フィリップ・K・ディック

●本章で扱うテーマ ─────────────
●ニクソン・キッシンジャーの外交・経済政策

📖 『高い城の男』 フィリップ・K・ディック

　サンフランシスコでアメリカ芸術工芸品を商うロバート・チルダンにとって，通商代表部の日本人・田上氏は，屈辱的な振る舞いをされても文句を言えない，工芸品を買ってくれる上得意であった。そう，この世界線では，第二次世界大戦が枢軸国の勝利に終わり，世界は大日本帝国とナチス・ドイツによって分割占領され，旧アメリカ合衆国領の大部分（西部）は日本の支配下にあるのだ。

　一方，ヒトラーの後継者ボルマン率いるナチスは，月面にも手を伸ばしていた。第二次世界大戦の勝敗が逆転した世界の地下出版界では，中国の占いの書『易経』と，ナチスが支配するアメリカとヨーロッパで発禁となっていた『イナゴ身重く横たわる』がベスト・セラーになっていた。同書は，「高い城の男」と呼ばれる謎の男が執筆したとされる，「第二次世界大戦でアメリカと連合国が勝っていた」という「歴史改変SF小説」・「歴史修正主義小説」であった。

　「高い城の男」に会うための旅を続けていたジュリアナは，『易経』に導かれるまま，「高い城の男」がいるシャイアンに向かう。一方，チルダンは，日本海軍の春沢提督の使者から「あなたが扱っている美術品は模造品だ」と告げられ，美術商として，また，アメリカ人として，自尊心を傷つけられていた。しかし，新聞社に問い合わせると，春沢提督の乗艦と聞いていた航空母艦翔鶴は戦時中にアメリカ軍の潜水艦によって沈められており，春沢提督なる人物も存在しないことが判明し，この世界に対する謎を深める。

　ドイツでは最高指導者のボルマン首相が死去した結果，ナチ党内部の権力闘争が激化し，ボルマン政権の後継ゲッベルス政権は対日核攻撃作戦「タンポポ作戦」をすすめる。チルダンは，美術品取引で，自分が扱っている歴史の浅い紛い物とは違う正真正銘の「アメリカ」を感じさせるブローチ「銀の三角」を手に入れ，アメリカ人としての自信を取り戻す。

　「タンポポ作戦」を知った田上は，開戦を阻止するが，チルダンから入手した「銀の三角」の輝きに魅せられた田上は，戦勝国人（であるはずの）日

本人にアメリカ人がへりくだらないもう一つのアメリカに迷い込んでしまう。「戦勝国にとってのユートピア」は虚構だったのだ。

　シャイアンに辿り着いたジュリアナは，「高い城の男」に，何故『イナゴ身重く横たわる』を執筆したのか問う。「高い城の男」は，「易経との契約に基づき書いた」と告白する。ジュリアナは，何故易経が『イナゴ身重く横たわる』を書かせたのかを知るため易経を行う。そして『イナゴ身重く横たわる』の世界こそが真実の世界であると悟る（ドラマ版『高い城の男』はPrime Videoで配信中）。

　ヘーゲルは『法の哲学』で「現実的なものはすべて合理的であり，合理的なものはすべて現実的である」と述べた。この言葉は，体制を擁護する保守論と不合理な現実を改変する革命論の両義をもつ。目に見える現実の不確実性に潜む真実はどこにあるのか。

ニクソン・ショック（外交）はアメリカ外交に何をもたらしたのか？
〈キッシンジャー外交〉

キッシンジャー外交

　アメリカの伝統的外交政策は理念的である。ヨーロッパ諸国，特にイギリス・フランス・オーストリアの外交術は，全体としてあまり理念云々でなく，現実的なディールとして取り扱うというのが伝統であった。対して，アメリカは一貫して，アメリカ例外主義の下，理念的主義外交を基調にしてきた。特にそれが特徴的なのが第一次世界大戦後のウィルソンの理想主義外交，国際連盟・民族自決といった考え方である。冷戦開始期における，ジョージ・ケナンが主導した対ソ封じ込め外交もアメリカのそうした理念主義外交の枠内であった。

　ニクソン大統領と大統領補佐官・国務長官として外交面で全権を握ったキッシンジャーの外交（キッシンジャー外交）はそれまでのアメリカの理念主義外交を大きくリアリズムに転換するものであった。レーガン外交における，民主主義・人権という理念に基づいて，ソ連圏を解体に向かわせるという考え方からネオコン外交はリアリズム外交から理念主義外交（リベラリズム外交）に回帰するものであり，対してトランプ外交というのはそうした理念は一切関係なしにとりあえず，アメリカ第一主義のもとで，アメリカにとって得なことをするというやり方であった。このように歴史を遡ると，アメリカの外交政策は理念主義的（リベラリズム）外交と現実主義的（リアリズム）外交という振り子の振れ幅であると理解できる。

　キッシンジャー外交はリアリズムの系譜に属する。キッシンジャー外交の大きな成果（ないし米中覇権衝突の現在から振り返ると疑問符）は，勢力均衡（バランス・オブ・パワー）の考え方に基づいて，中国（中華人民共和国）を外交的に承認したということと，中国の西側への参加を促したということにな

る。キッシンジャーは，リアリズム外交に対する理想主義外交を次のように批判した。過去20年の間，第一次世界大戦以後，**ウィルソン主義**が，アメリカの指導者のグローバルの役割を使命感から突き動かしてきたが，1960年代以降アメリカはインドシナ半島でのベトナム戦争で手詰まり状態（ステイル・メイト）に陥り，国内的にもリベラルと保守に分裂した。こうした事態を受けて国際関係の立て直しが必要であるとキッシンジャーは考えた。

1947年（冷戦開始）から1950年代においては，ソ連と中国は一枚岩と考えられていて，ソ連・中国の東側とアメリカが率いる西側が対決していた。それが1960年代になると，中ソ国境をめぐる対立が表面化する。こういう状況に直面したのがキッシンジャーであった。キッシンジャーは次のように考えた。ソ連と中国の関係が悪化しているならば，アメリカは中国と友誼を結べばいいのではないか。という非常にシンプルな，コロンブスの卵のような話であるが，だからと言っても急にできるとは限らないことをやってしまったのがキッシンジャー外交ということになる。米中が直接交渉を持ち，そして台湾の国民党政府でなく中華人民共和国・北京政府を承認したことで，国際構造全体を大きく転換した（坂出「時代を映す映画④『ペンタゴン・ペーパーズ』アメリカ[2019]）。

ニクソン政権はなぜ金＝ドル交換を停止したのか？

〈金＝ドル交換停止〉

「ドルはアメリカの通貨だが，何とかするのはおまえらだ」（コナリー財務長官）

1972年8月15日，コナリー財務長官が発表した金＝ドル交換停止宣言（ニクソン・ショック）は，第二次世界大戦後の西側資本主義経済のフレームワークであったブレトン＝ウッズ体制を終わらせた。Q41でみるように，ブレトン＝ウッズ協定においては，アメリカだけが金を持っているという状況のもとで，アメリカ以外のIMF協定加盟国は自国通貨とドルとの交換性を，たとえば日本であれば1ドル360円の上下1.5%に維持することを義務付けられた。その代わり，各国通貨当局はもしドルが蓄積された場合，ドルをたとえば日本銀行がアメリカの財務省に持っていけば，35ドル＝金1オンスの割合で金を獲得できるというのがブレトン＝ウッズ協定の中心となる約束であった。

しかし，アメリカは1960年代，特にベトナム戦争で対外軍事支出をしていくと，経常収支が赤字になっていき，一定程度は金ドル交換をしたものの，これ以上交換すると，アメリカの金準備が枯渇してしまうという状況になり，ドル危機の時代が到来した。アメリカは1960年代になり，ドル危機の時代になっても従来の基軸通貨としてのドルの特権に固執した。

とてつもない特権

1960年代のドル危機の時代に，フランスのド・ゴール政権の財務長官ジスカールデスタン（後の大統領）はドルの基軸通貨特権をとてつもない特権と呼んだ。ジスカールデスタンによると，アメリカは，シニョレージ（通貨鋳造益，紙幣を印刷するコストと額面の差益）として，アメリカの造幣局が100ドル紙

幣を印刷するコストは数セントなのに対して，他の国が100ドル札を入手するにはそれにみあった財やサービスを生産しなければならないと指摘した。アメリカは経常収支赤字を毎年続けても赤字をファイナンスするために外国から自国通貨で借金をすることができる。アメリカ以外の国の企業や中央銀行は，ドル建て債券，米国債，ファニーメイ・フレディマークのような準国債を購入することに魅力を感じ購入するという状況もあった。その特権をほしいままにし，さらにアメリカは経常収支赤字の要因である海外軍事支出，海外軍事援助それから多国籍企業・銀行の国際的な活動を継続した。その結果，西ドイツ・日本などにドルが蓄積されるという状況となった。それに対して，フランスは軍事政策（独自核）と経済政策（金）で対米自立を試み，ブレトン＝ウッズの約束通り蓄積したドルの金との交換を強行しようとした。この状況でアメリカには二つ選択肢があった。第一に，ベトナム戦争から撤退し軍事支出を削減する。しかし，これは超大国アメリカが小国ベトナムに敗北することを意味し，困難であった。そして戦争継続をするとなると外貨コストをさらなる資金支出でまかなうことになり，これは不可能である。そこで第二の選択肢として，西ドイツなど西ヨーロッパ諸国・日本の黒字国にドルないしドル等価物である米国債等を貯め続けるように説得するというものがあった。結果として後者を選択したのが，ニクソン・ショックであった。ブレトン＝ウッズ協定での金＝ドル交換約束を履行しないと宣言し，金とドルとのリンクを切ってしまうというのがニクソン・ショックの中心的な内容である（アイケングリーン［2012］；（坂出「Q49ドルの『とてつもない特権』とは何か？基軸通貨」アメリカ［2019］）坂出［Q50ニクソン・ショックとは何か？金ドル交換停止］アメリカ［2019］；坂出「Q13ニクソンショックは国際経済をどのように転換したのか？ニクソンショックと変動相場レジーム」国際経済［2023］）。

世界経済の軸点は何か？

〈米財務省証券本位制〉

駐留軍費負担（バードン・シェアリング）

　1950年代・60年代における米欧同盟の中心的な問題の一つは，西ドイツに駐留するアメリカ軍・イギリス軍のドル経費を西ドイツがどれだけ払うかにあった。この摩擦は，1967年3月の西ドイツ中央銀行（ブンデスバンク）が，金と交換しない約束で5億ドルのアメリカの国債を買う約束で一応の解決をみるが，この同盟国の中央銀行がアメリカ国債を購入するという新方式は，アメリカの同盟国経済収奪のメカニズムの起源をなす（坂出［2010］）。このメカニズムを米財務省証券（国債）本位制と呼んだのがマイケル・ハドソンである。

　1960年代のベトナム戦争エスカレーションによる対外軍事支出により，諸外国の中央銀行に対するアメリカの負債はその金支払能力を超えた。そのため，アメリカ財務省は外国の中央銀行が保有するドルの一部であっても，その交換を求めるのは非友好的であると指摘し，代わりに各国のドル残高をアメリカ財務省証券の形で保有することを強く求めた。アメリカ財務省証券本位制の構造からすれば，アメリカの経常収支赤字だけでなく，アメリカ国内予算の赤字（財政赤字）に資金が流入することになる。米国財務省証券つまり国債に外国の中央銀行が投資するということは，その分だけ債務国アメリカは国際収支を気にすることなく，拡張財政を取ることができる反面，外国政府は緊縮財政を余儀なくされるという形になる。債務国アメリカはインフレ傾向で，債権国日本はデフレ傾向という仕組みになる。

米財務省証券本位制

　金との交換に使えない状態で，使い道のなくなったドルは，せめて利子のつくアメリカ国債の形態で保有せざるをえない。ドルを保有するしか仕方ないな

らば，せめて金利の付く国債を買った方がましだという判断である。これは国際収支でドル黒字を出すと，その黒字をアメリカ財務省に貸し付けているのと同義である。逆に言えばアメリカは外国中央銀行から借金を自動的にできることになる。たとえば日本は貯めたドルを円に交換できるが，もし交換したら，円に交換した場合だと当然円高になる。そうすると，日本，あるいは現在の中国の人民元もそうであるが，輸出が不利になってしまう。そうならないためには余剰ドルをアメリカ国債に投資するしかなくなる（ハドソン［2002］）。

　歴史的にみると，1945年にブレトン＝ウッズ体制が始まる。ブレトン＝ウッズ体制においては，アメリカが基軸通貨国としてドルを発行する一国の通貨であるドルを国際通貨として発行すると，一国の国内通貨が国際通貨として機能する。その代わりたくさん発行し過ぎると各国の通貨当局にドルが貯まるので，ドルを蓄積した外国通貨当局は35ドルあたり金1オンスでアメリカの務省から受け取ることができるという約束だった。しかし，だいたい1950年代末ぐらいから60年代初頭にアメリカの経常収支は黒字から赤字に転換した。各国，特に日本と西ドイツにドルが貯まり，徐々に蓄積ドルが金に交換できなくなる危険性が高まったところで，アメリカが1971年に金＝ドル交換を停止する（ニクソン・ショック）。その後，変動相場制に移行するが，アメリカは，多国籍企業・銀行の活動であったり，軍事支出をするため，経常収支赤字が依然として増えていく。先にみたように1960年代末に西ドイツが金と交換しないけれどもアメリカ国債を買うという約束をし，それから1970年代以降は2度のオイル・ショックを経てサウジアラビアなどの中東産油国もこの役割を担うようになる。1985年のプラザ合意以降は日本が本格的にその担い手となり，21世紀以降になると中国がその位置を担うようになる。とはいえ，中国はアメリカとマクロ経済的には相互依存関係にあるが軍事的には対立しているので，国際経済はその意味で不安定である。

オイルショック（一次・二次）は世界経済に何をもたらしたのか？
〈第一次オイル・ショック〉

第一次オイル・ショック

　1973年の変動相場制への国際通貨システムへの移行と同時期に起きたのが第一次オイル・ショックである。1973年10月にはアラブ産油国が当時のイスラエルとアラブ諸国の紛争問題を争点にして，産油量の削減，石油価格の引き上げ，イスラエル支持国への石油輸出禁止措置を発表し，12月にはOPEC（石油輸出国機構）による石油価格4倍化を決定した。この措置は，石油輸入国先進工業・非産油途上国にとっては貿易収支悪化をもたらすことは確実だったが，同時に多額の石油代金がOPEC諸国に流入することも意味した。OPECに石油代金（オイル・ダラー）がたまると，その資金をどう投資するかが国際経済政策上大きな問題（オイル・ダラー・リサイクル問題）になった。

　ここでキッシンジャー国務長官とサイモン財務長官がオイルダラーをアメリカ財務省証券に投資するスキームを提案する。1974年6月にサウジアラビアのファハド殿下が訪米し，工業人材開発，科学技術農業の分野での二国間協力を目的にしてサウジアラビア＝アメリカ合同経済委員会の設置に調印する。二国間協議では国際通貨システムの安定とオイルダラー投資について，特にオイルダラーをアメリカ財務省証券に投資する提案がアメリカ側から出された。アメリカにとってオイルダラーへの期待は財政赤字のファイナンスも含まれていた。アメリカ国債のアメリカ国内市場での消化はクラウディング・アウト，つまり，国債の金利が上がると民間資金の金利も上がってしまって投資が不活発になる懸念があったが，OPEC諸国への売却はクラウディング・アウトを引き起こさない。他方で，OPEC諸国にとっても貨幣形態での蓄積よりも利回りの高いアメリカ国債への投資は魅力的だった。そうしてオイルダラーの中心的な運用形態は銀行預金・株・財務省証券（国債）にシフトした。

ワシントン・リヤド密約

　1974年12月にはワシントン・リヤド密約 ——アメリカ・サウジアラビア間でサウジアラビア政府によるアメリカ財務省証券購入特別協定が結ばれ，石油資金融資制度が成立する。この密約の結果，第一に，アメリカがサウジアラビアの安全を保障する。この約束は，湾岸戦争，イラク戦争に至る，サウジアラビアに対するアメリカの防衛誓約になる。後にビン・ラディン家は，ここで強化されたアメリカ・サウジのスペシャル・リレーションシップを背景に活動した。

　第二に，オイル・ダラーを米財務省証券に投資勧誘する。第三に，石油代金の決済をドルで行う。オイルダラーによるアメリカ財務省証券への投資はアメリカの国際収支及びアメリカ財政赤字ファイナンスを可能にした。アメリカ財務省とキッシンジャーは第一次オイル・ショック問題を通じて政治的には国際緊張緩和を，経済的には中東産油国の偏った国際収支黒字を米財務省証券購入に結びつけることで国際収支問題と，財務省証券の安定的消化という二重の解決を図り，ブレトン＝ウッズ体制下の金ドル本位制から石油・ドル（ペトロ・ダラー）本位制への転換の方向性をとったといえる。山本栄治は，変動相場制を実物的裏付けのない「ドル本位制」「ノン・システム」ととらえるが，第二次世界大戦後の国際経済の商品世界の中での一番重要な商品である石油が実物資産の裏付けを伴った国際決済システムともいえる（宮﨑［1996］；坂出「Q64 オイルショックは世界経済にどのようなインパクトを与えたのか？オイルショック」アメリカ［2019］）。

Q31　ニクソン・ショック（外交）はアメリカ外交に何をもたらしたのか？
　　　〈キッシンジャー外交〉
① 本文の用語
アメリカ例外主義　　ウィルソン大統領　　国際連盟　　民族自決　　ジョージ・ケナン　　ニクソン大統領　　キッシンジャー外交　　リアリズム外交　　レーガン外交　　米中覇権衝突　　ネオコン外交　　リベラリズム外交　　トランプ外交　　アメリカ第一主義　　米中覇権衝突　　勢力均衡（バランス・オブ・パワー）　　ウィルソン主義　　ベトナム戦争　　中ソ国境紛争
② 共通テスト
北爆　　パリ和平協定　　ウォーターゲート事件　　ニクソン・ドクトリン　　ヘルシンキ宣言　　デタント　　ニクソン訪中　　ベトナム戦争　　ベトナム反戦運動　　14カ条の原則
③ 私立大学入試
沖縄返還　　「核抜き本土並み」　　佐藤栄作
④ 国立大学二次試験（論述）
●1960年代以降の多極化・デタントについて説明しなさい。（京都大学・世界史・2007・第3問）

Q32　ニクソン政権はなぜ金＝ドル交換を停止したのか？ 〈金＝ドル交換停止〉
① 本文の用語
金＝ドル交換停止宣言（ニクソン・ショック）　　ブレトン＝ウッズ体制　　ブレトン＝ウッズ協定　　IMF　　ベトナム戦争　　経常収支赤字　　ドル危機　　ド・ゴール大統領　　シニョレージ
② 共通テスト
第五共和制　　北爆　　ベトナム戦争　　カンボジア　　ポル・ポト政権
④ 国立大学二次試験（論述）
●日本のニクソン・ショック（外交・経済）に対する対応について説明しなさい。（京都大学・日本史・2014・第4問）

Q33　世界経済の軸点は何か？ 〈米財務省証券本位制〉
① 本文の用語
米財務省証券（国債）本位制　　ベトナム戦争　　ブレトン＝ウッズ体制　　ニクソン・ショック　　変動相場制　　オイル・ショック　　プラザ合意（1985年）
② 共通テスト

第1次オイル・ショック　　国際石油資本（メジャー）　　モザデグ　　パレスチナ　　イスラエル　　第4次中東戦争　　OPEC

Q34　オイル・ショック（一次・二次）は世界経済に何をもたらしたのか？
〈第一次オイル・ショック〉
① 本文の用語
変動相場制　　OPEC（石油輸出国機構）　　オイル・ダラー　　ワシントン・リヤド密約　　湾岸戦争　　イラク戦争　　ビン・ラディン家　　ブレトン＝ウッズ体制　　石油・ドル（ペトロ・ダラー）本位制
② 共通テスト
第三次中東戦争（1967年）　　第四次中東戦争（1973年）　　第1回先進国首脳会議（サミット）　　パフレビー朝　　モザデク　　OPEC（石油輸出国機構）

Chapter **5**
第二次世界大戦神話の解体
（1941-1960）

英米覇権交替をどうみるのか？

〈覇権交替〉

英米覇権交替

　パクス・ブリタニカからパクス・アメリカーナへの転換が平和的だったのか
どうか。グレアム・アリソンは，『米中戦争前夜』で，ギリシャの歴史家の名
にちなんだ「トゥキディディスの罠」という新興覇権国が台頭してくるときに
旧覇権国と新興覇権国が緊張関係に陥り，そのときに戦争が起こるかどうかの
事例を検証した。その結果，アリソンによると75%のケースで戦争が起こった。
では，戦争が起こらなかったそのあとの25%の例外がどういうケースかと言う
と，一つは米ソ冷戦である。これは米ソ冷戦が熱戦ではなかったということの
一つの含意である。もう一つのケースは，二十世紀初頭のイギリスからアメリ
カへの覇権交替の際は戦争が起こらなかったとみている。アリソンの『米中戦
争前夜』では，20世紀初頭のイギリスとアメリカについて「ノー・ウォー」
（戦争無し）とあるが，この実態はどうだったのかということになる。本チャ
プターでは，この英米覇権交替を考えてみたい。

　パックス・ブリタニカの特徴としては，海の覇権をベースにして綿・鉄・鉄
道・造船が戦略商品で，主要な動力は蒸気機関であった。通商決済においては，
自由貿易体制と金貨・ポンドを基礎とした国際金本位制がベースであった。ア
メリカの新覇権国としての台頭とイギリスの退潮の転換期が戦間期（第一次世
界大戦と第二次世界大戦の間の時期）から第二次世界大戦中の英米交渉（武器
貸与交渉とブレトン＝ウッズ会議）であった。歴史的経緯としては，19世紀後
半において，アメリカの鉄道建設が世界経済の大きなイベントであったが，こ
の時期には，イギリス資本がアメリカの鉄道建設に投資するという関係であっ
た。この時期には，アメリカン・システムという互換性部品による大量生産が
登場し，19世紀から20世紀への世紀転換期には，フォード・システムを代表と

する第二次産業革命がアメリカの製造業で起こった。第一次産業革命以降は，綿・鉄道・造船といった分野で，イギリスが「世界の工場」として強力な国際競争力を持っていたが，第二次産業革命を契機に，石油・化学・自動車といった分野でアメリカが台頭してくる。また，特に化学・電機においてはドイツも台頭してくる。そのため，イギリスを覇権国とするパクス・ブリタニカにおいて，アメリカとドイツが挑戦国・新興覇権国として台頭する。この旧覇権国イギリスと挑戦国ドイツの対抗が第一次世界大戦・第二次世界大戦のアウトラインであり，アメリカは二つの大戦でイギリスと同じサイドで参戦したものの，その裏でイギリスの覇権の簒奪をうかがうということになる。

　産業面においては，イギリスがアメリカの後塵を拝していったとされている。そして第一次・第二次大戦において重要なポイントは，産業面だけでなく，財政・通貨面で，アメリカがイギリスに対して第一次世界大戦勃発前の債務国ないし投資受入国から，債権国の立場に転換していった。特にQ46で扱うヨーロッパにおけるドーズ案とアジアにおける四国借款団においてアメリカの財政資金・投資が強力になっていく（坂出「Q01国際経済はパクス・ブリタニカからパクス・アメリカーナへどのように転換したのか？国際経済史」国際経済［2023］）。

Q 36

第二次世界大戦はなぜ起こったのか？

〈第二次世界大戦起源論争〉

図表 第二次世界大戦起源論（戦争の性格）

「反ファッショ統一戦線（米英ソ中仏）」×「ファシズム諸国（独日伊）」か？

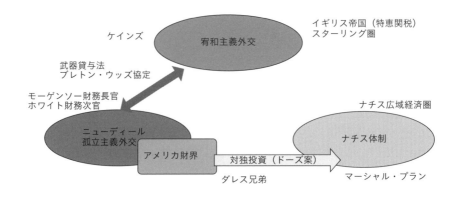

　第二次世界大戦起源論争，つまり，開戦責任（戦争が起こった・起こした責任）を問う歴史学論争がある。この論争を理解するには，イギリスとドイツとアメリカとの関係をどう見るかということを中心に据えるべきである。この論争の一方の陣営である正統派は，第二次世界大戦開戦の原因はドイツ・ナチス体制にあると考えた。また，ナチス体制の侵略性を容認したイギリス・チェンバレン政権の宥和主義（ミュンヘン宥和）・臆病さが，ナチスの伸長を容認し，ミュンヘン宥和をシグナルとして受け取ったヒトラーがチェコスロバキアを解体し，さらにはオーストリア・ポーランド，そしてフランスへと侵略をすすめていった。それはチェンバレンの宥和主義外交が弱腰だったという見方に結びつく。そして，アメリカにおいては経済政策としては大恐慌に対する反応とし

てのニューディール政策と，外交政策としてはヨーロッパの情勢に介入しないとする孤立主義外交もナチスの侵略を傍観したという責を受ける。つまり，ナチスという悪がありそれを容認したイギリス宥和主義とアメリカの孤立主義外交というものが第二次世界大戦を引き起こしたというトリアーデ（三位一体）が正統派見解である。そしてドイツが実際に戦争に踏み切った後，反ファッショ統一戦線がイギリス・アメリカ・ソ連を中心に形成されて，この大同盟がドイツ・日本のファシズム諸国を打ち破ったというストーリーテリングである（テイラー [1977]）。

第二次世界大戦神話の解体

　第二次世界大戦をめぐる三つの神話，ナチス・ドイツ，それからイギリス宥和主義そしてアメリカ孤立主義ということについてこれから検証していく。キーとなる視角は，この神話群の「隠された十字架」であるアメリカのイギリス覇権の簒奪過程 ——しばしばこの覇権交替過程は平和的禅譲とされるが——である。具体的には，イギリスの帝国特恵関税とスターリング・ブロックを武器貸与法そしてブレトン＝ウッズ協定によってアメリカが奪っていく過程である。一般にこの時期の構図として，ドイツと英米の間の対立ということが注目されるが，英米の同盟関係の背後で，ドイツとの戦争開戦も含めてのイギリスとアメリカとの交渉，そして現金自国船主義（キャッシュ・アンド・キャリー・（C&C）政策）や武器貸与法，ブレトン＝ウッズ協定をめぐる英米交渉の中で国際通貨ポンドの経済覇権がアメリカの通貨ドルの覇権へと転換していったかが問題となる。また，ナチス・ドイツとアメリカ孤立主義外交の背景にあったアメリカ財界の動向（対ドイツ投資）も問題となる（藤原辰史「ナチズム」西V-12：262-263；山澄亨「第二次世界大戦原因論」西V-14：266-267）。

Q 37 1930年代大不況はなぜ第二次世界大戦をもたらしたのか？
〈ブロック経済化〉

図表 1930年代のブロック経済化

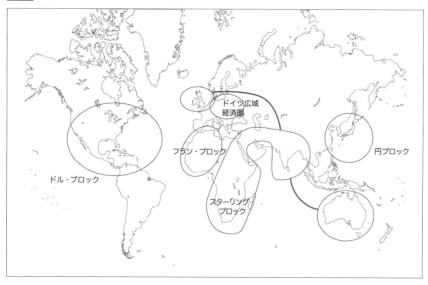

世界経済の縮小とブロック経済化

　再建金本位制の安定性は，アメリカの経常収支黒字の円滑な環流に依存していた。しかし，世界的なデフレ圧力により，一次産品価格が1920年代以降急落し，一次産品の輸出に依存する国々の経常収支赤字が拡大した。さらに，各国は貿易収支改善と国内産業保護を目的に高率関税を導入した。最大の貿易黒字国アメリカで1930年６月スムート・ホーリー関税法が成立すると，保護貿易の潮流が決定的になった。1929年ニューヨーク株式市場で株価が暴落すると，ラテン・アメリカ諸国・中央ヨーロッパ諸国では，アメリカからの資本輸入急

減により，債務返済に必要なドルを入手できず，デフォルト（債務不履行）を起こし，金本位制を離脱した。中央ヨーロッパ諸国のデフォルトにより，これらの国々に貸し付けていたオーストリアとドイツの銀行が不良債権を抱えることになり，両国銀行に貸し付けていた外資が引き揚げられた。オーストリア国立銀行とドイツのライヒスバンクは，国際流動性危機に対応できる国際的な最後の貸し手としての国際金融協力を求めた。しかし，オーストリア最大の信用銀行クレディット・アンシュタルトが倒産し，信用不安による外資流出と国内資本の逃避はドイツに波及した。1931年6月には，フーヴァー・モラトリアム（戦債・賠償の支払いを一次停止）が宣言され，米英仏3カ国中央銀行と国際決済銀行による1億ドルの緊急借款がドイツに供与された。ドイツの銀行恐慌により，イギリスの対独短資貸し付け1億ポンドが回収不能になり，ポンドの信認が揺らいだ。イギリスは，公定歩合を2.5%から4.5%へ引き上げたものの金流出は止まらず，1931年9月21日，イギリスが**金本位制**を離脱し，変動為替レートへ移行した。基軸通貨国イギリスが金本位制を離脱したことによって，同年中に25カ国が金本位制を放棄し，こうして再建国際金本位制は崩壊した。その結果，いわゆる「為替戦争・貿易戦争」が起こった。金本位制離脱諸国は，大幅な為替切下げを行い，国際競争力を強化し金本位制国への輸出を強化し，景気回復を図った。日本の高橋財政がその例である。これに対して，金本位制諸国は，貿易障壁（輸入関税引上・輸入数量割当）により対抗し，各国は貿易相手国を犠牲にして自国の景気回復をはかる近隣窮乏化政策をとった。

　1933年7月，世界経済会議が，国際金本位制再建目標として開催されるも，ドルの切下げを意図し，国内均衡優先するルーズヴェルト大統領の非協力的対応により失敗した。その結果，世界経済はスターリング・ブロック，ドル・ブロック，金ブロック（仏等），ドイツ広域経済圏，円ブロックに分裂した。各ブロック相互の**近隣窮乏化政策**により世界経済は縮小していった（山本[1997]；小野澤透「世界恐慌」西V-8：254-255；坂出健「混合経済と福祉国家」西V-9：256-257）。

チェンバレンはなぜナチス・ドイツの
チェコスロバキア併合を認めたのか？
〈宥和主義〉

ミュンヘン宥和

　ナチス・ドイツは，1938年３月にオーストリアを併合した。これが軍隊を初めて国境外に進出した契機になる。そして９月にイギリス・フランスとミュンヘン協定を締結し，チェコスロバキアのズデーテン地方のドイツへの併合を容認させた。これをイギリス首相のチェンバレンの**宥和主義（アピーズメント・ポリシー）**と呼ぶ。1939年９月にドイツはポーランドに侵攻し，英仏独それぞれが宣戦布告し，第二次世界大戦が始まる。しかし，この宣戦布告は実は出来レースで，実際の戦闘行為は全く発生しなかった。そのため，このときの英仏と独の戦争は「**奇妙な戦争（ファニー・ウォー）**」と言われた。ドイツによるポーランドの占領をイギリスとフランスは事実上認めていた。それは何故か。

　1938年から40年の経緯の中でどの事件を，第二次世界大戦の主たる原因におくかという点について，のちに，ミュンヘン協定が悪かったと言うソ連と，独ソ不可侵条約が悪かったとするイギリスあるいはアメリカとの間で1947年の米ソ冷戦開始とともに論争が始まる。ミュンヘン協定と独ソ不可侵条約はそれぞれ，第二次世界大戦にいたるプロセスの中では重大な経緯だが，米英は独ソ不可侵条約がドイツを助長した，またソ連はミュンヘン協定がドイツの侵略を助長したと，それぞれ攻撃を始めた。なかでも，第二次大戦でのイギリス首相チャーチルは，後にノーベル文学賞を受賞したこの戦争の記録『第二次世界大戦』で，チェンバレンの宥和政策は，ナチス・ドイツの対外侵略に対するチェンバレンの無知・過誤であったと批判した。

　第二次世界大戦以前には外交上の有効なタクティスという語感をもっていた「**宥和（アピーズメント）**」という語が，国際関係上で臆病者の無知という意味に転換した。それでは，なぜ，チェンバレンはミュンヘン宥和をすすめたのだ

ろうか？

宥和主義の再検討

　1960年代から70年代にかけて宥和政策に対しても新たな検討が開始される。A.J.P.テイラーは，宥和主義者を愚か者か臆病者と一蹴することを拒否し，宥和論者は現実の問題に直面しその状況にあって力を尽くしたと主張した。チェンバレンがなぜドイツに対して宥和したのかという，現実の問題は何かということを考えた。チェンバレンのミュンヘン宥和の動機はなにより，大英帝国の防衛にあった。オーストリア併合後のチェンバレンの言明により，イギリス帝国が攻撃されたり，フランス・ベルギー・ポルトガル・イラク・エジプトの領土が侵害された場合は，イギリスが戦うだろう。つまりフランス・ベルギーは欧州大陸のドイツによる制圧と本土への直接的危機，ポルトガルは海軍基地，イラクは石油資源，エジプトには戦略的価値があり，ポルトガル・イラク・エジプトの三国はいずれもスターリング・ブロックであった。もしイギリスがドイツと戦争したら，イギリスはアメリカから借款をして対米依存しないと戦争を戦えない。そのような状態にあることが，第一次世界大戦からの経緯から見て明らかだった。アメリカから財政援助を受けることは，アメリカの経済的リーダーシップを受けなければならない。具体的にはアメリカのイギリスに対する門戸開放要求を受け入れなければならなかった。イギリスは経済的独立性の喪失を恐れ，アメリカへの財政的依存を回避しようとした。これがミュンヘン宥和とファニー・ウォーの経済的な背景であった。一方，アメリカも，1934年にヒトラーが政権を取ってからヨーロッパ情勢が軍事的に緊迫すると，ヨーロッパの戦争に巻き込まれることを回避するために中立法成立させた。そして欧州が開戦した1939年にも中立法を改定して，対独開戦の回避につとめた（佐々木［1987]）。

アメリカはなぜ真珠湾攻撃まで孤立主義を保ったのか？
〈アメリカ孤立主義外交〉

孤立主義外交

　なぜアメリカは孤立主義外交を追求したのか？　孤立主義外交の法律的な基盤は1934年の中立法で，同法は，交戦状態の国々に対しては関与しないということを定めた。孤立主義が何なのかの理解は時期によって変わってくるが，1935年中立法は，一定の状態のもとで合衆国における兵器あるいは軍事品の販売を禁止する共同決議案であった。1935年にジョイント・リザルション67では，第一に，交戦諸国への武器輸出の禁止，第二に，アメリカ船の戦闘海域への立ち入り禁止（自国船主義），第三に，アメリカ商品を交戦国へ輸出する場合には輸出以前に支払いを受けること（現金主義）が定められた。つまり，明白な軍事的用途を持つ品目を，戦争手段のリストの中で大統領が特別に宣言することが，イタリアのエチオピア侵略の直前に制定された。孤立主義とは，枢軸諸国との戦争にアメリカが巻き込まれないようにするということ，自国船主義と現金主義というのは，第一次世界大戦でイギリスはアメリカ国内で外債を応募し，イギリスは戦争資金をアメリカで調達し，外債を許可され，アメリカ軍需物資，それから食料の輸入を賄ったが，第一次世界大戦終結後，戦債の回収が問題となった反省として，アメリカは第二・第三を合わせて**現金自国船主義**（キャッシュ・アンド・キャリー（C&C）政策）を前面に押し出した。つまり金融上の支援を避け，現金支払いを強制したということである。これによってイギリスはアメリカでの外債，債券を起債することおよびアメリカ政府からの借款も期待できないことになった（坂井［1976］）。

　中立法成立を進めたのはアメリカの財界であった。アメリカ財界の中心的人物は，法律会社サリバン・アンド・クロムウェルに勤務経験のあるジョン・フォスター・ダレス（後，アイゼンハワー政権の国務長官）とアレン・ダレス

（同政権のCIA長官）兄弟であった。サリバン・アンド・クロムウェルは，第一次世界大戦後のアメリカ財界のドイツへの投資案件について主に法律面のサポートをした。彼らからすると，ドイツとアメリカが開戦すると，アメリカ資本の対独投資が危機に陥るという問題が発生する。そこでアメリカが孤立主義を貫くことによって，親ドイツなポジションを確保したことにある。ダレス兄弟の親独姿勢は，第二次世界大戦後のマーシャル・プランに繋がっていく（河﨑信樹「Q11マーシャルプランの狙いと帰結はどのようなものか？西ヨーロッパ復興と冷戦」国際経済［2023］；河﨑［2012］）。

モーゲンソーとホワイト

アメリカ財界の親独姿勢に対立して，ドイツに対して強硬姿勢をとっていたのがモーゲンソー財務長官と経済学者出身のハリー・デクスター・ホワイト財務次官であった。2人ともユダヤ人だったことがナチス・ドイツに対する姿勢にどれだけの影響を及ぼしたかは，モーゲンソーは第二大戦後にはイスラエルの財政顧問になっているとしても，はかりかねる。

彼らが進めたのが武器貸与法とその延長線上にあるブレトン＝ウッズ協定であった。ホワイトとケインズの論争を経て生まれたのがブレトン＝ウッズ協定であった。チェンバレンの宥和主義外交はイギリス帝国の特恵関税と金融通貨面でのスターリング・ブロックを維持するためにやむを得ざる政策であった。第二次世界大戦起源論を構成する三つの神話，ナチス体制・宥和主義外交・孤立主義外交というこの三つの神話ということを経済面から見ていこう。孤立主義外交を代表する中立法から武器貸与法そしてブレトン＝ウッズ協定へという流れを具体的に検証しよう。

武器貸与法は何を目的にしていたのか？

〈武器貸与法〉

「民主主義の兵器廠」

1940年秋，フランクリン・ルーズヴェルトは大統領選挙に立候補する。ルーズヴェルトは，アメリカは参戦せず，イギリスに兵器を与えて対独戦争を続けさせるという，不参戦対英援助を大統領公約に掲げた。この公約に対して，孤立主義勢力も対英援助勢力もアメリカをヨーロッパの戦争から距離を置くという観点から賛成し，ルーズヴェルトは三選した。以後，イギリスの戦争は，アメリカの兵器に依存していくことになる。1940年12月17日にルーズヴェルトは，記者会見でイギリスのアメリカ自国の防衛に対する支援の重要性を訴え，アメリカが「民主主義の兵器廠」となるという武器貸与方針を掲げる。そして1941年1月6日の年頭教書でアメリカの防衛を従来の西半球からイギリスを含む領域に拡大を訴えた。この年頭教書は，ドイツに対する対決姿勢により，アメリカはモンロー主義以来の伝統的なアメリカ大陸主義からの逸脱と世界史の中でアメリカが初めてパクス・アメリカーナへ自らが踏み出す画期的なメッセージとなった。

1941年3月に武器貸与法が成立する。武器貸与援助はそれまで現金自国船主義（キャッシュ・アンド・キャリー（C&C）政策）によってイギリスはアメリカから信用によって物資を購入できなかったが，現金支払いによる対米支払い困難から解放することを意味した。つまり参戦前の段階において，ルーズヴェルト政権が西半球の防衛という論理を超えて軍事援助手段としてグローバルな形で枢軸国と対決するという姿勢を示したという点で，反枢軸のグローバルポリシーであった。同時に武器貸与援助は単なる軍事援助ではなく，交換条件としてアメリカの戦後経済秩序の受け入れを被援助国に迫るものであった。武器貸与援助は，枢軸国からの攻撃に対し，連合国を防衛するとともにその解

体を図る「二重の意味でのグローバルポリシー」（油井［1972］）の原型であったと。

武器貸与援助受け入れ交渉をめぐるアメリカとイギリスの角逐は何か？

ここで経済学者ケインズが登場する。武器貸与援助とブレトン＝ウッズ協定は密接に結びついた一連の交渉過程であったということに注意を払うことが必要である。1941年4月にケインズが訪米し，武器貸与援助交渉が始まる。焦点は武器貸与協定の第7条の相手国からの輸入に対する差別撤廃の規定であった。武器貸与援助はイギリスにとって過酷な紐付き借款であった。1941年8月，大西洋会談でルーズヴェルトとチャーチルが会談を行い，戦争目的として，大西洋憲章に明示される反ファッショ統一戦線の原点になる合意がされる。ここから，イギリスとしてはチェンバレンがなんとか避けようとした大英帝国と特恵関税の保持について，アメリカのオープン・ドア要求とイギリスの大英帝国維持戦略が衝突するということになる。

大西洋会談後，戦時中の米英同盟関係の背後で進行した戦後構想をめぐって，武器貸与交渉が進む。武器貸与援助の見返りとして，アメリカは被援助国イギリスの軍事的行動によるアメリカの防衛強化という利益に加え，返済ないしそれに代わるべき利益を要求した。アメリカは援助と引き換えにイギリスから戦後アメリカの世界政策・貿易為替の自由化を基礎とする多角貿易の再建に従うという約束を取り付けようとした。イギリスはじめ武器貸与物資受容国との間に締結された相互援助協定の中には，戦後通商協定についての公式規則が挿入された。焦点はイギリス帝国特恵関税制度・オタワ協定の廃棄とスターリング・ブロックの解体であった（坂井［1976］）。

ブレトン＝ウッズ協定でのアメリカ案とイギリス案の違いにある経済利害対立は何？
〈ホワイト案とケインズ案〉

図表 金・ドル交換とドル平価

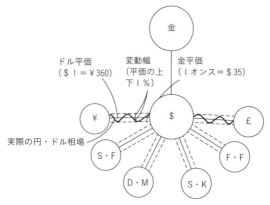

（出所）山本栄治『国際通貨システム』（岩波書店，1997年）9頁

ホワイト案対ケインズ案

1944年7月，アメリカ北東部ニューハンプシャー州の保養地ブレトン＝ウッズで開催された連合国通貨金融会議が開催された。44カ国間で第二次世界大戦後の世界国際通貨システムの基礎が作られ，IMFと世界銀行の設立が決められた。1930年代のブロック経済化が第二次世界大戦を引き起こしたという反省に立って自由・無差別・多角という原則に米英は一致していた。しかし，具体案は，アメリカの代表ホワイトとイギリスの代表ケインズの間で異なっていた。1941年12月モーゲンソー財務長官は，ホワイト財務次官に戦後金融政策の財務省案の作成を指示した。そして1942年初め，国際連合安定基金および連合国並びに準連合国再建銀行つまり世界銀行の素案を作った。ホワイト案は，インフレに対する警戒感から為替安定基金を主張した。対してケンブリッジ大学から

政府に招請され大蔵省経済顧問になっていたケインズが作成したケインズ案は，国際清算同盟のもとに銀行預金に類似した決済借り入れ機能を持つ通貨バンコールの創設を提唱した。バンコールが世界の金融システムの基盤として金に取って代わり，国際的な信用の拡大が可能になると考えた。戦後国際貿易の急速な回復の保障となるとケインズは考えていた。

ブレトン＝ウッズ協定

　ブレトン＝ウッズ協定の特徴としてはまず，第一にはアジャスタブル・ペッグ（調整可能な釘づけの平価システム）として，金本位維持に必要な厳格な国際節度の遵守をもたらすデフレ政策ではなく，一定の範囲での完全雇用達成を目標にしたマクロ政策の自律性を追求した。加盟国は，平価の上下1%幅内に自国通貨を調整する義務は国際収支が基礎的不均衡に陥ったとみなされるとIMFと協議を経て変更できる。そして平価はIMF協定第4条で自国通貨を金または1944年4月1日現在の量目および純分を有する合衆国ドルのどちらかで表示することを要求することになる。そして通貨の交換性による多角的決済システムでIMF協定第8条は経常取引における通貨の交換性回復要求をした。例外は，過去に引き継がれた対外債務，具体的にはポンド残高であった。イギリスは戦時中，インド・オーストラリア・カナダなどスターリング・ブロック諸国から戦争に必要な資財をツケで買っていた。これらはイギリスからすると債務，そしてインド・オーストラリア・カナダからするとイギリスに対する債権になる（ポンド残高）。ここで急にポンドの交換性を回復させると，イギリスの外貨準備が即座に危殆に瀕するので例外措置を行った。一方，IMFの引き出し権による国際流動性の供給で，IMFは加盟国が一時的な国際収支不均衡に陥ったとき，ドル平価維持に必要な短期資金を融通することができることになった。これらの措置を踏まえ，第二次世界大戦後の国際通貨為替体制の中心にドルが位置することに国際的な承認が与えられた（山本［1997：79-85］；坂出「Q09ブレトンウッズ協定はどのようにパクス・アメリカーナを作り出したのか？ ブレトンウッズ・レジーム」国際経済［2023］；西川輝「Q10ブレトンウッズ協定では何が合意されたのか？戦後の国際金融秩序」国際経済［2023］）。

Q42

渋沢栄一は太平洋問題調査会でいかに対米協調を達成しようとしたのか？
〈太平洋問題調査会〉

戦前版「開かれたインド太平洋構想」

　アメリカの外交問題評議会（Council on Foreign Relations）と，イギリスの王立国際問題研究所（RIIA）の設立に続いて，その姉妹団体として1925年7月11日にハワイ・ホノルルでYMCAを母体とする太平洋問題調査会（IPR）が設立され，アメリカ，日本，中華民国，カナダ，オーストラリア，ニュージーランドが参加した。今で言う「開かれたインド太平洋構想」の国々であった。1926年4月には，日本IPR支部が設立され，大実業家渋沢栄一が評議会会長，YMCA環太平洋連絡会議の日本側議長協議会会長井上準之助日本銀行総裁が初代理事長という体制であった。そして1929年7月にはお札の顔にもなった新渡戸稲造（国際連盟発足時の事務次長）が第二代日本IPR理事長に就任する。IPRは非常に不思議な団体であるが，1920年代から30年代においては，日本からすると対英米協調の一番中心的な機関として機能したことになる。

　太平洋問題調査会のなかで日本派と中国国民党派のどちらが優位になるかは，アメリカのアジア政策が，中華民国と日本，どちらを重視するかを左右した。1929年10月23日から11月9日に満州問題をテーマにしたIPR国際会議が京都で開催された。それに前後して当初のYMCAが掲げる友好路線から最大の資金力（ロックフェラー財閥）を有する米国IPR支部が政治，時事問題路線にシフトして，1933年には国際事務局もニューヨークに移転した。そして1933年5月27日，日本政府は国際連盟を脱退したが，それ以降日本の国際連盟の脱退以降，IPRが，日本の対米英協調外交の唯一のチャネルになっていった。同年8月14日から26日にカナダ・バンクーバーで開催されたIPR国際会議は太平洋地域における経済上の軋轢とその統制をテーマにし，米，日，中華民国，英，豪，ニュージーランド，カナダ，フィリピン，フランス，オランダ，インドネシア

が参加した。太平洋戦争が，第二次世界大戦の一局面としての太平洋における問題を関係各国でとにかく戦争回避できるかどうかという大問題を検討する会議になった。国際連盟脱退後においては，IPRは日本にとっての米英との唯一の公式チャネルであり，日本代表は太平洋地域安全保障条約構想を発表したが，米英には受け入れられなかった。新渡戸稲造は日本代表団団長として出席するためにカナダに渡ったが，会議終了後，西海岸のビクトリア国際港で力尽きて倒れ，死去した。新渡戸は最後までIPRというチャネルを通じて英米協調を模索したが，結果として客死した。そしてその時期での近衛文麿，新渡戸らの英米協調路線の挫折は，1942年に締結された日英同盟以来の20世紀世界を支配した米英日3国の公式，非公式同盟の一時的停止を意味することになった。

日本戦後処理案と32年テーゼ

このような状況のなかで太平洋問題調査会（IPR）はこの時期存続した。1945年1月突然バージニア州でのIPRのホット・スプリングス大会で，いわゆる32年テーゼと言われる絶対主義天皇制と半封建制的財閥地主支配打破という日本社会把握に基づき，天皇制を廃止することに基づく日本処理案というものが決議された。それには羽仁五郎から明治維新論を学んだハーバート・ノーマンの認識が大きく影響していた（油井［1989］；大森（1975）；鳥居［2011：11］；鳥居［2014：9］；安達宏昭「大東亜共栄圏：アジアの解放か支配か」日IV-42：314-415；森茂樹「日米開戦：『大東亜建設』か，『自存自衛』か」日IV-43：316-317）。

戦前日本国家はどのような性格を持っていたのか？

〈日本資本主義論争〉

ハリー・デクスター・ホワイトはスターリンのスパイだったのか？

ドイツに対するモーゲンソー・プラン（ドイツ農業国化案），そして戦後世界経済構想としてのブレトン＝ウッズ構想を立案したハリー・デクスター・ホワイトがソ連のスパイではなかったかという，第二次世界大戦中からのアメリカ政府部内におけるソ連スパイ問題は，左翼政権であったニューディール政権とウォールストリートの深刻な対立でもあった。この問題の調査は，エドガー・フーヴァーFBI長官が主導した。ホワイト以外にも国際連合の創設にも関わった国務省のアルジャー・ヒスも疑われた。ホワイトはマッカーシズム（赤狩り）のときに聴聞され，逝去した。ソ連スパイ問題でのもう一人の重要な人物は，日本生まれのカナダ外交官ハーバート・ノーマンであった。ノーマンは，GHQでケーディスという高官のもとで動いた人材であるが，ノーマンもソ連のスパイではなかったのかという疑いを掛けられ，最終的には1957年に自殺する。ノーマンは，『日本資本主義発達史講座』の著者の１人である羽仁五郎から明治維新史の教えを受け，ノーマンの日本資本主義論は日本の戦後処理案に影響を与えた（工藤［2007］；河﨑信樹「Q08モーゲンソープランとは何か？ドイツ農業国化構想」国際経済［2023］）。

厳マニュ説と講座派内部の理論対立

では，羽仁五郎の明治維新論はどういうものであったのか？『日本資本主義発達史講座』は，岩波書店から1932年から33年に発刊されたシリーズで，主な著者は，山田盛太郎，平野義太郎，服部之総，羽仁五郎であった。このシリーズを執筆した講座派は，雑誌『労農』に集った労農派と明治維新後の日本資本主義の性格をめぐって激しい論争を繰り広げた。この論争は戦前日本社会を考

える場合に，学術的にも，現実的にも大きな意味のある論争であった。大雑把にくくると，講座派は，明治以降の日本社会を軍事的半封建的資本主義と理解した。そして日本農業を支配する地主小作関係の半封建的政策，これらの経済構図の背後に潜む天皇制を指摘し，天皇制は絶対主義であったと考えた。

　講座派内部にも，服部と山田・平野・羽仁の間では亀裂が潜んでいた。開港前の日本経済が厳密な意味でのマニュファクチュア段階であったとするのが服部之総の厳マニュ説であった。厳マニュ説によると，本来日本でも既に開国以前から資本主義というものがはらまれていて，そのはらまれた資本主義が，おそらく天保期にマニュファクチュア段階にまで達していたではないかとなる。服部による労農派批判としては，彼は労農派のことをトロツキストと呼ぶが，彼によると労農派というのは日本のブルジョワ革命が明治維新でともかくも完成したという説で，明治維新は，徳川幕府を倒したに過ぎないものを封建制度が転覆したものだと彼らは強弁する。したがって日本の革命路線は，これら封建的威勢を祓い清めるところという，「軽い意味」でのブルジョワ民主主義の実現がプロレタリア革命の任務であると，彼らは主張する。そしてこのマニュファクチュア論というのは，後，1952年に，実は講座派における内部批判だったということが服部によって明らかにされる。服部の山田，平野，羽仁批判としては，日本封建性を図式化して強調する理論体系はトロツキズムの裏返しではないかという，労農派の農民についての無関心，農業問題についての無理解に対して平野・羽仁の理論はその逆を，その裏返しを行っている。そして資本と賃労働の成長と発展，この側面については非常に粗いことになる。さらに服部は羽仁の明治維新史を批判する。羽仁の一連の論文は，こうした山田・平野体系を一本の時代映画に撮ったようなもので，その体系の目でもって，幕末維新の政治史のシナリオを描いている，と。つまり羽仁五郎の明治維新史はだいたい農民が反乱する歴史ということになっていく（服部［1952：7, 20, 25-26]）。

Q35 英米覇権交替をどうみるのか？〈覇権交替〉
① 本文の用語
パクス・ブリタニカ　パクス・アメリカーナ　グレアム・アリソン　トゥキディディスの罠　米ソ冷戦　海の覇権　綿　鉄　鉄道　造船　戦略商品　蒸気機関　通商決済　武器貸与交渉　ブレトン＝ウッズ会議　フォード・システム　第二次産業革命　「世界の工場」　石油　化学　自動車　化学　電機　ドーズ案　四国借款団

Q36 第二次世界大戦はなぜ起こったのか？〈第二次世界大戦起源論争〉
① 本文の用語
第二次大戦起源論争　正統派　ナチス体制　チェンバレン政権　宥和主義（ミュンヘン宥和）　チェコスロバキア解体　大恐慌　ニューディール政策　孤立主義外交　反ファッショ統一戦線　ナチス・ドイツ　イギリス宥和主義　アメリカ孤立主義外交　帝国特恵関税　スターリング・ブロック　武器貸与法　ブレトン＝ウッズ協定　現金自国船主義（キャッシュ・アンド・キャリー（C&C）政策）
② 共通テスト
ミュンヘン会議　ムッソリーニ　エチオピア侵攻（1935年）　ニュルンベルグ裁判　東京裁判　コメコン　ベルリン封鎖
③ 私立大学入試
フィウメ

Q37 1930年代大不況はなぜ第二次世界大戦をもたらしたのか？〈ブロック経済化〉
① 本文の用語
再建金本位制　スムート・ホーリー関税法　ニューヨーク株式市場株価暴落（1929年）　フーヴァー・モラトリアム　金本位制　スターリング・ブロック　近隣窮乏化効果
② 共通テスト
1929年　ウォール街　フーヴァー　ニューディール　ブロック経済　オタワ会議　特恵関税制度　金ブロック　高橋財政　高橋是清　金輸出再禁止　積極財政

Q38 チェンバレンはなぜナチス・ドイツのチェコスロバキア併合を認めたのか？〈宥和主義〉

① 本文の用語
宥和主義　「奇妙な戦争（ファニー・ウォー）」　ミュンヘン協定　独ソ不可侵条約　チェンバレン　中立法
② 共通テスト
ファシズム　オーストリア　ミュンヘン宥和　チェコスロバキア解体
ポーランド侵攻　スターリングラードの戦い

Q39　アメリカはなぜ真珠湾攻撃まで孤立主義を保ったのか？〈アメリカ孤立主義外交〉
① 本文の用語
孤立主義外交　現金自国船主義（キャッシュ・アンド・キャリー（C&C）政策）　ジョン・フォスター・ダレス　アレン・ダレス　CIA　マーシャル・プラン　モーゲンソー財務長官　ハリー・デクスター・ホワイト　ブレトン＝ウッズ協定　ケインズ　ナチス体制　宥和主義外交　中立法
ブレトン＝ウッズ協定
② 共通テスト
孤立主義
③ 私立大学入試
「鉄のカーテン」　チャーチル　朝鮮戦争
④ 国立大学二次試験（論述）
●アメリカの孤立主義外交について説明しなさい。（京都大学・世界史・2011・第3問）

Q40　武器貸与法は何を目的にしていたのか？〈武器貸与法〉
① 本文の用語
フランクリン・ルーズヴェルト大統領　孤立主義　「民主主義の兵器廠」
武器貸与法　現金自国船主義（キャッシュ・アンド・キャリー（C&C）政策）
ケインズ　大西洋会談　武器貸与交渉　帝国特恵関税制度　オタワ協定
スターリング・ブロック

Q41　ブレトン＝ウッズ協定でのアメリカ案とイギリス案の違いにある経済利害対立は何？〈ホワイト案とケインズ案〉
① 本文の用語
IMF　世界銀行　ブロック経済化　自由・無差別・多角　ホワイト
ケインズ　モーゲンソー財務長官　調整可能な釘づけの平価システム　ポンド残高
② 共通テスト

大西洋憲章　　ブレトン＝ウッズ会議　　ブレトン＝ウッズ体制　　IMF　　世界銀行　　GATT（関税と貿易に関する一般協定）　　ダンバートン・オークス会議　　カイロ会談　　ヤルタ会談　　ポツダム宣言　　大西洋憲章　　サンフランシスコ平和条約　　重光葵

③　私立大学入試

カイロ宣言

Q42　渋沢栄一は太平洋問題調査会でいかに対米協調を達成しようとしたのか？〈太平洋問題調査会〉

①　本文の用語

外交問題評議会（Council on Foreign Relations）　　王立国際問題研究所（RIIA）　　YMCA　　太平洋問題調査会（IPR）　　開かれたインド太平洋構想　　渋沢栄一　　井上準之助　　新渡戸稲造　　ロックフェラー財閥　　近衛文麿　　日英同盟　　ホット・スプリングス大会　　32年テーゼ　　羽仁五郎　　ハーバート・ノーマン

②　共通テスト

盧溝橋事件　　満州国　　柳条湖事件（1931年）　　満州事変　　日中戦争　　北伐　　ビルマ　　「栄光ある孤立」　　甲午農民戦争　　東学の乱　　近衛内閣（第2次）　　ワシントン会議　　ハーディング大統領　　九カ国条約（1922年）　　四カ国条約　　第二次日韓協約　　統監府　　伊藤博文　　血盟団事件　　普通選挙法（1925年）　　青島　　鮎川義介　　日産コンツェルン

③　私立大学入試

上海事変（1932年）　　三・一独立運動（1919年）　　ハーグ密使事件　　日満議定書（1932年）　　甲申事変　　木戸幸一　　ゾルゲ　　張作霖爆殺事件

④　国立大学二次試験（論述）

●第一次大戦後の日本の恐慌と政府の対策について説明しなさい。（一橋大学・日本史・2001・第2問）

Q43　戦前日本国家はどのような性格を持っていたのか？〈日本資本主義論争〉

①　本文の用語

モーゲンソー・プラン（ドイツ農業国化案）　　ブレトン＝ウッズ構想　　ハリー・デクスター・ホワイト　　エドガー・フーヴァーFBI長官　　国際連合　　アルジャー・ヒス　　マッカーシズム（赤狩り）　　ハーバート・ノーマン　　GHQ　　『日本資本主義発達史講座』　　羽仁五郎　　岩波書店　　山田盛太郎　　平野義太郎　　服部之総　　講座派　　労農派　　明治維新　　開港　　マニュファクチュア段階　　厳マニュ説　　天保期　　トロツキスト

②　共通テスト

寄生地主制　　小作農　　ポツダム会談　　広島　　長崎　　ポツダム宣言
降伏文書調印　　GHQ　　日本国憲法

④　国立大学二次試験（論述）

●日本資本主義論争について説明しなさい。（一橋大学・日本史・2019・第2問）

●寄生地主制について説明しなさい。（一橋大学・日本史・2009・第2問）

●地租改正について説明しなさい。（東京大学・日本史・2004・第4問）

Chapter**6**
ヴェルサイユ＝ワシントン体制
（1921-1940）

◉ユートピア・ディストピア⑤

📖　『われら』ザミャーチン

◉本章で扱うテーマ

●戦間期

📖 『われら』 ザミャーチン

　宇宙船インテグラルの建造技師・Д-503が住む26世紀の地球は「恩人」が支配する「単一国」に統治されていた。120日後に，人類はインテグラルの建造を完了し，宇宙の何千もの他の地球を開拓することによって，壮大な宇宙の無限の方程式を積分する予定だ。野蛮な曲線を伸ばしてまっすぐにし，接線に，漸近線に，直線に近づける。なぜなら，偉大で神聖な「単一国」の線はあらゆる線のなかで最も賢い直線だから。「二百年戦争」によって成立した「単一国」は，この戦争以来誰もその外側に出たことのない「緑の壁」に覆われ，人々は，ナンバーによって管理され，すべてのナンバーが性的産物としての任意のナンバーに対する権利を有する共産社会であった。そこには古代の野蛮な嫉妬心も存在しなかった。

　Д-503は，女性O-90と，嫉妬心という分母がゼロゆえに無限数である幸福を感じていた。友人の「国家詩人作家研究所」の詩人R-13は言う。楽園のアダムとイブには，自由なき幸福か，幸福なき自由か，選択肢が与えられていた。間抜けな二人は自由を選んだ。その結果，何世紀にわたって枷を恋しがる世界苦が生まれた。「単一国家」に住む「われら」は再びアダムとイブのように純真無垢となり，善悪の混乱はなくなった。

　Д-503は，謎めいた女性I-330の誘惑と計略に乗り，「単一国」で禁じられている飲酒・喫煙を楽しみ，「恩人」配下の「守護者局」を裏切る。I-330はインテグラルの建造技師・電気技師・機械技師らを取り込み，インテグラルの乗っ取りを謀らむ組織のメンバーとしてД-503に接近したのだ。O-90は，は，I-330に「嫉妬」し，Д-503から離れていく。Д-503は，想像力摘出手術を受け，「恩人」のもとに出頭し，I-330ら「幸福の敵」について告白する。

　叛逆者集団の計画は露見・逮捕され，I-330から解放されたД-503は，「病気」から回復し，「幸福」を取り戻す。そして日記に記す。「理性は勝利しなければならないからだ」。

　私は私であると同時に，私ではない「われら（We）」なのだ。

　ザミャーチンは，1921年に発表した同書で，「二百年戦争」になぞらえてロシア革命を痛烈に批判した。ザミャーチンは作家であると同時に，砕氷船造船監督として第一次世界大戦時のロシアの砕氷船造船の大部分を担った。プロレタリア批評家は『われら』を執筆したザミャーチンを「反革命のブルジョア作家」として酷評した。

　『われら』は第二次世界大戦後，『1984年』の作者ジョージ・オーウェルによって再評価される。訳者松下隆志が指摘するように『われら』は単純な「ロシア革命＝全体主義」的レッテル貼りの批判ではない。ザミャーチンは彼の革命思想を作中I-330に語らせる。最後の革命などない。革命は無限だ。「最後」など自然界にはない。「二百年戦争」により成立した「単一国家」はガリレオと同じ誤りをおかした。地球が太陽の周りを動いているのは正しいにしても，ガリレオは，太陽系全体がさらに別の中心の周りを動いていることを知らなかったのだ，と。

Q 44

ヴェルサイユ＝ワシントン体制とは何か？
〈ヴェルサイユ＝ワシントン体制〉

図表 ベルサイユ＝ワシントン体制・国際連盟秩序

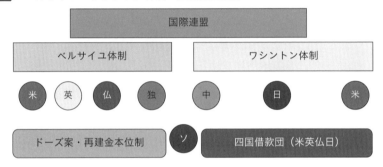

戦間期前期と戦間期後期

　第一次世界大戦と第二次世界大戦の間の時期を戦間期といい，その戦間期では，真ん中の大恐慌を前後にして国際経済・政治システムが全く異なるために，戦間期前期と戦間期後期とに分けて呼ばれる。戦間期前期においてはヴェルサイユ＝ワシントン体制・再建金本位制という枠組みがあった。この枠組みは大恐慌によって崩れてしまう。戦間期後期においては，アメリカ・ニューディール経済政策・孤立主義外交，イギリスの宥和主義，そしてドイツのナチス体制を特徴とする。そして，日本も，それまで明治維新革命から日清戦争・日露戦争・産業革命を経て，国際金本位制をベースとした国際経済のフレームワークのなかで経済成長をしてきたが，戦間期後期は高橋財政と円ブロックの形成へと向かう。

　戦間期前期は，ヨーロッパにおいてはヴェルサイユ体制，アジア・太平洋においてはワシントン体制という地域的な秩序，また両者を合わせて，ヴェルサ

イユ＝ワシントン体制という第一次世界大戦後の国際秩序を形成していた。この ヨーロッパとアジア・太平洋の国際秩序の構造とその経済的基盤ということについて考えよう。ヴェルサイユ＝ワシントン体制の第一次世界大戦以前との違いとしては，それまではヨーロッパ列強間の調整秩序だったが，ロシア革命でロシアがその秩序から脱落し，新たに日本とアメリカが秩序形成に参入してきたことが挙げられる。ヴェルサイユ体制は第一次世界大戦の敗戦国ドイツの懲罰的封じ込め体制であったが，ドイツを震源地として大恐慌が各国に波及するということでヴェルサイユ体制は解体し，第二次世界大戦に至る。

　戦間期は，一つには第一次世界大戦の被害が世界的に広範だったので，平和を希求する人々の運動というのが最高潮に達していた時期ともいえる。そうした戦間期リベラルの代表的SF作家H.G.ウェルズは熱心な国際連盟主義者で，国際連盟を設立するために多くの活動をしたが，結果のところできた国際連盟は彼からすると不満足なものであった。その点について，彼は「瓶の中の小人」というSF小説を執筆する。そこに書かれている小人が国家主権を指す。彼からすると1648年のウェストファリア条約以来の**主権国家体制**は国家間対立を解決できなかったが，全ての国家の権限・主権が国際連盟に委譲されることによって，人類は完成に向かうという壮大なビジョンがあった。国際連盟成立後も，ウェルズは彼のあるべき国際秩序ビジョンを追求した。そして，ヨーロッパ戦争が始まった後で，**真珠湾攻撃**の前の1940年1月に「新世界秩序」を著わし，主権国家の完全な根絶と地球管理を主張した。しかし，国際連盟は大恐慌後成立したナチス・ドイツ体制の対外侵略の前には無力であった（篠原琢「帝国論」西IV-23：230-231；小野塚知二「第一次世界大戦原因論」西V-4：246-247；藤波伸嘉「オスマン帝国の解体：何が失われ，何が忘れられたのか」東IV-4：224-225）。

「カルタゴの平和」（ケインズ）とは何か？
〈トランスファー問題（戦債賠償問題）〉

　1918年1月，アメリカのウィルソン大統領は14カ条を発表する。11月にはドイツ革命が起こり，第一次世界大戦の交戦国間で休戦協定が成立する。そして1919年1月から6月にパリ講和会議が開催され，19年6月にヴェルサイユ条約が成立する。この時点で，ドイツに課せられた賠償金は，暫定的に200億マルクという途方もない金額であった。これに対して，経済学者ケインズはパンフレット『平和の経済的帰結』でドイツに対する過大な賠償を「カルタゴの平和」として批判する。

　ケインズ『平和の経済的帰結』は，過大な賠償をドイツに課すことは結局のところ，ヨーロッパの域内の経済も破壊してヨーロッパが復興できなくなるということを主な趣旨として反対する。ローマとカルタゴとのポエニ戦争の後に成立したパクス・ロマーナは敵国カルタゴを徹底的に潰すということによって，つまりカルタゴの犠牲の元に築かれた平和（カルタゴの平和）であった。それと対比させてドイツの犠牲によって成り立つヨーロッパの平和というのは長続きしないという趣旨であった。

　ケインズの見解は，第一次世界大戦後の主要国間のマネー・フローにおける戦債と賠償の関係（トランスファー問題）に対する彼の経済学的洞察に基づいていた。トランスファー問題を次の戦債・賠償の各国間の関係を示した表でみてみよう。イギリスは，第一次世界大戦を遂行していくためにアメリカで戦争債券（たとえばVローン）を発行しており，そうした戦債（アメリカへの借金）は37億ドルにのぼっていた。同様にフランスは，アメリカに20億ドル，イギリスに17億ドル借りる一方，ロシアに10億ドル貸していた。

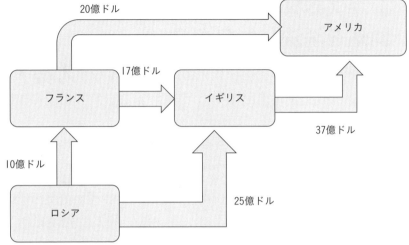

（出所）Moulton and Pasvolsky［1932］より

　しかし，借りていたロシア・ツァーリ体制はロシア革命で崩壊し，新しく登場したボルシェビキ政権は前政権の債務を支払う気がなかった。アメリカは全体として70億ドルという巨額の資金を貸していた。

　アメリカはイギリス，フランスなどに戦債を抱えていて，イギリスはフランスに債権を抱えていて，アメリカに対して債務国というポジションであった。イギリスとフランスはロシアに対してお金を貸していたのだが，それが回収不能になってしまったことで，ドイツからの賠償をとりたてることができるかが焦点であった。この債権・債務関係において，イギリスは42億ドルの貸し金と，アメリカに対しての37億ドルの借金について，相殺するのは構わないという姿勢を示していた。ケインズの意見ではないが，ヨーロッパ経済がうまく回らなくなってしまうので，戦債と賠償は相殺するべきだというのがイギリスの見解であった。しかし，アメリカは戦債の問題と賠償は全く別々の話だという立場であったため，フランスにとっては，ドイツから賠償取り立てるのが唯一の打開策であった（平岡［2007：36-38]）。

ドーズ案はどのようにトランスファー問題を解決したのか？

〈ドーズ案〉

ハイパー・インフレーション

　ドイツへの賠償金取り立ては，マルク増発を招き，ハイパーインフレを招いた。1921年5月のロンドン会議での賠償額（ロンドン支払案）は総額1,320億マルクと天文学的な数字で，当時のドイツのGDPから考えると返済に100年かかるといった金額であった。1922年4月にドイツ政府がマルク急落を理由にモラトリアム（賠償支払い猶予）要請をし，これが英独間で合意される。しかし，フランスはルール地方を軍事的に占領するという手段に出た。アメリカ政府は英仏に対する戦時債券を考慮し中立を維持していたところ，ドイツ政府はアメリカに解決を要請する。1923年2月に賠償委員会は専門家委員会設立を決定し，アメリカは政府としてではなく，私人としての銀行家ドーズ・GE取締役会議長ヤングを派遣し，ドーズを議長とする専門家委員会が賠償問題の解決策を模索する。彼らは，ドイツの物価安定，ルール占領問題，新発券銀行問題，支払額について協議を重ねた。

ドーズ案

　1924年4月にはドーズ案が成立し，賠償総額を変えず当分の間年間支払総額を少なくし，スケジュールとしては，当初2年間は賠償金支払を免除し，以降年間の支払額を10億マルクに引き下げるというものであった。賠償支払い以外にドーズ案は次のような内容であった。第一に，ドーズ公債の発行である。大部分がニューヨーク市場で起債することを見越して，民間資本の導入によりドイツ経済の発展を図る。第二に，デフレ政策で連合国が監督する企業や銀行がドイツの金融準備と紙幣発行をコントロールする。これにより，ドイツ政府の金融財政政策が事実上アメリカの管理下に入ったと評価することもできる。

ドーズ案のスキームは，ニューヨーク株式市場で起債されたドーズ公債の資金が投資としてドイツに流れ込むということであった。このメカニズムを通じて，アメリカの資金がドイツに投資され，それによるドイツの復興を通じて，ドイツはフランス・イギリスに賠償金を返すことが可能になる。こうしたスキームを通じて徐々に，ヨーロッパ経済が復興をしていくことが見込まれた。トランスファー問題ないし戦債賠償問題がドーズ公債というスキームを通じて，西欧経済が復興するというメカニズムができてくる。そしてそのメカニズムのなかでドイツも金本位制に復帰する。連合国がドイツの財政金融政策を管理し，賠償金を取り立てつつ，国際経済にドイツ経済を復興させるメカニズムができてくる。

　ドーズ案によって西欧経済のボトルネックが取り除かれた。1923年イギリスはアメリカと戦債返済条約を結んだ。1924年9月にドーズ案が実施され，アメリカの対独資金援助が開始されると，同年9月にはフランスがルール地方から撤兵し，1925年10月にはロカルノ条約が結ばれて，ドイツの西部国境の現状維持と国際連盟加盟が実現した。1925年から29年にかけては，ヨーロッパもアジアも国際政治経済面で比較的安定した時期だったということになる。同年春にはイギリスも金本位制に復帰し，世界経済は相対的に安定期に向かった。ドイツ経済・世界経済は大戦前の水準になり，1929年8月のヤング案は賠償減額と国際決済銀行（BIS）の設立を定めた。ドイツからBISを通じても各国へ返済する仕組みができていった。このように，ドーズ案は，トランスファー（戦債賠償）問題を解決すると同時に国際金本位制を再建（再建金本位制）する鍵となる国際経済政策であった（山本［1997］；平岡［2007］）。

戦間期に金本位制は再建されたのか？

〈再建金本位制〉

再建金本位制の特徴

　第一次世界大戦勃発以来，機能停止していた国際金本位制が1920年代後半再建される（再建金本位制）。この再建金本位制は1870年代から第一次世界大戦前までの国際金本位制とはどう違うか。第一に，再建金本位制は，金地金本位制であって，国内金貨の流通が停止され通貨当局にとっては金貨との兌換はない。そのため，国内流通に出る資金が少なくなるので，それだけ当局の手に金が集中する。金は国内で流通せず対外輸出入だけが機能するシステムであった。第二に，再建金本位制は，金為替本位制であった。周辺国の金準備のかなりの部分が中心国（アメリカ・イギリス）への預金の形をとり，兌換請求に対しては請求宛て為替を渡す仕組みであった。

　金本位制導入のためにアメリカ・イギリスから安定化信用を取り入れた国々がドル・ポンドを国際準備に取り入れた。つまりドル・ポンドを基軸通貨とする二極通貨体制であった。そして中央銀行間協力として，イングランド銀行の総裁ノーマンとニューヨーク連邦準備銀行の総裁ストロングが中心になって，国際連盟金融委員会を指導した。ノーマンとストロング，それから日本で言うと井上準之助といった国際金融家たちによる協調体制が，ヴェルサイユ＝ワシントン体制の経済的なメカニズム・フレームワークを作っていった。これは，第一次世界大戦前のポンド体制・国際金本位制からドル・ポンドへの移行を示している。また，第二次世界大戦後のブレトン＝ウッズ体制の過渡期ともいえる。

　第二次世界大戦後のブレトン＝ウッズ体制もアメリカを中心国とした金為替本位制といっていいいだろう。ブレトン＝ウッズ体制のもとでは，各国はドルを外貨準備として持つというのが特徴であり，周辺国（アメリカ以外の諸国）

の外貨準備のかなりの部分がアメリカへの預金の形をとり，そのドルの預金をとりいれ，兌換請求に対しては請求宛の為替を渡すという仕組みであった（山本［1997]）。

　では，再建金本位制のもとでの，国際金融家の協調体制，アメリカでいうストロング，イギリスでいうとノーマン，日本で言うと井上準之助・高橋是清といったような協調体制がどこまで続いたのかを考える必要がある。BISの歴史を通じて見てみると，第二次世界大戦を通じてもそうした中央銀行家の国際金融協調体制が安定的に続いたという説も指摘されている坂出「Q05戦間期の金本位制は第一次世界大戦前とどう違うのか？再建金本位レジームとその脆弱性」国際経済［2023]；須藤功「Q06国際金本位制崩壊後の中央銀行間協力はどうなったか？中央銀行間協力」国際経済［2023]；矢後和彦「Q07国際決済銀行（BIS）はいかにして中央銀行間の協力をすすめてきたか？国際決済銀行」国際経済［2023]）。

ワシントン体制

　ヴェルサイユ体制に関してはドーズ案と再建金本位制という経済秩序があった。他方，ワシントン体制については四国（米英仏日）借款団の中国に対する借款，アメリカを基軸として国際金融秩序が築かれていった。国際連盟のもとにヴェルサイユ＝ワシントン体制があり，日本はこの国際連盟秩序に入っていた。そしてアジア・太平洋地域では，政治や経済のフレームワークとして，第一次世界大戦以前の英仏独露という枠組みからドイツとロシアが外れ，代わりに，アメリカと日本が入って，米英仏日秩序が形成された。その秩序は軍事的にはワシントン体制の軍縮条約，経済的には四国借款団が中心であった。しかし，1929年大恐慌以降の1930年代不況期には，ワシントン体制から日本は離脱していくが，なぜそうなったのか，経済的政治的に捉えてみよう。そのためには，海の覇権を特徴とするパクス・ブリタニカという時期に，イギリスが主導する自由貿易・金貨・ポンドという通商決済レジーム（国際金本位制）に，日本がどう組み込まれていったのか，あるいは日本が組み込まれることでこの国際金本位制はどう変わっていったのか考える必要がある。

リトル・リーグ・オブ・ネイションズとは？

〈四国借款団〉

西原借款から石井・ランシング協定へ

　第一次世界大戦までのアジア情勢は，第一次大戦後に比べると，それなりに秩序があった。あるいは，構図はシンプルであったといえる。ロシアが南下政策を進めたため，イギリスとロシアはユーラシア大陸の東西で対峙していた。イギリスは上海・香港に地歩があったが，アジアにリソースを配分し，影響力を発揮するパワーが衰えてきたため，日本を利用した。日本はイギリスの尖兵として，**日清戦争・日露戦争**を戦い，日本は朝鮮半島それから中国へ，それから満州鉄道の建設を通じて満蒙へ勢力を拡大した。日本とアメリカの関係としては，1905年桂・タフト協定で，日本はフィリピンについてはアメリカの領有を認め，朝鮮半島については日本の領有を相互に認め合い，お互いの領域を確保した。アジアへの進出では英仏独が先行していた。それにアメリカも入っていこうとし，鉄道施設を目的とする国際借款団へのアメリカの加入交渉が始まった。それまではイギリス・フランス・ドイツでは協調して対中国進出を図ろうとして，第一次世界大戦で，ドイツが脱落し，さらにロシアも第一次世界大戦のロシア革命で抜けた。そのため，第一次世界大戦後のアジア情勢においてはイギリス・フランスも勢力を失う状況のもとで，アメリカと日本が進出を始めるという状況になってきた。

　袁世凱政権が倒れた後，中国の政権は**安徽派**と**直隷派**とに分裂していた。第一次世界大戦で欧州諸国の関心がアジアからどうしても離れざるを得ない状況の中で，その隙を縫って日本は安徽派に借款を与え，影響力をもとうとしたが，結局それもうまくいかなかった。逆にアメリカは直隷派を支持していくという構図であった。そこでアジア・太平洋をめぐるアメリカと日本の覇権争いという状況になってくる。1917年，日本は**西原借款**という個人として借款したとい

う形式をとって影響力を強化しようとするが，結局うまくいかず，アメリカと日本は石井・ランシング協定で妥協する。日本としては，満州と内モンゴルでの日本の特殊な権益を守りたいというのが主張だったが，日本の要求をある程度ランシング国務長官が認めた。その石井・ランシング交渉のプロセスで国際借款団の再編構想，英仏独の借款団の再編案が練られた。そして，1918年10月にウィルソンが米英仏日の四国銀行団からなる新借款団を提案した。

リトル・リーグ・オブ・ネイションズとは？

　政治体制としては，ヴェルサイユ体制というものはドイツの犠牲によって贖われた平和ということになる「カルタゴの平和」であったが，ワシントン体制の特徴は，ドイツ・ロシアなどヨーロッパ勢が退潮するなかで，日本とアメリカという新興二勢力が伸長してきて新たな秩序を形成した点にある。太平洋の現状維持ということで米英仏日の四国で1920年の四国借款団はワシントン体制の内実であった。四国借款団について，モルガン商会のラモントは「リトル・リーグ・オブ・ネイションズ（小国際連盟）」と表現した。第一に，中国に対する財政支援を通じての内政干渉を抑止することで極東の現状維持に貢献すること。第二に，日米関係の促進的役割として，ここでは枢軸としては，モルガン商会のラモント，そして日本銀行の総裁等を務めた井上準之助の関係が主軸になる。ラモントは来日の際には天皇から高い勲章を与えられた。このドイツ・ロシアを排除して米英仏日で借款団を組織し，中国に対する各国の利害を調整するフレームワークができた。これがワシントン体制の経済的な側面ということになる（三谷［2009：71-97］；吉澤誠一郎「辛亥革命：清朝はなぜ政権を失ったのか」東IV-25：266-267；富澤芳亜「中国における外国資本：中国資本を抑圧したのか」東V-27：270-271；三牧聖子「ウィルソンとアメリカの国際主義」西V-5：248-249；久保田裕次「大戦間期の東アジア国際関係：ワシントン体制はどのように形成され，なぜ不安定だったか」日IV-35：300-301：吉井文美「満州事変から日中戦争へ：なぜ日本による侵略は拡大したか」日IV-40：310-311）。

日本はなぜ金解禁したのか？

〈金解禁〉

金解禁

　大恐慌が始まる直前に，日本は金解禁を行い，金本位制への復帰を果たした。日本の金解禁は，結果として各国が大恐慌のもと，金本位制を停止するなかで，日本のみが金解禁（金本位制復帰）を継続したため，日本が保有する金が海外に流出する事態が起こり，日本経済に打撃を与え，これが日本が太平洋戦争に突入する一つの大きな原因になった。日本はなぜ，どのようにして金解禁を行ったのか，また，金輸出再禁止が遅れたのはなぜか。

　この時期の日本の経済成長の路線は，対米協調の経済的ロジックであった。そのため金解禁を通じてアメリカを中心とした欧米から資金の導入を図りながら危機打開をしようとした。そういう一つの方向性があった。

戦前版・プラザ合意とラモント「臨調」

　日本は**明治維新**以後，明治新政府とイギリスとの関係が非常に密接であったが，イギリスは徐々に金融覇権・投資能力を失っていくという問題を抱えていた。第一次世界大戦後のロンドン市場は他国の外債発行を引き受ける余地が乏しくなり，日本は満州鉄道の拡大に必要な資金を，第一次世界大戦を通じて世界最大の債権国になったアメリカに仰ぐしかなくなった。1927年10月にモルガン商会のラモントが訪日する。ラモントは，当時の日本経済の体質は，政府が**殖産興業**と**日清戦争・日露戦争**を遂行するために過大な支出をし，結果過大な債務を負っているというのが基本的な特徴だと診断した。ラモントによれば，政府支出が削減されれば，日本の財政は健全化するはずである。要するに，日本からすると金本位制に復帰することによって，アメリカの対日投資を円滑に進め，それによって経済発展を図ろうというのが金解禁の経済政策としての中

身だった。ラモントはニューヨーク連銀総裁ストロングと協議し，大蔵省ない
し日本銀行へのクレジット供用を検討した。そのときに問題になったのが満蒙
問題であった。1929年に金解禁の準備として2500万ドルのクレジットが設定さ
れる。これが，なぜこの時期に日本が金解禁をしたのかというポイントである。

　日本の金解禁路線は，日米の金融財政協調のメカニズムのなかでアメリカか
らの信用・クレジットでのアメリカの対日投資をベースにして経済発展を図ろ
うとする路線であった。もちろん日本においてもこうした国際金融家の国際協
調の路線の一方，日本はなぜ戦争に踏み込んだのかという問題はこの時期の日
本を考えるうえで中心的な問題である。三谷太一郎は，金解禁は，「日米金融
資本間の密接な提携関係の論理的帰結」（三谷［2009：92］）ととらえた。つま
り日本が対外信用を増大し，対米金融提供を一層進めるためには不可欠の条件
であった。

　日米間のアジアをめぐる覇権闘争は1920年代・30年代非常に重要な局面に
なってくる。日本は満州・モンゴルにおいて，日清戦争・日露戦争を通じてよ
うやく日本の勢力圏化したものなので，この地域において日本の米英仏に対す
る特権的な地位を認めてもらいたいというのが日本からの要求であり，それは
認められないというのがイギリス・フランスの見方だった。このことからする
と，ワシントン体制においては四国借款を通じて日米英仏の協調体制は築かれ
ようとした。結果としては金解禁までは行ったが，ドイツに端を発し，アメリ
カ・イギリスにも飛び火した世界恐慌に日本も突入するなかでこうした協調体
制も崩れていった。これが第二次世界大戦突入の経済面での大きな原因だった
（三谷［2009］；秋元英一「Q19アメリカ大恐慌とは何だったのか？大恐慌」ア
メリカ［2019］）。

Q44　ヴェルサイユ＝ワシントン体制とは何か？〈ヴェルサイユ＝ワシントン体制〉

① 本文の用語

ヴェルサイユ＝ワシントン体制　再建金本位制　大恐慌　ニューディール経済政策　孤立主義外交　宥和主義　ナチス体制　明治維新革命　日清戦争　日露戦争　産業革命　国際金本位制　高橋財政　円ブロック　ヴェルサイユ体制　ワシントン体制　ロシア革命　戦間期リベラル　H・G・ウェルズ　国際連盟　ウェストファリア条約（1648年）　主権国家体制　真珠湾攻撃

② 共通テスト

第２次産業革命　ヴィルヘルム２世　パリ講和会議　ウィルソン　ロイド・ジョージ　クレマンソー　14か条　民族自決　ヴェルサイユ条約　ヴェルサイユ体制　国際連盟　ワシントン会議　ワシントン海軍軍縮会議　ロンドン軍縮会議　ロカルノ条約　国際協調主義　琉球処分（1879年）

④ 国立大学二次試験（論述）

●第一次世界大戦の意義について説明しなさい。（東京大学・世界史・2006・第1問）

●第一次大戦を通じた四帝国解体とのその結果について説明しなさい。（東京大学・世界史・1997・第1問，東京大学・世界史・1992・第1問）

●国際連盟と国際連合が，設立時に直面した課題とその成果についてそれぞれ説明し，比較しなさい。（一橋大学・世界史・2012・第2問）

Q45　「カルタゴの平和」（ケインズ）とは何か？〈トランスファー問題（戦債賠償問題）〉

① 本文の用語

ウィルソン大統領　14カ条　ケインズ　『平和の経済的帰結』　ポエニ戦争　トランスファー問題　ツァーリ

② 共通テスト

カルタゴ　ポエニ戦争

Q46　ドーズ案はどのようにトランスファー問題を解決したのか？〈ドーズ案〉

① 本文の用語

ロンドン支払案　ルール　ドーズ　ヤング　ドーズ案　ドーズ公債　トランスファー（戦債賠償）問題　金本位制　ロカルノ条約（1924年）　国際連盟　国際決済銀行（BIS）　国際金本位制　再建金本位制

② 共通テスト

インフレーション　　シュトレーゼマン　　ヤング案　　　　レンテンマルク

③ 私立大学入試

フーヴァー　　フーヴァー・モラトリアム

④ 国立大学二次試験（論述）

●ドーズ案について説明しなさい。（京都大学・世界史・2011・第3問）

Q47　戦間期に金本位制は再建されたのか？〈再建金本位制〉

① 本文の用語

再建金本位制　　ノーマン　　ストロング　　井上準之助　　高橋是清　　ヴェルサイユ体制　　ドーズ案　　ワシントン体制　　世界恐慌（1929年）　　国際金本位制

② 共通テスト

スペイン内戦　　フランコ　　人民戦線内閣　　フセイン・マクマホン協定　　バルフォア宣言　　マクドナルド挙国一致内閣

③ 私立大学入試

インティファーダ　　パレスチナ解放機構（PLO）

Q48　リトル・リーグ・オブ・ネイションズとは？〈四国借款団〉

① 本文の用語

南下政策　　日清戦争　　日露戦争　　桂・タフト協定（1905年）　　袁世凱　　安徽派　　直隷派　　西原借款　　石井・ランシング交渉　　ウィルソン大統領　　モルガン商会　　ラモント　　井上準之助　　ワシントン体制

② 共通テスト

ワシントン海軍軍縮条約（1922年）　　ロンドン海軍軍縮条約（1930年）　　日中戦争　　南部仏印　　日本人移民排斥運動　　日独防共協定（1936年）　　日独伊三国防共協定（1937年）　　関東軍　　日比谷焼き討ち事件（1905年）　　不戦条約（ブリアン・ケロッグ条約）

③ 私立大学入試

二十一カ条の要求　　ノモンハン事件

④ 国立大学二次試験（論述）

●第一次大戦後の日本の国際協調体制への参加について説明しなさい。（一橋大学・日本史・2000・第3問）

●21か条の要求について説明しなさい。（一橋大学・日本史・2005・第2問）

●ワシントン体制について説明しなさい。（一橋大学・日本史・2013・第2問，東京大学・日本史・2007・第4問）

●第一次近衛内閣の中国政策について説明しなさい。（京都大学・日本史・2016・第4問）

●北京議定書について説明しなさい。（一橋大学・日本史・2018・第3問）

Q49　日本はなぜ金解禁したのか？〈金解禁〉

①　本文の用語

大恐慌　　金解禁　　金本位制　　明治維新　　モルガン商会　　ラモント

殖産興業　　日清戦争　　日露戦争　　ストロング　　満蒙問題

④　国立大学二次試験（論述）

●日本の産業革命における綿糸紡績業の役割について説明しなさい。（一橋大学・日本史・2007・第2問，一橋大学・日本史・2012・第2問）

●第一次大戦の日本経済への影響について説明しなさい。（一橋大学・日本史・2008・第2問）

●日本における金本位制確立から金輸出再禁止までの過程を説明しなさい。（京都大学・日本史・2001・第4問）

●井上財政・高橋財政について説明しなさい。（東京大学・日本史・2000・第4問）

●昭和恐慌について説明しなさい。（東京大学・日本史・2009・第4問）

PART Ⅳ

パクス・ブリタニカの300年

●基本地図Ⅳ：パクス・ブリタニカ

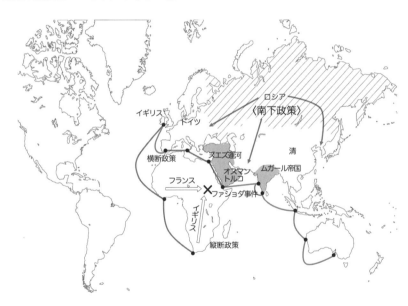

Chapter 7
明治維新と世界資本主義
(1820-1920)

Q50

パクス・ブリタニカの300年をどう見るか？

〈大英帝国〉

図表 覇権と経済史から見た150年

アメリカ	国際金本位制		ヴェルサイユ・ワシントン体制・再建金本位制	大恐慌	ブロック経済化	ブレトン＝ウッズ協定	ベトナム戦争
イギリス							
フランス							
ドイツ		第一次世界大戦				第二次世界大戦	米ソ冷戦
ロシア	日露戦争	ロシア革命					シン冷戦
中国	日清戦争						朝鮮戦争
日本	明治維新　日清戦争　日露戦争						

日本開国150年の世界をどう見るか？

　この図は，日本開国後150年のアメリカ・イギリス・フランス・ドイツ・ロシア・中国・日本という現代に至るまで大国と言われている7カ国の推移を示す。この主要な7カ国がそれぞれの戦争・経済危機に直面してどのような政策判断を下していっていたのか，そしてそのもとでどのような国際秩序・国際政治経済秩序が推移したのかということに焦点が置かれる。7カ国のなかで特に焦点を当てたいのはアメリカ・イギリス・ドイツである。というのも，覇権という視点から考えると，19世紀に形成され確立されたイギリスの覇権が，第一次世界大戦・第二次世界大戦で，第二次産業革命で台頭したドイツとアメリカの挑戦を受けた。二つの大戦とも，イギリスの覇権に対してドイツが挑戦したけれども，それにアメリカとイギリスが提携してそれを打ち破ったという，英

米対ドイツという構図であったが，このプロセスにおいてアメリカとイギリスとの関係をシンプルに親和的な同盟関係とみていいのか。そのもとでどういうふうな利害対立があったのか。むしろ，イギリスの覇権をアメリカが簒奪ないしテイクオーバーしたと考えられないか？

　経済体制としては，開国・明治維新の時代の世界資本主義はイギリスを中心とした国際金本位制という秩序になった。それが第一次世界大戦で国際金本位制が一時的に崩壊し，戦後，経済面では再建金本位制，政治・軍事面ではヨーロッパのヴェルサイユ体制と太平洋でのワシントン体制が成立した。しかし，1929年の大恐慌以後，戦間期前期の秩序は危機を迎えた。アメリカではニューディール経済政策と孤立主義外交の時代，そしてイギリスにおいては宥和主義の時代，そしてドイツにおいてはナチス体制，日本においては経済面では高橋財政などが挙げられる。そして第二次世界大戦を経て戦勝国のイギリスとアメリカの間で第二次世界大戦後の経済秩序をめぐってブレトン＝ウッズ会議で，英米間において討議された。イギリス代表のケインズとアメリカ代表のホワイトは，第二次世界大戦がナチス経済体制・イギリスのスターリング・ブロック・日本の円ブロックのようにブロック経済化して通商・投資が縮小してしまったという反省にたって第二次世界大戦後はどのような開放的な経済体制を作るかということを検討しブレトン＝ウッズ協定に合意した（秋元英一「Q20 なぜアメリカは世界貿易縮小を防げなかったのか？スムート・ホーレイ関税法」アメリカ［2019］）。

世界資本主義の歴史における明治維新の意義はなにか？

〈明治維新〉

世界史と日本史の作用・反作用

　明治維新を日本という一国的な現象としてみるだけではなく，世界資本主義のなかで捉え，また明治維新が世界資本主義に及ぼした反作用，世界にどのようなインパクトを持ったのかということについて，どう考えたらよいのだろうか。「世界の中の日本」という言い方はあるが，日本と世界の結びつきは，世界史のこの時期における国際決済機構，国際金本位制においてどのような役割を果たしていたのだろうか。まず，最初に，明治維新をどう捉えるかということが一つ目のポイントである。その後，その時期の国際多角決済機構 ——モノのやりとりをした後に代金のやりとりをどうするか——，そして各国の外貨準備の基礎になる金本位制の問題とイギリス帝国，つまりイギリスを中心とした世界ということが二つ目のポイントである。そして，三つ目としては，反作用の部分，その後の世界資本主義に組み込まれた日本の日清戦争・日露戦争が，逆に金本位制においてイギリスを中心とする金本位制においてどのような経済的な中身を持っていたかということについて，説明をすすめる。

開港と明治維新

　中村哲の課題設定によると，幕末改革に始まる世界資本主義への日本の包摂と，それによる日本社会の変革の問題ということと，明治維新の歴史前提である幕藩体制とその解体過程の特質の問題と二つの問題を提示した。まず，第一の問題としては，ペリー来航と開国（1853年）である。開港は，日本が世界資本主義の従属的一環に組み込まれてゆく過程だった。1850年代は，開国するかしないかで朝幕間で様々なやりとりがあった時代であるが，この時期はちょうど世界資本主義の確立期であったことに留意する必要がある。

16世紀から18世紀の**重商主義**段階につづき，18世紀から19世紀前半，欧米は**産業革命**に突入していった。1857年には最初の世界恐慌が起こり，世界資本主義は過剰生産の問題に悩まされることになる。世界資本主義が世界恐慌の段階に入ったこの時期にちょうど日本が開国したというのが問題の一つ目である。そして，東アジアにおいて，日本と清は鎖国をしていたが，**阿片戦争**を経て1842年の**南京条約**により，中国の改革，1858年の**安政条約**による日本の開国，これによって地理的には世界資本主義が地球上を覆うことになった。つまり世界資本主義が世界的規模で後進地の内部経済を変革し始めた。明治維新は世界近代史の一環であった。そして問題の二つ目としては，開国に始まる世界資本主義による日本の包摂によって，日本は**植民地化**することなく同時に国内変革，**明治維新**を経験し，資本主義国に発展していき，一応自立的に国民経済を形成していった。これは非常にユニークなことで，中国であれ，東アジアの他の諸国であれ，あるいはラテン・アメリカ諸国であれ，西ヨーロッパの制圧に対して，どこの国もだいたい自立的国民経済建設ができなかった。

日本にとって開港・明治維新は世界主義の従属的一環に組み込まれる過程であったが，同時に国内的には封建制から資本制への移行過程であり，この二重過程が明治維新の複合的性格の基本的要因をなしていた（（中村［1978：iv-vii；111-112, 149］；中村［1991］；中村［2000；6, 17-20, 24, 27-28］；後藤敦史「幕末の世界情勢と日本：外国船はなぜ日本に来たのか」日Ⅲ-31：216-217；福岡万里子「開国：『西洋の衝撃』を日本はどう受け止めたのか」日Ⅳ-1：232-233；中西聡「資本主義の発達：その日本的特質とは何か」日Ⅳ-19：268-269）。

明治維新を実現したのは下級武士か？

〈司馬「史観」〉

司馬遼太郎の近現代日本像

　司馬遼太郎が描いた歴史小説，明治維新論・近現代日本論を，歴史それ自体と取り違えてしまうという錯覚に陥っている向きもみられる。これは作家としての司馬遼太郎氏に責任は全くなく，それを歴史学としてどう捉えるかということに問題がある。明治維新論として，司馬の明治維新論は，一つの無血革命だということになる。一般的に世界の政体のレジームの変革という場合は大抵軍事的衝突・内戦を伴うものであるが，明治維新の場合は戊辰戦争が非常に限定的な戦闘であったという司馬の理解に基づいて，「ほぼ奇跡のように」江戸幕府から明治政府への転換が起こったという理解がある。司馬はその変革の主要な担い手を，坂本竜馬ら下級武士・浪人と叙述した。下級武士の革命であったにも関わらず，多くの侍，特に薩摩藩の侍は，『翔ぶが如く』に出てくる様に，薩摩の両雄である西郷隆盛と大久保利通が袂を分かつことによって，西郷を筆頭とする反政府軍と大久保率いる政府軍が西南戦争で対決し，西郷と薩摩の革命勢力は自滅していく。そのことによって侍の時代が終わるというストーリーである（内山一幸「『武士』の近代：大名や武士はいかに近代社会へと転生したのか」日IV-7：244-245）。

孝明天皇と将軍家茂の死因は暗殺だったのか？

　服部之総によると幕末・明治維新論は孝明天皇・徳川家茂の暗殺問題にも関係してくる。服部は以下のように叙述している。服部の原稿を講座派のリーダー野呂栄太郎に渡したあと，版下を作る前に野呂が個人的に加筆してくれたところが一カ所あった。それは「孝明天皇と14代将軍家茂の死が，ともに暗殺であることをもっと上手に示唆するような文筆上の訂正で，そのときには例の

約束（講座派内部においての内部批判であることをあまり明示しないという約束）があるものですから，大笑いしながらこの修正が私たちのあいだで可決されたときの彼（野呂）の笑い顔を，いまも見るような気がするのです。この原稿を渡してから私（服部）は唯物論研究会の仕事に本腰を入れることになり，講座とは縁が切れます」（服部［1952：25］）。孝明天皇と徳川家茂の死因について野呂が服部の意を汲んで暗殺ではないかと示唆するように原稿を手直ししたというのは非常に興味深い（ロバーツ［1976：61］）。

明治維新はブルジョア革命か？

　開国後の尊王攘夷運動は攘夷を目的としており，同時に生糸などを買い占めて外国に輸出し，その結果，米価を中心にインフレを引き起こす貿易商人を迫害し，ときには天誅と称して実力行動に出た。これに対して，幕府は経済界の主体である貿易商人を保護した。このため尊攘派は，商人と幕府を敵に回して孤立した。しかし，薩長同盟が成立し，革命路線が尊王攘夷から倒幕開国に向かうと，貿易をめぐる商人と革命勢力の軋轢はなくなっていった。そのため大商人たちは薩摩・長州を資金的に徐々にサポートするようになっていった。幕藩体制と共生してきた三井家は，開港後の混乱から戊辰戦争前まで，幕府側と薩摩藩・長州藩（後の新政府側）双方に資金を提供した。しかし，戊辰戦争のプロセスのなかで，三井家の番頭であった三野村利三郎がフィクサーとして新政府に鞍替えする。明治維新で権力を握った維新政府官僚のうち，太政官札の強制流通を主張するなどして商業資本と対立した由利公正など商人層と対立した者は政府から排除され，逆に商人と人的結合を果たした人材が政府の実権を担った。明治維新で権力を握ったのは，下級武士でなく，商人＝ブルジョアであった（小林［1967：70-71］；ロバーツ［1976：57-58］）。こうした意味で，明治維新革命は三井などの商業資本を主体としたブルジョア革命であった（奈良勝司「明治維新：なぜ『維新』に至ったのか，何をもたらしたのか」日VI-2：234-235）。

国際金本位制はどのようなメカニズム
だったのか？

〈国際金本位制〉

金本位制

　イギリス国内では，18世紀初めから金が事実上本位通貨であった。造幣局長がニュートンだったことはよく知られているところである。ナポレオン戦争による金本位制の中断の後，イングランド銀行は，1821年から金１オンスイコール３ポンド17シリング10ペンス２分の１で兌換に応じる。この数字は，ニュートンが考え出したと言われている。そしてドイツは**普仏戦争**による賠償金を基礎として1873年に金本位制を採用し，1870年代に西ヨーロッパ各国は金本位制を採用した。イギリスは自由貿易体制を維持し，世界に市場を開放すると，ロンドン・リバプールが一次産品の国際的商品取引所となった。そしてロンドン・シティは世界の手形交換所の地位を確立した。世界中の一次産品は，ポンド建てのロンドン宛手形で決済されるようになった。

金本位制のメカニズム

　図表は，左から米ドル（＄），英ポンド（£），仏フラン（Ｆ・Ｆ）について，それぞれの貨幣の価値が，各国貨幣法によって定められた金の法定価格で決まっていたことを示している。アメリカでは，金１オンス（重さの単位）イコール20.67ドル，イギリスは１オンスイコール4.247ポンド。フランスにおいては金１オンスイコール107.131フランとなっている。そうするとそれぞれの紙幣の価格は金との間に決まっているので，ドルとポンドの価格，たとえば金１ポンドイコール4.9900ドルがこの法定価格で割れば出てくる。ポンドとフランにおいてもポンドとフランの比が出てくる。金輸出入点においては，前後においてその価格の価値をその価格を各国の為替当局が管理する仕組みだった。このように金本位制を採用した国同士の貨幣価値は安定し，19世紀後半の国際

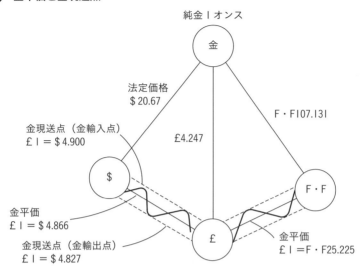

図表 金平価と金現送点

純金１オンス

金

法定価格
＄20.67

F・F107.131

£4.247

金現送点（金輸入点）
£１＝＄4.900

＄

F・F

金平価
£１＝＄4.866

£

金平価
£１＝F・F25.225

金現送点（金輸出点）
£１＝＄4.827

（出所）山本栄治『国際通貨システム』（岩波書店，1997年）9頁

経済は国際金本位制と国際決済機構を基礎に成長した（山本［1997］；上川・
矢後編［2007］）。

　国際金本位制は，第一に，まず価値尺度機能をもつ，すなわち本位貨幣が金
である，第二に，国内通貨が一定重量の金とリンクされて価格の度量水準が固
定されており，金の法定価格が貨幣法によって定義されている，第三に，個人
と国家間の金の自由取引が保証され，金の自由鋳造・自由溶解・金の自由輸出
入が認められる。兌換というのは，兌換紙幣を銀行ないしは中央銀行に持って
いけば金と換えてもらえるということを意味する。そういう時期である。そし
て国際金本位制と固定為替相場としては，金本位制と金貨が法定価格として固
定されており，国内的には価格の度量標準が固定されている。対外的には，あ
る金本位制諸国が他の金本位制通貨との為替平価も金平価として同時に決定さ
れるという，国内的にも安定した制度であった（三宅［1968：6-8］；山本
［1997：7-8］；坂出「Q03金を基軸とする国際経済システムとは何か？国際金
本位制レジーム」国際経済［2023］）。

Q54

イギリスは貿易赤字にもかかわらず，なぜ対外投資を継続できたのか？

〈国際多角決済機構〉

図表 1910年の世界の決済型態

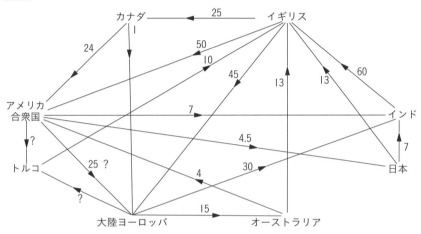

イギリスの国際収支　1910（100万ポンド）

借　　　　方		貸　　　　方	
アメリカ合衆国	50	インド	60
大陸ヨーロッパ	45	オーストラリア	13
カナダ	25	日本	13
海峡植民地	11	中国（ホンコンを含む）	13
南アフリカ	8	トルコ	10
ニュー・ジーランド	4	ウルグァイ	6
アルゼンチン	2	イギリス領西アフリカ	3
合　　　計	145	合　　　計	118

（出所）S・B・ソウル（堀晋作・西村閑也訳）『世界貿易の構造とイギリス経済』（法政大学出版局，1974年）67頁

多角決済システム

　国際金本位制の決済形態については，ソウルの『世界貿易の構造とイギリス経済』が著名である。ソウルによると，イギリスから，カナダに2,500万ポン

ドが輸出で出て行って，イギリスからアメリカに5,000万ポンド，トルコから
イギリスに1,000万ポンド，イギリスから大陸ヨーロッパに4,500万ポンド。ア
メリカから日本にも4,500万ポンドと日本からイギリスに1,300万ポンド，そし
てインドからイギリスに6,000万ポンドという循環がみてとれる。イギリスか
ら見るとアメリカ合衆国・大陸ヨーロッパ，カナダに投資をして，その反面，
貸方（入超）ということでは，インドの6,000万ポンドというのは非常に大き
かったということがわかる（ソウル［1974：67］）。

イギリス帝国の三類型

国際決済機構において，イギリスに資金が還流してくる最重要の回路がイン
ドであった。インドがイギリスの対外支払勘定の5分の2以上をファイナンス
していた。イギリスは，インドを国際収支の安全弁としてしながらも海外投資
を拡大していった。イギリス帝国はインドからの植民地的収奪とカナダへの投
資（「帝国への導水路」）を通じて世界市場に資金を流出していた。そしてイン
グランド銀行の相対的に僅少な金準備を南アフリカの新産金を掌握するロンド
ン金市場が補完し，国際通貨としてのポンドの信用を維持した。イギリスは貿
易収支上の巨額の赤字にもかかわらず利子サービスなどの貿易外勘定の受け取
りによって20世紀初頭には毎年1億ポンドを超える膨大な海外投資を継続した。
この時期において，イギリスというのは「世界の工場」から「世界の銀行」へ
転換していった。イギリスの海外投資は世界的な多角決済のための中軸的資金
を供給した。そして，英系マーチャント・バンカーが，ロンドンの金融市場・
シティにおける海外資本発行を媒した。ロンドン金融市場では豊富な資金を世
界一安い金利で借りることが可能であり，ロンドン経由による貿易のコストが
最も低かった。世界経済は，最終的にイングランド銀行のバンク・レート（公
定歩合）によって調整された。ロンドン・シティが世界の経済，世界の金融取
引の中心であった。ポンド資金の大規模で継続的な供給から国際通貨ポンドの
地位が確立され，イギリスはイングランド銀行を頂点とするロンドン金融市場
の機能を通じて国際決済資金の膨張と収縮を調整する世界経済を統括する役割
を果たしていた（生川［1956］；神武・萩原［1989：114-116］）。

イギリスはどのようにインドを収奪したのか？

〈「王冠の宝石」〉

ビクトリア循環

1837年から1901年にかけてのビクトリア循環，すなわち19世紀半ばの産業革命後のイギリスは製品輸出より製品輸入が多かった。つまり貿易赤字だった。他方，対外投資残高は1870年の約7億ポンドから1900年の24億ポンドと，三・四倍に増えている。この中身は主に，対ヨーロッパ再投資，植民地のプランテーション，カナダへの投資，新大陸アメリカへの鉄道投資であった。なぜ，出超（貿易収支赤字）基調にあるのに，対外投資ができたのか。最大の要素はインドの本国費^{ホームチャージ}であった。本国費とは，軍事費・行政費・鉄道省権利など植民地統治の過程での経費を指す。19世紀後半を通じてインド歳出の約3割をこの本国費が占めた。イギリスがインドを統治して，その費用をインドにポンドで払わせていた（秋田［2012：68-69]）。

1873年以降の銀価格下落とともに銀本位制を採用するインド財政に打撃が当たり，ルピー下落により本国費の負担が増えた。さらに世紀末転換期のボーア戦争でのイングランド銀行の金準備不足によりイギリスはルピー銀貨鋳造収益をロンドンに送金して，金およびスターリング証券の形態で保有するよう要請した。1898年に，イングランド銀行にイアマークされた金を引当てにインドは紙幣を発行する金準備支援法を発布，恒常化し，金為替本位制を成立させた。この結果，イングランド銀行にイアマークされた金を引当て「貿易金融財政の三位一体的収奪」（渡辺［2004：228-229]）が完成した。

インド省証券

1903年まではインド省証券売却額は本国費とほぼ一致していた。しかし，1904年以降，インド省証券売却額が本国費を大幅に上回ると，インドに流入す

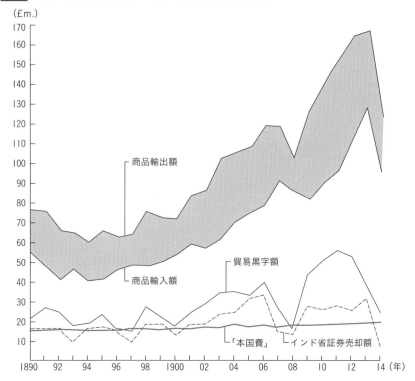

図表 インドの貿易収支とインド省証券売却額の推移

（£m.）

商品輸出額

貿易黒字額

商品輸入額

「本国費」 インド省証券売却額

1890　92　94　96　98　1900　02　04　06　08　10　12　14（年）

（出所）M. L. Tannan and K. T. Shah, *Indian Currency and Banking Problems*, Bombay, 1917, 井上巽『金融と帝国』
　　　（名古屋大学出版会，1995年）66頁。

るはずの金はインドの在ロンドン資産として蓄積された。1910年頃の在ロンド
ン資産は4000万ポンドを超える巨額にのぼり，インド担当大臣の管理下に置か
れ，長期短期のスターリング証券に投下され金で保有される分はイングランド
銀行にイアマークされて同行の金準備の潜在的源泉となった。こうして，20世
紀初頭のインドの**国際多角決済機構**への編入とロンドン金融市場を中心とする
国際金融メカニズムが確立した（渡辺［2004：220-231］；井上［1995：82］；
太田信宏「インドの植民地化：インド史の断絶か，連続か」東III-10：176-
177；神田さやこ「植民地支配下のインド経済：植民地支配は衰退をもたらし
たか」東IV-15：246-247）。

Q56

パクス・アメリカーナはパクス・ブリタニカから何を引き継いだのか？

〈外貨準備〉

図表 インド金本位準備

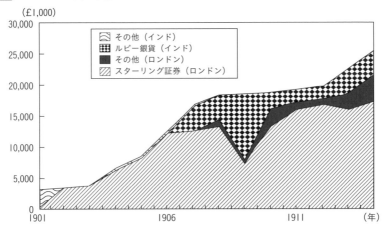

（£1,000）

凡例:
- その他（インド）
- ルピー銀貨（インド）
- その他（ロンドン）
- スターリング証券（ロンドン）

（出所）G. F. Shirras, *Indian Finace and Banking*, London, 1920, 465頁, 木村和男編著『世紀転換期のイギリス帝国』（ミネルヴァ書房，2004年）231頁より作成。

　図表のうち，インドの外貨準備の内最も大きな部分である一番下の斜めの線はロンドンに置かれたスターリング証券を指す。外貨準備のほとんどをロンドンに置いていたということになる。それがインドとイギリスの経済関係の中身であった。このスターリング証券をインド省証券と言うが，インドの輸出入・貿易はほとんどロンドン宛スターリング手形によってロンドンで決済された。インドの大幅な出超（輸出超過）により，インドから振り出されたインド輸出手形が常に過剰になり，そうなればロンドンから金が流出するはずであるが，現実には**本国費**をはじめとするインドからの送金手段に結合され，送金方法としては金ではなくインド省証券の販売によって行われた。インドに対する貿易

158

支払いをはるかに上回る膨大な輸出余剰の形成によってインドに流入するはず
だった金は，インド省証券の無制限売却という人為的なメカニズムによって在
ロンドン資産として蓄積された。これはイギリスが入超（輸入超過）によって
減るはずだった富が形態を変えてロンドンに留め置かれたことを意味する（渡
辺［2004]）。

ケインズ『インドの通貨と金融』

大英帝国にとって，英印経済関係は大英帝国の最も重要な軸であった。ケイ
ンズは，1906年に高等文官試験に合格し，インド省に入省し，1913年に『イン
ドの通貨と金融』という最初の本を出した。ケインズの処女作は英印関係が
テーマであった。彼は，金本位制の自動調節作用に疑問を持ち，金本位制が有
効に働いたのは，ポンドの国際的通貨としての優位性に基づいた国際的金融の
中枢的な役割を演じていたからであると考え，金を節約するためにインドとの
金為替本位制（金為替本位制は，金本位制ないし金地金本位制を保有金が少な
くて採用できないときに金本位制を採用している中心国（米ドル・英ポンドな
ど）の通貨を外貨準備に組み込んで表面的に金本位制を採用している状態を指
す。第二次大戦後からニクソン・ショックまでのブレトン＝ウッズ体制下も，
IMF加盟国が自国の通貨価値を，米ドルの価値を金１オンス＝35ドルという公
式の為替相場の水準で裏打ちし，米ドルを外貨準備に組み込んだという意味で
金為替本位制度といえる）を主張した（神武・萩原［1989：131]；岩本［1999：
37-46]）。

19世紀末のインドとイギリス，20世紀末の日本とアメリカの経済関係，ある
いは金為替本位制と財務省証券本位制には共通性がみられる。19世紀末のイン
ド・イギリス経済関係では，金為替本位制・本国費・在ロンドンインド省証券
といったメカニズムがあった。これと同様に，20世紀後半以降のアメリカは，
アメリカ財務省証券本位制のもと，駐留軍費（日本でいうと「思いやり予算」），
変動相場制をとり，日本の黒字・外貨準備（金）は，**米財務省証券**の形態で
ニューヨーク連銀（米政府は株式を保有せず米欧の株主金融機関（非公開）が
所有するアメリカの「中央銀行にあたる」銀行）の管理下に置かれている。

明治政府はなぜロンドンに預金したのか？

〈在外正貨〉

「安政」プラザ合意～幕末「円ドル」戦争

　1858年，日米修好通商条約で，ハリス総領事は「外国の通貨は同種類の日本貨幣の同量をもって通用し，金銀地銀・貨幣の輸出は自由」，つまり，アメリカのメキシコ・ドル1枚は一分銀3枚（＝1両の4分の3）と交換されることを主張した。天保一分銀は銀含有量が少なかったため，日本国内の金銀比価1：4.64（銀高）で，海外の金銀比価1：15.5（銀安）と乖離があったため，国内にメキシコ・ドル（銀）が持ち込まれると，海外の約3倍の価値をもつことになる。幕府はこれに気づき，金銀比価を国際水準に調整しようとしたがイギリスが反対した。1859年9月に開港すると，外国商人は海外から日本に銀を持ち込み，金に交換し，つまり，金銀比価の内外格差を利用した大規模な金貨投機を行った。そのため，日本から海外に金貨が流出した。1860年2月，幕府は，金の含有量を3分の1にした万延小判を鋳造し（金貨悪鋳），投機は収まったものの，激しいインフレになり，庶民が幕府に反発し，倒幕の一大要因となった（浅井［2007：251-252］；佐藤［2003]）。

在外正貨

　ロンドン金融市場では豊富な資金を安い利率で借りることが可能であり，ロンドン経由による貿易金融のコストが最も低かった。日本も生糸輸出など繊維製品を，ロンドンで決済されるロンドン宛手形で輸出した。イングランド銀行を頂点とするロンドン金融市場は，国際決済資金の膨張と収縮調整する世界経済を統括する役割を果たした。日清戦争の終結をめぐる下関講和条約において中国からの賠償金日本2億3,150万テールを銀建てでなくロンドンにおいて金建てで受け取った。賠償金はほぼ在外正貨としてロンドンに置かれて，これを

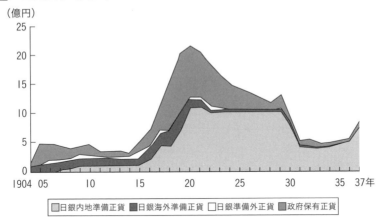

(億円)

（出所）浅井良夫「円の国際史とアジア」上川孝夫・矢後和彦編『国際金融史』（有斐閣，2007年）256頁

基礎に日本は**金本位制**を採用した。「日清戦争の賠償金を元に金本位制を採用した」といっても，その中身である金はロンドンに置かれていた。ロンドンに在外正貨を置くことのメリットとして，それを担保・信用として，**日露戦争**では18億2,600万円の戦費（日清戦争の約7倍，平年の歳出の7倍以上）の大部分を英米で発行できた。そして明治日本の外資依存は日英同盟とその軍事的フレームワークのなかで行われた日清戦争・日露戦争という対外戦争と結びついた。1913年末の**第一次世界大戦**以前においては，404億5,500万ドルのイングランド銀行における正貨保有高の増加分のうち，41.4%を**日本銀行・横浜正金銀行**が占めていた。そしてインドは30%であった。つまり，日本の方がインドよりプレゼンスが大きかったということになる。パクス・ブリタニカと言い，その経済的な中身としては**国際多角決済機構**と国際金本位制が存在し，そのもとでイギリスが対外投資をしていく。それがパクス・ブリタニカの繁栄のメカニズムだったが，そこでは，インドからのインド省証券・**本国費**と並び日本の在外正貨も重要であった。軍事面での**日英同盟**と並んで，経済面でも日本とイギリスは密接な関係にあった。イギリスにとって対日経済関係のメリットとして在外正貨の存在が挙げられる（浅井［2007］；神武・萩原［1989］）。

Q50　パクス・ブリタニカの300年をどう見るか？〈大英帝国〉

① 本文の用語

開国　第一次世界大戦　第二次世界大戦　第二次産業革命　明治維新
国際金本位制　ヴェルサイユ体制　ワシントン体制　大恐慌（1929年）
ニューディール　孤立主義　宥和主義　ナチス体制　高橋財政　ケイ
ンズ　ホワイト　ナチス経済体制　スターリング・ブロック　円ブロッ
ク　ブロック経済化　ブレトン＝ウッズ協定

② 共通テスト

バルカン戦争　バルカン同盟　ニコライ１世　ニコライ２世　ヴィルヘ
ルム１世　三国同盟　オスマン帝国　ティマール制　ミドハト憲法
セーブル条約　スエズ運河　バグダート鉄道　ケープ植民地　労働党
保守党　ウィーン会議　赤シャツ隊　ガリバルディ　青年イタリア
ラテラノ条約　サン・ステファノ条約　サライエヴォ事件　アフリカ横断
政策　ビスマルク　ジョセフ・チェンバレン

③ 私立大学入試

マッツイーニ　ファショダ事件　レオポルド２世　コンゴ　英仏協商
第一次モロッコ事件　英露協商　第二次モロッコ事件　支払猶予令
ディズレーリ

④ 国立大学二次試験（論述）

●19世紀のパクス・ブリタニカの構造について説明しなさい。（東京大学・世界史・2008・第１問，東京大学・世界史・1996・第１問）
●19世紀におけるイギリスの植民地支配について説明しなさい。（東京大学・世界史・2007・第３問）

Q51　世界資本主義の歴史における明治維新の意義はなにか？〈明治維新〉

① 本文の用語

明治維新　国際多角決済機構　金本位制　日清戦争　日露戦争　中村
哲（歴史家）　幕末改革　ペリー来航　開国（1853年）　開港　重商
主義　産業革命　阿片戦争　南京条約（1842年）　安政条約（1858年）
植民地化

② 共通テスト

ペリー　日米和親条約　日米修好通商条約　明治維新　寄生地主制
農地改革

④ 国立大学二次試験（論述）

●世界資本主義における日本開国の意義について説明しなさい。（東京大学・世界史・2008・第1問）
●明治維新から日清戦争にいたる日本と清朝の関係について説明しなさい。（京都大学・日本史・2008・第4問）

Q52　明治維新を実現したのは下級武士か？〈司馬「史観」〉

① 本文の用語

明治維新　戊辰戦争　薩摩藩　西南戦争　服部之総　孝明天皇　徳川家茂　講座派　唯物論研究会　開国　尊王攘夷　薩長同盟　三井家　三野村利三郎　太政官札　由利公正　ブルジョア革命

② 共通テスト

天保の薪水給与令　安政の大獄　桜田門外の変　禁門の変　鳥羽・伏見の戦い　蛤御門の変　西郷隆盛　「無血開城」　大久保利通　長州藩　長州征伐　坂本龍馬　大政奉還　五稜郭の戦い　榎本武揚　王政復古　公武合体　版籍奉還　廃藩置県　秩禄処分　地租改正　地租改正反対一揆　岩倉使節団　安政（の五カ国）条約　領事裁判権　関税自主権　秩禄処分　板垣退助

③ 私立大学入試

プチャーチン　ラクスマン　日露和親条約　レザノフ　大黒屋光太夫　日英通商航海条約　フェートン号事件　モリソン号事件　阿部正弘　堀田正睦　間宮林蔵　異国船打払令

④ 国立大学二次試験（論述）

●明治維新における薩摩藩の動きについて説明しなさい。（京都大学・日本史・2018・第4問）
●明治維新政府の諸政策について説明しなさい。（東京大学・日本史・1997・第4問）
●日清戦争から日露戦争にかけての日本の外交について説明しなさい。（京都大学・日本史・2005・第4問）
●松方財政について説明しなさい。（一橋大学・日本史・2009・第2問，一橋大学・日本史・2016・第3問）

Q53　国際金本位制はどのようなメカニズムだったのか？〈国際金本位制〉

① 本文の用語

ニュートン　ナポレオン戦争　金本位制　イングランド銀行　普仏戦争　ロンドン・シティ

② 共通テスト

プロイセン・フランス戦争（普仏戦争）　プロイセン・オーストリア戦争
ティルジット条約　ナポレオン3世　パリ・コミューン　ビスマルク
チャーチスト運動　ライプツィヒの戦い
③　私立大学入試
ブルボン朝　ファルツ継承戦争

Q54　イギリスは貿易赤字にもかかわらず，なぜ対外投資を継続できたのか？
　　〈国際多角決済機構〉
①　本文の用語
国際金本位制　「世界の工場」　「世界の銀行」

Q55　イギリスはどのようにインドを収奪したのか？〈「王冠の宝石」〉
①　本文の用語
ビクトリア循環　貿易収支　本国費　ボーア戦争　インド省証券　国
際多角決済機構
②　共通テスト
東インド会社（1600年）　ジャワ島　プラッシーの戦い（1757年）　セ
ポイの乱　ムガル帝国　ビクトリア女王　ビクトリア戦争　インド帝国
タバコ・ボイコット運動　カージャール朝（イラン）　スエズ運河　パナ
マ運河　ガンディー　塩の行進　ネルー　ハンザ同盟　南アフリカ戦
争（ボーア戦争）　ライヤットワーリー制
③　私立大学入試
ボーア人　ウィーン会議　ローズ　トランスバール共和国　オレンジ自
由国　周恩来　ネルー　平和五原則　バンドン会議（1955年）　ザ
ミンダーリー制
④　国立大学二次試験（論述）
●19世紀のイギリスのインド植民地支配を説明しなさい。（一橋大学・世界史・
　2005・第3問）
●世界恐慌後のイギリスとインドの経済関係を説明しなさい。（一橋大学・世界
　史・2009・第3問）

Q56　パクス・アメリカーナはパクス・ブリタニカから何を引き継いだのか？
　　〈外貨準備〉
①　本文の用語
インド省証券　本国費　ケインズ　『インドの通貨と金融』（1913年）
本国費　「思いやり予算」　米財務省証券　ニューヨーク連銀

Q57　明治政府はなぜロンドンに預金したのか？〈在外正貨〉

① 本文の用語

日米修好通商条約（1858年）　ハリス総領事　開港　日清戦争　下関講和条約　在外正貨　金本位制　日露戦争　第一次世界大戦　日本銀行　横浜正金銀行　国際多角決済機構　国際金本位制　インド省証券　本国費　日英同盟

② 共通テスト

領事裁判権　関税自主権　日本海海戦　バルティック艦隊　松方財政　松方正義　日清戦争賠償金　貨幣法　二十一カ条要求　袁世凱　金兌換券　義和団事件　寄生地主　文明開化　富国強兵　官営八幡製鉄所　北京議定書（1901年）　江華島事件（1875年）　日朝修好条規

③ 私立大学入試

光緒新政　北洋艦隊　東清鉄道　大院君　壬午軍乱　大連　旅順　膠州湾　威海衛　戊戌の変法　変法運動　林則徐　康有為　曽国藩　李鴻章　寧波　厦門　洋務運動　英露協商　シーメンス事件　斎藤実　日清戦争戦後恐慌　松方デフレ　新貨条例　第一次山東出兵　第一次近衛声明

④ 国立大学二次試験（論述）

●日本が金本位制を採用した理由を説明しなさい。（一橋大学・日本史・2018・第2問）

●八幡製鉄所設立について説明しなさい。（一橋大学・日本史・2004，第2問）

●日露戦争における戦費の調達について説明しなさい。（一橋大学・日本史・2013・第2問）

●日本の産業革命について説明しなさい。（一橋大学・日本史・2002・第2問）

Chapter**8**
アメリカの台頭
（1750-2021）

◉ユートピア・ディストピア⑥

📖 『アメリカ第二次南北戦争』佐藤賢一

◉**本章で扱うテーマ**

●**アメリカの拡大**

『アメリカ第二次南北戦争』　佐藤賢一

　内閣官房室に勤務する森山悟は，ジャーナリストを装い，アメリカ合衆国現地調査に入る。2013年，南西部諸州が「アメリカ連合国」として独立を宣言し，二つのアメリカ国家が相争う「第二次南北戦争」が始まっており，アメリカ合衆国の支配領域は，大西洋沿岸諸州と太平洋沿岸諸州に後退していた。日本政府は，どちらのアメリカが正統か，判断できず躊躇していた。第二次南北戦争はアメリカ社会・軍を分裂させただけでなく，価値・理念をめぐる民主主義と差別主義ないし白人優位主義，連邦主義と州権主義の対立だった。

　森山は，「民主主義を守る」スローガンの下，アメリカ合衆国サイドにたつ世界からの義勇兵部隊に入り込み，スナイパー結城健人，アメリカ人女性ヴェロニカ・ペトリーと出会う。森山らは内乱の原因となった2013年の女性大統領マクギルのテキサス州ダラス遊説での暗殺の真相を探るために，アメリカ連合国の本拠南部で調査をすすめる。南部では，人種差別主義者集団ネオKKKが跋扈していた。

　結城は森山に言う。「アメリカは成功したオウム真理教なのです。アメリカ合衆国というのは，恐ろしく巨大な『カミクイシキ』（かつてオウム真理教施設があった村）なんですよ」。2001年に9・11同時多発テロがあり，ブッシュ・ジュニア政権が，「テロとの戦い」を掲げ，アフガン戦争・イラク戦争を開始し，中東民主化計画を通じて中東イスラム圏にアメリカ民主主義の輸出を試みた時期である2006年にこの近未来SF小説は出版された。中東民主化計画の下ですすんだ「アラブの春」は幻滅に終わり。アメリカ国民の意識は国内問題に回帰した。2016年大統領選挙では，トランプは，失業問題に苦しむ「ラストベルト」地域の雇用確保を訴えるだけでなく，人種主義，メキシコ移民に対する「国境の壁」建設を掲げ，PC（ポリティカル・コレクトネス）をあからさまに嘲笑し，大統領に就任した。

　アメリカの分裂は，2020年大統領選挙でのトランプの敗北にもかかわらずさらに深刻化している。大統領選挙でのトランプの敗北を認めないトランプ

支持者が，連邦議会議事堂へ乱入・襲撃した事件の評価は定まらず，Black Lives Matters問題・アジア系住民の差別というレイシズムは沈静化せず，南北戦争時の南部将軍リー将軍銅像撤去問題という南北戦争に対するアメリカの歴史認識問題は解決しそうにない。

　アメリカの第二次南北戦争は進行・加速中である（下斗米秀之「Q72メキシコ国境の壁は移民問題を解決するのか？トランプ・ウォール」アメリカ [2019]；篠原健一「時代を映す映画⑦『8 Mile』」アメリカ [2019]）。

植民地時代のアメリカはどのような経済だったのか？

〈大西洋三角貿易〉

図表 アメリカの領土拡大

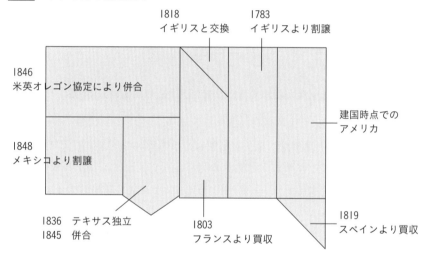

1818
イギリスと交換

1783
イギリスより割譲

1846
米英オレゴン協定により併合

建国時点での
アメリカ

1848
メキシコより割譲

1836　テキサス独立
1845　併合

1803
フランスより買収

1819
スペインより買収

　独立前の北米にはイギリスの13の植民地があり，こことアフリカ，そして西インド諸島との間で三角貿易が営まれていた。アフリカ西岸で奴隷狩りをして，その奴隷を商品として西インド諸島に移送し，現地のタバコ・砂糖のプランテーションで労働をさせた。そしてその奴隷をさらに利用して南部の植民地ではタバコや砂糖のプランテーションを白人の奴隷主が経営した。これらは奴隷主共同体国家としてのアメリカの出発点になる。西インド諸島の砂糖・コーヒー・綿花を生産するプランターの巨富がイギリス本国で蓄積される。そういった経済メカニズムが形成された。そして北部は，イギリスにとって主要輸出商品（ステイプル）をもたない「無用な植民地」であり，本国と競合する

「危険な強い植民地」であったのに対して，南部は，綿花・タバコ・藍・米を生産する植民地であり，イギリスとアメリカ南部との結びつきは強かった（秋田［2012：48］）。

　植民地時代の北米13植民地は，経済的には，北部と南部の二重経済的特徴を有していた。北部の各植民地は，それぞれ自給自足の経済構造を持っており，かつ各地域間の陸上輸送が困難であった。それに対して海上輸送は比較的容易であったため，海港があるボストン・プロビデンス・フィラデルフィアなどの海港が発展した。北部では，多くの商品を取り扱うゼネラル・マーチャントが成長した。ゼネラル・マーチャントはアメリカ東部の開港から雑貨をアフリカ西南岸に運び，そこから奴隷を西インド諸島に輸送し，砂糖などの西インド諸島特産品をアメリカ東部の海岸に運んだ。アメリカ北部沿岸部は貿易と，アメリカにとって日本を開国させる動機となった捕鯨が盛んになった。しかし，内陸部は自給自足に留まっていた。

　それに対して，南部は特にイギリスを中心に輸出特産物（ステイプル）生産のためのプランテーション型植民地として発展した。主要なステイプルはタバコと綿花であった。綿花については，1780年代には量産に適した大陸内陸綿が栽培されるようになったが，綿花の量産量販には綿花栽培の労働集約的性格が制約になっていた。南部では，アフリカ人奴隷を使って生産した綿花・タバコのプランテーションを通じてイギリスに輸出する輸出経済が発達したのに対し，北部は自給自足が基本であった。この仕組みのなかで，イギリスにおいて重商主義から自由貿易主義に転換する契機となったのが，19世紀初めの産業革命のプロセスであった。イギリスの（第一次）産業革命の主要産業は綿業であった。そのため，綿業の原料である綿花に対する需要が増加した（和田［2019：69-72］；坂出「Q04なぜイギリスから独立したのか？アメリカ革命」アメリカ［2019］）。

ボストン人はなぜ茶を港に投げ入れたのか？

〈アメリカ独立戦争〉

　インドが「王冠の宝石」と呼ばれたように，19世紀のイギリスにとってインドは帝国経済の中心であった。ただし，インドを中心としたイギリス帝国は第二帝国と位置付けられる。その前提となるイギリス第一帝国は，北米植民地が基盤であった。18世紀に第二次英仏百年戦争とも呼ばれる，イギリスとフランスの二つの重商主義帝国同士の植民地戦争が繰り広げられた。英仏植民地戦争は，最終的に，1756年から1763年の七年戦争にイギリスが勝利したことでイギリスの勝利に終わる。しかし，その結果，1億3,000万ポンドの巨額の負債と新たに1万人の植民地駐屯軍の必要性が生まれた。イギリスは負担を北米植民地に転化し，植民地に様々な課税をすることになる。1765年，新聞や切手など様々な紙の印刷にかかる印紙税を新規に課税した。

　独立戦争の経済的要因としては以下が挙げられる。第一に，北部植民地においては貿易・商業資本が発達していたことである。イギリスは，1733年砂糖条例を成立させ，北部商人に対する貿易活動に規制を加え，これに北部商人は反発した。第二に，貨幣金融問題である。全体として，アメリカ植民地からイギリスに正貨が流出し，アメリカ植民地は貨幣不足に陥った。貨幣不足解消の方法として，植民地政府は，政府紙幣および土地銀行券を発行した。貨幣の過剰発行はインフレを招いた。このインフレは，債権者であるイギリス本国商人の利害を損なうため，本国は植民地政府による紙幣発行を抑制した。貨幣発行の抑制は，植民地商人，南部プランターのイギリス本国に対する不満をかきたてた（坂出「Q04なぜイギリスから独立したのか？アメリカ革命」アメリカ[2019]）。

　1773年に東インド会社が北米植民地での茶の独占販売権を得たのに対してボストンの市民が蜂起し，「ボストン湾を巨大なティー・ポッドにする」として，

茶をボストン湾に投げ込むというボストン茶会事件が起きた。これは，自分たちはイギリスの紅茶文化に対して独立する気概を持つ新たに生まれたアメリカ人であり，そのようにイギリスの文化の否定という象徴的な意味合いもあった。1775年に**第二回大陸会議**が開催され，この会議が事実上アメリカ中央政府になり，1776年に独立宣言がされた。その結果，アメリカは独立し第一次イギリス帝国が終焉する。アメリカを中心とする北米植民地を中心とする第一次帝国からそのアメリカ独立後，インド中心とする第二次帝国に転換していく。イギリス本国の経済政策も，重商主義政策から自由貿易に転換していく。イギリスから見るとアメリカの独立は非常に大きなインパクトがあった。経済学者アダム・スミスが『国富論』を公刊したのはちょうどアメリカが独立した頃であった。スミスの立論によれば，イギリスのアメリカに対する重商主義政策は結局，幻想の帝国にすぎず，自由貿易に転換することが重要だと説いた。

　独立戦争後，北部ではニューイングランドで綿工業が発達し，初代大統領ワシントンは経済的自立と国防力強化のための工業推奨策を唱え，1790年財務長官ハミルトンに工業政策提案を要請した。ハミルトンは，1791年，「製造業に関する報告書」を議会に提出した。この報告書は，モノカルチャー経済ではなく均衡のとれた産業構造を持つ国民経済建設のための製造業奨励が必要だと結論付け，アダム・スミス流の自由貿易主義を批判した。イギリス本国は**重商主義**から**自由貿易**に転換するなかで，アメリカ自身は重商主義的な産業保護を求めた（和田［2019：92-114］；坂出「Q04なぜイギリスから独立したのか？アメリカ革命」アメリカ［2019］；松尾文夫「Q07アメリカの建国理念は何か？建国理念」アメリカ［2019］；鰐淵秀一「アメリカ革命」西III-29：182-183）。

綿繰り機の発明はなぜアメリカ奴隷制度を拡大したのか？
〈綿花プランテーション〉

コットン・ジンと綿摘み労働

　重商主義から綿業を中心とする産業革命を経て自由貿易体制にイギリスが転換していくプロセスのなかで，綿業の原料である綿花に対する需要が増えた。綿糸を作るには，畑から綿花を摘んで，それを綿と種子に分離するという作業が必要であるが，そのために膨大な労働力が必要だった。綿と種子に分離する後者の工程についてはホイットニーが1793年に発明したコットン・ジン（綿繰り機）が解決した。他方，後者の生産性の増大にもかかわらず，綿花を摘む作業そのものは依然として人がしなければならなかったため，アフリカ人奴隷がより多く必要とされた。ホイットニーの発明によって，むしろ奴隷制度は拡大された。

　19世紀前半にはイギリス産業革命によって原綿需要が急速に拡大した。一方，アフリカ人奴隷は1800年の90万人から1860年の約400万人へと増大した。南部では富裕な商人が土地の集積を開始し，大土地所有が発展した。ヨーロッパ向けの奢侈品・タバコ需要に依存する南部経済（南部奴隷制）と産業革命後のイギリス資本主義の結びつきが強化された。南部の綿花生産が飛躍的に増大し，当時進行していたイギリス綿業の産業革命に原料を供給した。他方，イギリスから南部植民地に工業製品が輸出された。つまり南部経済がプランテーション型植民地としてイギリス資本主義に組み込まれようとしていた。

ジャクソニアン・デモクラシーから南北戦争へ

　1820～40年代には，ジャクソン大統領を旗手とするジャクソニアン・デモクラシーが活性化した。この時期には，男子普通選挙権が多くの州で認められていき，選挙権の拡大によって，大衆を政治的に動員するタイプの政治家が活躍

するようになった。この時期の階級関係は，当時の富の象徴であった東部金融貴族（東部の大銀行や大商人など）に対する西部農民と都市民衆の団結の対抗関係であった。この対立は，「債権者」に対する「債務者」の対抗でもあった。低利の信用を得にくい地域であった南部のプランターたちも，債務者として西部農民と同じ立場に立っていた。他方，この運動は，非白人のアフリカ系奴隷・ネイティブアメリカンの人権に対してはクールであった。

しかし，北部の工業化の急速な発展と，エリー運河開通後の東西地域間の通商拡大，南西部への南部・北部両地域からの農民の入植拡大は，西部農民と南部のプランターの同盟関係を堀り崩した。西部が食料の市場向け生産を拡大するほど，その輸出先は南部から工業化が進展する北部に向けられるようになり，南部プランターにとっては，奴隷制農業システムによる農業に対して，西部の自由労働・家族労働に基づく農業がライバルとなってきたのである。

19世紀前半の経済成長のもとに形成されてきた西部農民と北部資本家の新たな利害関係は，1854年の共和党の結成 ——西部農民の土地要求に対する産業資本の支持と北部産業資本の保護関税要求に対する西部農民の同意—— は，両者が南部奴隷制廃止の一点で結合したものである。（加藤一誠「Q05 中西部アメリカを変えたのはエリー運河か？」アメリカ［2019］，坂出「Q06 南北戦争はなぜ起こったか？」アメリカ［2019］）。

南北戦争で奴隷は「解放」されたのか？

〈南北戦争〉

シェア・クロッパー制度（分益小作制）

　南北戦争は北部の勝利に終わり，奴隷解放が宣言された。南部では約400万人のアフリカ人奴隷が政治的自由を与えられ，プランターは奴隷労働力という最大の資産を失った。しかし，アフリカ人解放奴隷は経済的には不安定であった。アフリカ人奴隷は生産手段も生活手段もなく文字通り無一文で解放された。そのため解放されたアフリカ系住民の大半は元のプランテーションに戻らざるをえなかった。南北戦争後の南部再建問題の中核は解放されたアフリカ人住民をいかにして労働させるかにかかっていた。ここで経済面と政治・法の両方の側面でそれぞれ重要な制度がある。

　経済面では，シェア・クロッパー制度である。奴隷解放直後は，アフリカ系住民を年雇用契約による賃金労働者として働かせプランテーション経営を再建する賃労働制が試みられた。しかし，アフリカ人住民，解放された奴隷は賃金未払いなど，従来の奴隷労働と変わらぬ実態に反発したため，分益小作制（シェア・クロッパー制度）が普及していった。この制度は地主から土地・農具・種子・肥料の生産手段を借り，クロッパーと呼ばれる小作人が，綿花の商品作物を家族労働で生産し，収穫期に地主と小作人で収穫を折半（シェア）する仕組みであった。この制度のもと，高率の現物地代，地主への生産手段の依存など南部におけるプランテーション的大土地所有の実態は変わらなかった。解放後も旧奴隷は経済的に，シェア・クロッパー制の下，白人地主に従属する小作農に転換した。これは一種の農奴制であった。

ジム・クロウ法から公民権法へ

　そしてその農奴としての解放アフリカ系奴隷を法的に規制するものとしてジ

ム・クロウ法が制定された。北部においては，アフリカ系住民が労働者に転化
していったが，南部諸州においては，アフリカ系住民を人種的に差別した法案
（総称としてジム・クロウ法）が次々と制定された。

　南北戦争において奴隷解放宣言がなされた後も南部においては，経済的には
シェア・クロッパー制，法的にはジム・クロウ法によって，シリアスな奴隷的
状態がアフリカ系住民にとっては継続した。南部は北部に戦争で敗北したが，
南部再建が挫折するなかで，北部は南部支配者と徐々に妥協していくプロセス
があった。

　南部ではジム・クロウ法により，学校・病院・バスなどの公的サービス，交
際・結婚などの人権や投票のような政治的権利についてアフリカ系住民は差別
が継続した。これらの法律は現代になって，リンドン・ジョンソン大統領が公
民権法を制定するまで継続した。こうした意味において南北戦争・南部の歴史
認識問題（リー将軍の銅像撤去問題など），近年の黒人の差別，Black Lives
Matterの問題，またアジア人差別などの南部のシンボル・ポリティクスにおい
ても今日も残存していることになる。

　北部と南部の対立の中心的問題であった南部の奴隷制の問題は未解決のまま
に持ち越され，北部の工業的発展，南部における社会システムの強固さと堅固
さ，西漸運動による西部の外縁的発展というアメリカ経済の19世紀後半以降の
展開のなかで，諸問題のなかでも中核的問題として持ち込まれることになる
（坂出「Q06南北戦争はなぜ起こったか？南北戦争」アメリカ［2019］；「Q38公
民権法の成立はアメリカをどう変えたか？公民権法」アメリカ［2019］；田中
きく代「南北戦争」西IV-19：222-223）。

Q58　植民地時代のアメリカはどのような経済だったのか？〈大西洋三角貿易〉
① 本文の用語
13植民地　　西インド諸島　　三角貿易　　奴隷狩り　　タバコ　　砂糖
プランテーション　　ステイプル　　アフリカ人奴隷
② 共通テスト
七年戦争　　パリ条約　　フレンチ・インディアン戦争　　バージニア
ニューイングランド　　ニューヨーク　　フロリダ　　プランテーション　　ピ
ルグリム・ファーザーズ　　ピルグリム・ファーザーズ　　ケベック植民地
③ 私立大学入試
メイフラワー号　　ウィリアム王戦争　　ファルツ戦争　　ライスワイク条約
（1697年）　　アン女王戦争　　ジョージ王戦争　　オーストリア継承戦争
アーヘンの和約（1748年）　　フレンチ・インディアン戦争　　パリ条約（1763
年）
④ 国立大学二次試験（論述）
●18世紀のイギリスとフランスの間の植民地戦争について説明しなさい。（東京
　大学・世界史・1992・第2問, 京都大学・世界史・2005・第3問, 一橋大学・
　世界史・2009・第2問）

Q59　ボストン人はなぜ茶を港に投げ入れたのか？〈アメリカ独立戦争〉
① 本文の用語
「王冠の宝石」　　七年戦争　　印紙税　　独立戦争　　砂糖条例　　東インド会
社　　ボストン茶会事件　　第二回大陸会議　　アダム・スミス　　『国富論』
ハミルトン　　重商主義　　自由貿易
② 共通テスト
植民地議会　　「代表なくして課税なし」　　茶法　　アメリカ独立戦争　　独立
宣言　　ヨークタウンの戦い　　パリ条約　　アメリカ合衆国　　ワシントン
カルロビッツ条約　　フィラデルフィア　　ユトレヒト条約　　スペイン継承戦
争　　アン女王戦争　　アカディア　　ニューファンドランド　　トマス・ジェ
ファーソン　　トマス・ペイン　　『コモン・センス』
③ 私立大学入試
第1回大陸会議　　フィラデルフィア　　憲法制定会議　　ハミルトン
④ 国立大学二次試験（論述）
●アメリカ独立戦争のプロセスについて説明しなさい。（京都大学・世界史・
　2004・第4問）

Q60　綿繰り機の発明はなぜアメリカ奴隷制度を拡大したのか？〈綿花プランテーション〉

①　本文の用語

重商主義　　綿業　　産業革命　　自由貿易　　ホイットニー　　コットン・ジン　　産業革命　　プランテーション　　ジャクソン大統領　　ジャクソニアン・デモクラシー　　エリー運河

Q61　南北戦争で奴隷は「解放」されたのか？〈南北戦争〉

①　本文の用語

南北戦争　　奴隷解放宣言　　アフリカ人奴隷　　南部再建問題　　シェア・クロッパー制度　　農奴制　　ジム・クロウ法　　リンドン・ジョンソン大統領　　公民権法　　ブラック・ライブズ・マター（BLM）　　西漸運動

②　共通テスト

テキサス併合（1845年）　　グアム　　アメリカ・メキシコ戦争　　マニュフェスト・デスティニー　　フロンティア　　奴隷州　　自由州　　共和党　　リンカン　　アメリカ連合国　　ホームステッド法　　アメリカ・スペイン戦争　　アギナルド　　セオドア・ルーズヴェルト大統領　　棍棒外交　　ミシシッピ以東のルイジアナ　　門戸開放　　ジョン・ヘイ　　モンロー宣言　　カリフォルニア　　ゴールド・ラッシュ　　アラスカ購入

③　私立大学入試

ブラック・ライブズ・マター（BLM）　　大陸横断鉄道　　アメリカ連合国　　カンザス・ネブラスカ法　　フロリダ購入　　ルイジアナ購入

④　国立大学二次試験（論述）

●南北戦争の原因を説明しなさい。（一橋大学・世界史・2003・第2問）

●マニュフェスト・デスティニーについて説明しなさい。（京都大学・世界史・2007・第4問）

●米西戦争の原因について説明しなさい。（一橋大学・世界史・2008・第2問）

Chapter **9**
イギリス革命と産業革命
（15世紀～1850）

◉ユートピア・ディストピア⑦

📖 『パラダイス・ロスト』ミルトン

◉本章で扱うテーマ

●テイクオフ（離陸）

●農業のブルジョア的進化

●イギリス革命

●イギリス産業革命

📖 『パラダイス・ロスト』 ミルトン

　神につくられた最初の人間であるアダムとイブは，緑あふれ花咲きほこる豊饒な楽園に暮らしている。そんな二人を，妬心をもって窃視しているものがいた。ヤハウェの偉大さを知りつつも，ヤハウェへの服従よりも戦うことを選ぶも，一敗地にまみれた叛逆者・堕天使ルシファー，またの名をサタンであった。

　「Better to reign in Hell, than to serve in Heaven.（天国で膝まずいているより，地獄を支配するほうがマシさ）」とルシファーは囁き，アダムとイブに対する奸計を謀らむ。イブを誘惑し，禁断の木の実・林檎を食べさせたのだ。禁断の木の実には，人間が手にしてはならない「智慧」が宿っていた。イブが林檎を食べてしまったことを知ったアダムは，苦悩の末，自らも林檎を口にする。

　神は，アダムとイブが禁断の林檎を食べたことを知り，彼らを楽園から追放する。罪を知らず，死を知らず，智慧を知らなかった，アダムとイブは，罪を負い，死を怖れるが，代わりに智慧を得る。二人は，人間の罪を自覚しつつ，楽園からランナウェイ。

　　自らにも湧き落つる涙を，やがで拭ひ去る。
　　すべての世界，行く手にぞありける，其処に
　　安住の所を彼ら選ぶべく，摂理導きたまふなり
　　彼ら，手に手を取りかはし，さすらふ足も徐ろに，
　　エデンの郷を踏みわけて，寂しき道を辿りける。（島村盛助訳）

　ミルトンは，彼のピューリタン信仰に基づき，チャールズ１世のイギリス国教会強要に反発した。ピューリタン革命では，共和派（議会派）として，クロムウェルの秘書官を務め，国王チャールズ１世と絶対君主側と戦った。そして，ミルトンは，革命軍のチャールズ１世処刑に対しても強く支持するパンフレットを執筆し，国王処刑反対派を批判した。さらに，権力を掌握し

た護国卿クロムウェルが独裁政治を展開するにつれて，ミルトンはクロム
ウェルへも批判の矛先を向けた。

　彼は，王政復古後は「国王殺し」として捕縛され，獄中生活を送る。革命
挫折と反革命の失意のなか，ミルトンは失明する。盲目のミルトンは，旧約
聖書『創世記』を『パラダイス・ロスト』に，近代的個人の自我と自立の物
語に大胆に改作した。神の命令を破り，楽園から追放されたというネガティ
ブなストーリーを，荒野に立ち向かうポジティブなストーリーに改変・創作
した（坂本清音他［1991］）。

経済成長は国によってなぜ違うのか？

〈経済成長〉

なぜ豊かな国と貧しい国があるのか？

世界にはなぜ豊かな国と貧しい国があるのか？　まず地理的な要因が思い浮かぶ。ロンドンやニューヨークなどほどほどに寒冷な地域において経済が発展するというテーゼがある。気候が温暖で，食物が豊富だと人々が怠惰になってしまうということが考えられる。二つ目は文化仮説で，ウェーバーの所説にみられるように，プロテスタンティズムのような勤勉・節約を旨とする宗派において資本主義が発達した。逆にスペイン・ポルトガルなどカトリック諸国においては，一時的に経済が隆盛を極めたが，浪費によって没落してしまった。個人レベルでも，富ができたら，それを人々でシェアしてしまうのが美徳であったため，資本蓄積が進まなかったという考え方である。しかしこれらの地理仮説・文化仮説では，1945年に第二次世界大戦が終わるまで，ほぼ同じ地理的な条件，文化を持っていた北朝鮮と韓国が現在に至ってこれほど，経済パフォーマンスの違いが出るのは説明できない。北朝鮮は伝え聞くところでは非常に貧しい状態に国民が置かれているのに対して，韓国では高い経済水準を誇っているというこの差がなぜ生まれたのか。たとえば地理仮説においても38度線以北と以南で分かれているが，世界全体のなかで見た場合ではほぼ同じロケーションであり，文化仮説で言っても朝鮮文化として同じ文化を共有している。それが数十年経った後にこれほど違いが出たのはなぜか。

包摂的経済制度と収奪的経済制度

アセモグルの説明は制度仮説と呼ばれる。一方において，韓国のような資本主義経済は，私有財産と契約が法秩序によって保護された包摂的経済制度の社会であった。包摂的経済制度に対して，北朝鮮では収奪的経済制度で私有財産

が否定され，そして法秩序・契約というものが有効に働かないという違いがある。収奪的経済制度では，私有財産制度・法秩序・契約が成立しておらず，たとえば経済活動をするのに政府・諸団体から賄賂を要求されたり，参入障壁があると起業家活動が活性化しなくなった。これが収奪的経済制度の北朝鮮と包摂的経済制度の韓国との間に経済成長の格差が生まれた要因である。

イギリス革命と収奪的経済制度から包摂的経済制度への移行

イギリス革命（ピューリタン革命と名誉革命）の前のイギリスも収奪的経済制度の状態だった。そこから徐々に企業家あるいは土地経済利害など，王権が握っていた様々な専売・ライセンスの権利を撤廃し，それから賄賂などといったものを排除していくプロセスによって，包摂的経済制度へ移行していった。ここにイギリス革命の意義が見いだせる。イギリス産業革命は，イギリス革命によって成立した包摂的経済制度を条件として起こった。イギリス革命が起こらず，社会が包摂的経済制度にならなければ，産業革命は起こらなかったであろう。なぜなら，産業革命の特徴は，利潤を追求する実業家たちが新しい技術を開発し，それらを設備として採用したからである。財産権・発達した市場制度が存在したことにより，織物をはじめとする工業部門の品質改善と費用削減を実現した実業家たちは市場を開拓し，富を得ることができたのだ（アセモグル・レイブソン・リスト［2019：259-279]）。

マルサス・サイクルとは何か？

〈人口〉

図表 出生－死亡率

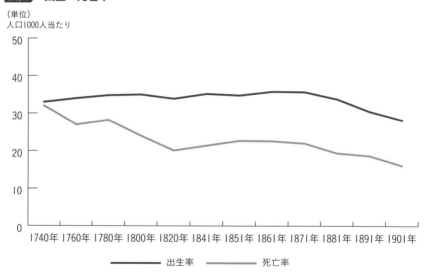

（出所）David Taylor, *Mastering Economic and Social History* （Palgrave Macmillan, 1988) p. 2

マルサス・サイクル

　マルサスが『人口論』を出版した1798年は，ちょうど産業革命前後の分水嶺の時期であった。マルサスの人口論について，食料は等差級数的にしか増えないけども人口は等比級数的に増えるという理解もあるが，「マルサス・サイクル」のメカニズムを子細に見ると次のようになる。出生率（大人一人当たりの子供の数）は人が常に生存水準に近くなるように調整される。もし人口が増加した場合は，一人当たり所得を生存水準まで押し下げる圧力が人口に加わる。それによって一人当たり所得の水準が下落する結果，飢餓，戦争を通じて人口

減少が起こり，また人口減少は一人当たり所得を増加させ，人口増加が起こるというサイクルである。つまり，このプロセスのなかでは，総所得の成長が1人当たり所得の増加に結び付かない。アセモグルによると，この「マルサス・サイクル」は新石器時代から1800年まで続いた。この過程では，持続的成長は，たとえば突発的に古代ローマであったり，ギリシャであったり，あるいはイタリアのように経済成長の時代はあるが，それらは持続的成長に結びつかなかった。このように「マルサス・サイクル」においては，技術の不足とその総所得の成長というものは成長が1人当たりの所得の増加に結びつかなかった（アセモグル・レイブソン・リスト［2019：242-243]）。

　では，その技術の不足はどう克服されていったのか。これは単に技術だけを見ていくとすると，一方においてはアジア・中国イスラム圏においても様々な技術があり，むしろ西ヨーロッパよりも優れたものがたくさんあった。それがどうして，西ヨーロッパで起こったような経済成長に結び付かなかったのかという点が問題として挙げられる。

イギリス革命と産業革命

　本チャプターではこの問題を，15世紀から1850年にかけて，イギリス革命（ピューリタン革命と名誉革命），なかでも名誉革命がどういう意味で転換点であったのか，そして，ジェントルマン資本主義がどのように成立したかを検証するなかで考える。ジェントルマン資本主義とは，ケイン・ホプキンズが提唱したジェントルマンという郷紳層，この後見るように土地貴族と金融界が結び付いた勢力としての金融土地利害としてのジェントルマンがイギリス帝国の原動力だったとみる説である（ケイン・ホプキンズ［1997]）。

イギリス封建制農業はどのようなシステムだったのか？

〈三圃農法〉

図表 三圃農法

| | 1年目 | 2年目 | 3年目 |

（出所）David Taylor, *Mastering Economic and Social History*（Macmillan, 1988）p.22より

開放耕地制度と三圃農法

　イギリスでは12世紀頃までに，三圃農法と開放耕地制度が普及して行った。三圃農法とは，三年に一度耕地を休ませる農法で，連作により地力が衰え，収穫逓減するために休耕の必要があったがところ，この休耕を二圃制より耕地効率が高く実現した。三圃農法は，地域によりばらつきはあるが，中部諸州では12世紀までに支配的となった。

　三圃農法は，開放耕地制度を前提としていた。開放耕地制度は，家屋・宅地，開放耕地または共同耕地，共同牧草地，共同放牧地，共同荒地からなる。農具としては，ゲルマン犂（8頭の役畜でひく有輪犂^{ゆうりんすき}）を使い，各農家の保有するそれぞれの耕地は耕地・耕区に分散し，保有者を異にする帯地間に垣がなかったので，一般に開放耕地と呼ばれている。各人の帯地が三つの耕地に平等に配分されているために，各農地の農業経営は完全に三圃農法に従わなければならなかった。これらの耕地は，作付期間中は各農家が自立して耕作したが，収穫後から播種までの，そして休閑中の耕地には放牧入会権が支配して，各農家は保有耕地面積に比例して自分の家畜を放牧することができた（堀江［1971：

26-29]）。

封建的土地所有における領主と農奴

　封建的土地所有は，領主と農奴という二階級を前提として，剰余労働の取得者である領主は名目上の土地所有者であるのに対して，直接生産者である農民は，土地に対する事実上の土地所有者である。前者をいわゆる「上級所有権」の所有者，後者を「下級所有権」の所有者，または「土地保有者」と呼ぶ。一つの不動産について上級・下級の幾重もの所有権が重なり合う。直接的生産者である中世の農民は，労働諸条件から分離された近代の自由な賃労働者，あるいは，生産用具の一部とされた古代の奴隷と異なって，労働諸条件の，とくに土地と不可分に結合し，その限りでは自己の労働力を商品として売る必要もなければ，自己の全労働生産物に対する一応の取得者でもありえた。したがって，名目上の土地所有者である領主が，このような直接生産者である農民から全剰余労働を封建地代として取得するためには，先に述べた近代的土地所有者のように，商品生産の法則，すなわち経済的強制ではなく，経済外的な直接の強制力を必要とした（松田［1982：40-41]）。

イギリス農業はどう変化したのか？

〈マニュファクチュア〉

封建危機

　14・15世紀における全ヨーロッパにおける封建的危機は，農業生産の縮小・耕地の放棄・地代水準の低下による封建領主の収入減少を招いた。こうした封建危機のもとで，農民一揆が多発した。1358年，フランスでジャックリーの乱，1381年，イギリスでワット・タイラーの乱が起こった（加藤玄「14世紀の危機」西II-25：116-117）。封建的危機の打開策の模索のなかで，農民は自身の要求として封建地代の貨幣地代への転換が図った。さらに，政治的・社会的要因として，ペストと戦乱（**百年戦争・薔薇戦争**）が農民を苦しめた。経済的要因としては，荘園制の崩壊により領主収入の減少・地代水準の低下が進行した。その一方，現物地代の貨幣地代への転換は，それまでの労働地代＝賦役と異なって，貨幣価値が継続的に減少したため，農民の実質負担を著しく軽減し，逆に領主収入を減少させた（松田［1982：76]）。

マニュファクチュア

　イギリスにおける**毛織物工業**の発展は，産業革命の前提となった。12世紀，イングランド毛織物工業が発展し（東南部の都市の毛織物），羊毛・染料などの原材料を必要とするようになり，13世紀後半から，フランダース（ベルギー）毛織物工業は衰退していった。そこでは，都市内部における商人対職人の対立とイングランドからの羊毛輸入の不安定化が進行した。また，英仏関係が悪化し，イギリスは経済的手段として1269年以後フランダースへの羊毛輸出をしばしば停止した。そのため，羊毛の価格が騰貴し，イギリス国王は，財政政策として羊毛に課税し，そのため，市場が狭隘化し，イギリス・イタリアの毛織物工業が成長した（第一次囲い込み運動）。

第一次囲い込み

　第一次囲い込みには，農民的囲い込みと領主的囲い込みがあった。農民的囲い込みは，数枚の帯地を交換分合とか買い取りによって一枚の耕地に統合して，それを生け垣とか石垣で囲ったもので，開放耕地制度と村落共同体を破壊・領主の土地保有を廃棄するものではなかった。これに対して，領主的囲い込みは，牧羊需要の増加に対応するものだった。開放耕地制度においては，夏期に，入会地で放牧，冬期に，舎飼をするため，大規模牧羊業は不可能であった。そこで，領主は，直営地を構成する帯地を1カ所に集めるばかりでなく，農民が上土権をもつ隷農地，農民が入会権をもつ入会地を収奪して，それらを囲い込んで牧羊地にした。領主的囲い込みは，開放耕地制度を破壊したばかりではなく，さらに領主みずから領主的土地保有を破壊してそれを今日の地主的土地保有いわば「近代化」し，領主の底土権は農民の上土権を吸収して，領主はその土地を自由に処分して利用できることになった。領主は，直営地を構成する帯地を1カ所に集めるばかりでなく，農民が上土権をもつ隷農地，農民が入会権をもつ入会地を収奪して，それらを囲い込んで牧羊地にした。この囲い込みは絶対王政の反対を押し切って強行された（堀江［1971：73-76, 122]）。

イギリスは封建制から資本主義へなぜ移行できたのか？

〈農業革命〉

「17世紀の危機」とは何か？

ヨーロッパは，三十年戦争（1618-48年）にみられるように，17世紀に政治的・経済的危機を迎える。気候変動等も大きな影響を与えるが，財産危機をめぐる王権と市民の闘争があった。イギリスの場合は，まずピューリタン革命で，封建時代の軍事的階級が非軍事的な資本主義的地主貴族に転じた。彼らと，ピューリタン革命後のスチュアート朝の反動政策との利害対立の結果，**名誉革命体制**が登場し，資本主義的地主が支配する議会が中央集権的国家権力の中枢を握ることになった。

ノーフォーク農法

ノーフォーク農法は，タウンゼントが導入した農法である。作物としては蕪（根菜）が加わって開放耕地制度の牧草には必要でなくなっていた耕地が増加し，ノーフォーク型輪作農法の方が広々とした大農場でだけ採用できる近代的農法であり，この農法を採用するためには，大農場を創造しなければならなかった。その前の細切れに存在していた農地から大農場が作られていくということになる。そのために囲い込みが必要だった。開放耕地制度の牧草地が必要でなくなって耕地に編入されて，耕地の割合が増加した。三角測量に基づく正確な測量が実用化され，中世の封建社会の村落共同体に固有の複雑な土地に対する諸権利を査定して，農地の再配分を行い，その過程で小土地所有者の大土地所有者に対する劣位が明らかになり，富裕化する農民も，没落する農民もともに，土地を地主に売却し，これを受けた地主は土地改良を加えた大農場に改造し，農業資本家に貸与し，大農業経営の優位から生じる超過利潤を地代として受け取ることが可能となった（堀江［1971：120-22］；松田［1982：40]）。

農業革命

　農業革命は，1750年から1850年にかけて徐々に起こった。18世紀の農業改良家 ──ジェスロ・タル，アーサー・ヤング，クック，ベイクウェル── によると，18世紀後半にノーフォーク農法が普及し，地代は9倍化した。それは，1550-1750年，1650-1750年，1750-1880年という連続的なプロセスで，開放耕地の囲い込みと新農業技術・機械の適用を二つの内容としていた。農地の畔のように，たとえばこの一人の農家の人が，特定の畔だけ耕してあとは領主の農地を耕すという仕組みであったが，大土地の広いところを前提にした経営ができなかった。それをどのようにしていくか。ここで**第二次囲い込み**がでてくる。この時期に農業革命が起こった理由として，人口増加による農産物への需要増大，ナポレオン戦争（1793-1815））による農産物価格上昇が挙げられる。

第二次囲い込み

　第二次囲い込みの社会経済的影響として，大地主には明白な利益があった。小地主については論争点となっている（生活水準論争）。ハモンド説によれば，小地主は没落し，都市に移住したとされる。その結果は，三分割制（近代地主（「近代的土地所有」）と資本主義的借地農業者（農業資本家）および農業プロレタリア（農業賃労働者）から構成される）と近代的土地所有の成立とされる。小作農による資本主義的大農経営が始まり，上昇した富農層は，自己の所有にかかる農地を売却した。土地代金として受領した資金を経営資本として，種子，家畜，農業機械を購入し，地主より大規模な農場を借り入れ，農地を失って没落したかつての同輩を農業労働者として雇用し，農業生産を行わせた（堀江[1971：120-125]；松田編[1982：39]；テシィケ[2008：337-338]）。

Q67

イギリス農業はどのように資本主義化したか？

〈三分割制〉

図表 囲込みの推移（1700〜1810年）

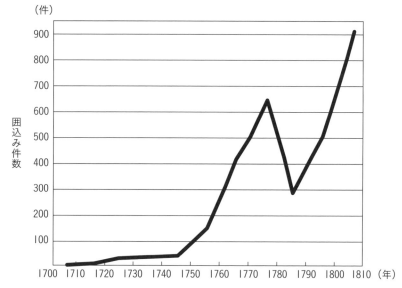

（出所）角山栄編著『新版西洋経済史』（学文社，1980年）75頁

三分割制

　第二次囲い込みにより，三分割制が確立し，所有と経営が分離した。資本家的小作農は地主から競争地代で期間を決めて農場を借り，道具・種・肥料などとともに農業労働者を調達して，この農場を経営するというように地代と農業利潤の分離が進行した（堀江［1971：124]）。そして三分割制の成立，第二次囲い込みの経済的影響として大地主には明白な利益があった。その結果，三分割制 ——近代的地主・農業資本家・農業労働者—— の三つの基本階級が成立

する。

　中世においては，一つの土地に対して，そこを直接耕している農民・農奴と，中間領主，それから上級地主が重層的に存在した。イギリスの場合，第一次・第二次囲い込みで，農民が土地から追い出される形で，近代的地主が登場する。近代的地主は地代を収入にする。それに加え，資本主義的借地農（農業資本家）および農業労働者，この三つの階級がどのように成立したのかということがポイントになる。もともと重層的な土地，習慣があったところでの囲い込み運動と，それを正当化し法的に保証するイギリス議会の権力がどのように成立したか。また，地代を収入とする近代的地主，そして利潤を収入とするような**資本主義的借地農（農業資本家）**，労賃を得る**農業賃労働者**という三分割制が成立したのが，イギリスの農業革命であった。こうした地主と資本家，そして農業労働者との関係の変化において，産業革命以前にそうした変化がイギリス革命 ——名誉革命を基準にしていうと1688年になるが—— とともに起こったということで着目されるべきは，農業革命という農業の資本主義化ということになる（佐々木博光「資本主義論」西III-7：138-139）。

前近代から近代への転換はなぜ起こったのか？
〈ピューリタン革命〉

前近代から近代への転換

　農業革命と名誉革命，これが，前近代が近代に転換する画期であった。農業の資本主義化以前のところにおいては，階級の再生産を巡っての戦略というのは，領主たちにとっても，農民たちにとっても両方の側面があった。これをブレンナーが政治的蓄積と呼んだ。封建領主たちという意味である。小作農からの地代の最大化，土地の拡大，近隣諸国の征服や政略結婚を利用した。想定されるような中世封建社会の地主貴族，領主貴族たちの行動パターンということになる。それに対して，農民たちは農民たちで再生産のストラテジーがあり，農産物を多様化することでリスクを最小化したり，市場に依存しない自分の家だけの作物を育てる形で労働時間を短縮したり，リスク最小化のために，早婚，多子化，相続による土地分割をしていた。そして，領主の要求に対抗するために，小作農は共同体を組織していった。中世国家は，土地所有階級同士の間に見られた一連の個人的仲介に依存しており，国家とは領主国家の総計にすぎず，支配的階級の自己組織であった。力を総合しようとする強力な動きと，山分けという循環，原則的に中央の権威は戦況では消えていき，ときどき反独立的な辺境領主たちが王権に作用していく（テシィケ［2008］）。

イギリスにおける王権と議会の対立（ピューリタン革命）

　ヘンリー8世はイギリス史上悪名高い国王である。ヘンリー8世がイギリス国教会を作ると，同時に修道院を解散し，教会の土地を王権が入手する。このため，一方においてはより広い基盤を持つ政治的代表者の必要性というのが高まり，王権の対抗物としての議会ということが着目されるようになった。しかし，イギリスはスチュアート朝ジェームズ1世の時代に，収奪的経済制度の特

徴であるような専売，あらゆるものが専売になっている経済システムになった。これに対して，まず起こったのがピューリタン革命であった。王権と議会の対立が1620年代に深刻化して，1623年には専売条例で王が国内で新たな専売品を作れないとする条例を作った。しかし，一方で国際貿易においては専売を認めていたので抜け穴はあった。こうした議会と王権の対立から1642年にはピューリタン革命が起こる。このときには，ランカシャーの布地生産地域が議会を支持し，最終的には議会の主力であったクロムウェルがむしろ王に代わって独裁権を持った。その結果，ピューリタン革命は包括的経済制度には繋がらなかった。その後ジェームズ2世が絶対君主制の確立を企てたが，それに対して議会側から担ぎ出された形のオランダ総督のウィリアムとその妻ジェームズ2世の娘メアリが絶対君主でなく立憲君主として統治するということで，権威と意志決定力が王権から議会に移ることになった。そして議員の多くが貿易と工業に利害を持つことになり，それまで**奴隷貿易**で栄えて莫大な利潤を得ていた王立アフリカ会社の専売権が廃止された。そして製造業者に負担が重かった炉税という，製造業に必要な炉に対してかかる税金を廃止したことによって，私的所有権が強化されていく。土地所有権については，1688年まではイングランドの全ての土地は，法的なフィクションとはいえ，究極的には王室の所有物であった。そうした土地に対する根本的な所有権というものが**名誉革命**によって，簡素化され再編されていくことになった（アセモグル・ロビンソン［2013上：306-328, 336-341］；後藤はる美「イギリス革命」西III-23：170-171）。

イギリス革命は「上からの革命」か「下からの革命」か？

〈名誉革命〉

「地主的な道」

　イギリス革命における二つの特徴的な綱領－革命の路線－について見ていこう。イギリス革命は，国王－領主－農民の重層的土地所有諸関係解体について，特に囲い込みをめぐって，ジェントリを中心とした領主的大土地所有の方向性と農民の隷農的零細土地保有の方向性との二つの路線をめぐって争われた政治闘争であった（尾﨑芳治）。イギリス革命には二つの綱領が存在した。汎議会派（長老派・独立派）の綱領は，地主的綱領であり，「アクスブリジ提案」（1644年1月議会から国王に提出）にみるように，封建的諸制限の撤廃を掲げ，土地所有者による囲い込みの自由をすすめ，農業のブルジョア的進化を前提にしていた。王党派からの土地没収を掲げ，重層的土地所有体系の上部の一環をなす国王最高領主権－中間領主権関係を否定した。この綱領は，領主的土地所有の排他的私有権化をめざしていた。これに対して，水平派の綱領は農民的綱領といえる。水平派の支持基盤は，軍隊の下級士官・兵士層であり，「軍隊の主張」（1647年10月）として，土地保有農民の最大多数を自由な農民的土地所有者にかえることを目標としていた。しかし，水平派の蜂起は敗北し，独立派の勝利に終わった。1649年3月～9月，水平派の蜂起の敗北と独立派による弾圧の結果，独立派独裁が確立した。これによって，農民的綱領の阻止と地主的綱領が貫徹した。つまり，イギリス革命の土地変革は「地主的な道」を通っての三分割制成立への方向づけであった（尾﨑［1990］）。つまり，この意味でイギリス革命とは，地主の革命，「上からの革命」といってよい。

イギリス革命＝ブルジョア的土地変革

　なぜイングランドで，そしてなぜ17世紀にこの改革が起こったのか？　アセ

モグル・ロビンソンの『国家はなぜ衰退するのか』は，**名誉革命をイギリスの収奪的経済制度から包括的政治制度に転換するターニングポイント**としている。近代的大土地所有制と資本主義的大農業経営との支配を特徴とする三分割制こそイギリスにおけるブルジョア的進化の到達点であった。この構造が体制的に確立するのは，**産業革命と重なって進行する第二次農業革命**を経てのち19世紀前半のことである。したがってイギリス革命は，あたかもこの出発点（15世紀における農奴制の解体＝貨幣地代の全般的成立）と到達点（近代的大土地所有制と資本主義的大農業経営との支配を特徴とする三分割制）との二つの画期の中間に位置する17世紀半ばに闘われたブルジョア革命である。この革命は，封建的土地所有関係をブルジョア的に止揚するという課題を，具体的な課題として与えられた（尾﨑［1990：334］。

　今の国際経済を見た場合では，韓国経済と北朝鮮経済，つまり包摂的経済制度と収奪的経済制度が地理的に横並びにあるが，イギリス革命は，それ以前においては私有財産・法秩序・契約というものが守られていなかった，そのような収奪的経済制度であったイギリス革命以前のイギリス封建制から，そのような私有財産・法秩序・契約を守ることがイギリス革命の課題となった。それを克服したイギリスは包摂的経済制度に移っていった。そしてそのもとで産業革命が進行する前提を作り出した（アセモグル・レイブソン・リスト［2019：259-279］；テシィケ［2008：338-339]）。

ジェントルマン資本主義とは何か？

〈金融革命〉

金融革命

　イギリス革命を通じて，土地利害と商人・金融利害の融合がすすみ，「ジェントルマン資本主義」というブリティッシュ・エンパイアの担い手が登場した。トレバー・ローパーのトーニー批判として，①独立派の台頭と②ロンドン商人の保守化・貴族への接近をどう説明するのか？（トーニー著・浜林正夫（訳）『ジェントリの勃興』未来社，1957年）へのあとがき）という問題がある。ホロレンショーは次のように述べた。「レヴェラーズが独立派の急進主義の原理を徹底的におしすすめんとする決意を示すや否や，クロムウェルとかれの同僚の将軍たちはただちに軌道からそれて長老派の商人層と同盟してしまった」（ホロレンショー［1964：25］）。1688年の名誉革命以後，プロテスタントの銀行家・投資家が台頭した。1690年代から「金融革命」が進み，イングランド銀行創立，国債の創設，1697年貨幣改鋳（事実上の（de facto）金本位制），抵当証券市場の拡大，為替手形使用の増大，株式取引所の興隆が進んだ。そして，「1688年（名誉）革命を行った地主階級の財産と，革命を財政的に支えたマーチャント・バンカーの財産は，国益の決定においても，個人的金融の面においてもますます結びつきを強めてい」き，婚姻を通じた貴族と金融業者の結合によって，土地利害と金融利害の融合が進行した（ケイン・ホプキンズ［1997I：46-50, 314-315]）。

大英帝国＝ジェントルマン資本主義の帝国

　大土地所有・金融の要素については，ケイン・ホプキンズのジェントルマン資本主義論と結びつけた分析が必要になる。ケインとホプキンズのジェントルマン資本主義論が論じられるまでは，イギリスは「世界の工場」であったが，

製造業国・工業国としてごく早い段階で，鉄鋼・石油・化学・自動車・鉄鋼などの第二次産業革命で19世紀後半に台頭してきたアメリカ・ドイツに対して，イギリスは後塵を拝することになり，それによって衰退したというイギリス像があった。

それに対して，ケイン・ホプキンズのジェントルマン資本主義論によると，1688年の名誉革命の主体は，以降徐々に形成されてきた大土地所有者とシティ金融商業利害との同盟であった。イギリス革命の原動力は，地主のなかでも改革地主と旧資本家であった。そして，南東部・ロンドンを中心とする地域における地主と金融資本家のジェントルマン的結合が決定的であり，かつ製造業資本家は北部の地方に存在していた。イギリスのなかでも北部に位置することが多い製造業利害に対して，ロンドンには土地利害，金融利害が集中していた。土地利害といっても改革地主・非改革地主がいる。そして利潤・利子を獲得する金融資本家，産業利潤を獲得する製造業資本家，農業利潤を獲得する農業資本家，それから労賃に関しても，農業労働者と製造業労働者がいた。

イギリス各地の地主から投資された株式・債券が，ロンドンを経由して，アフリカ，アジア，インドに投資されていく。これが大英帝国の原動力であったというのがケイン・ホプキンズのジェントルマン資本主義論の中心ポイントである。ケイン・ホプキンズによると，海外帝国とそれを支えるイギリスの影響力は1688年の名誉革命によって定置されその後の19世紀の諸改革によって変形された強い勢力が海外においてとった形態である。そして18世紀の白人定住植民地とインドでの東インド会社支配の影響が増大すると，ロンドン・シティ（イギリスの金融街）に様々な銀行，金融，銀行など金融機関，保険会社，サービスの情報が集まり，そこに各国・各地域からのイギリスの各地の大地主が年々の資金をロンドン・シティの株式投資，あるいは債券にも投資して，アジア，アフリカに投資した。（山口育人「帝国主義論」西V-1：240-241）。

Q71 財政軍事国家イギリスはどのような外交政策をとったのか？

〈財政革命〉

王朝外交・国民国家の外交

　イギリス革命を経て成立したイギリス国家の外交は，他の国の外交とは違い，王朝の利害に基づく排他的な政策ではなかった。イギリス以外の国々は婚姻関係によってそれぞれの，ハプスブルク家など，いろいろな家が栄えたり，滅んだりしていた。そうした王権の自己保存のための外交政策でなく，イギリスでは経済的有力者の代表者である議会が，有産階級そのものによって調整された国益に基づくように外交政策を決定した。イギリス以外の国々が王朝国家の富の最大化を目的にした外交政策を立てたのに対して，イギリスのみが王朝国家の利害ではなく，三分割制の成立によって成立した地主と農業資本家の接合体——ジェントルマン階層—— が議会を通じてその利害を追求した。そのため，他の国であれば絶対主義的な領土拡大に入ってしまうところ，イギリスでは議会が絶対主義的な領土拡大を自制し，またカトリック大国との同盟に反対した。続いて二重の外交政策として，重商主義政策とヨーロッパ大陸の調整役，基本的にはフランス封じ込めを重視した。西ヨーロッパにおけるフランスないしドイツでも，とにかく一勢力が強大になることを常に妨げるために，違う国を援助した。他方，大陸諸国の紛争を調整した（テシィケ［2008：344-349］）。ブリュアの言うように，イギリスは，財政軍事国家になり，第一に，大蔵省による効率的な課税システム，第二に，近代的な国債調達システム，つまり，イングランド銀行が管理し，多額の戦争費用を混乱なくまかなうことができた。それに対して，フランスは，軍事費の負担問題から，財政破綻してしまい，フランス革命に至ってしまった。その後徐々に，フランス，ドイツなどはイギリスに追いつき追い越こそうと近代化をすすめた（ブリュア［2003］）。イギリス革命を通じて，ヨーロッパは，前近代の帝国のサイクルから国民国家の間の勢力

均衡を取る近代システムに転換した。前近代の帝国のサイクルでは，循環の決定要因が帝国の財政的基盤，農業を基礎とする社会にあったが，そこから国民国家への勢力均衡を取る近代システムに移行した。テシィケによるとフランスのたどった道とイングランドのたどった道は，これが好対照をなすものであった（テシィケ［2008］；秋田［2012：59-62］；山本浩司「財政軍事国家論」西III-27：178-179）。

綿業産業革命

このような状況のもとで，一方では製造業において綿業産業革命が進んだ。この時期，イギリス毛織物とアジアの毛織物の対抗関係以外に，イギリス国内での毛織物と綿業の対立という二つの対立関係が並行して進んでいた。まず前者の方について，この時期，イギリスはアジアの物産が欲しいが，特にインド産のモスリン，キャラコというような高級な織布と中国産の絹を輸入したいという状況があり，東インド会社はアジア貿易を独占したが，これに対してイギリスの毛織物業者の圧力で，1701年に，アジア産の絹とキャラコの輸入はイングランドでは違法になった。そして，イギリス国内で毛織物業界と綿業界の対立が起こり，1736年にマンチェスター法が制定されて，綿業界が毛織物に勝利した。その結果，綿業における参入障壁の低減，それからその後の半世紀にわたる綿業産業革命，工場制導入の出発点となる法律が制定されていた。そして1760年代にワットの蒸気機関が利用されることなる。このように，18世紀半ばぐらいから19世紀にかけて産業革命が進んでいったのに対して，アジアにおいてはそれらの欧米諸国による植民地化が進んでいく。

産業革命はイギリス人の生活水準を向上させたのか？

〈生活水準論争〉

図表 イギリスの綿布の年間平均輸出量

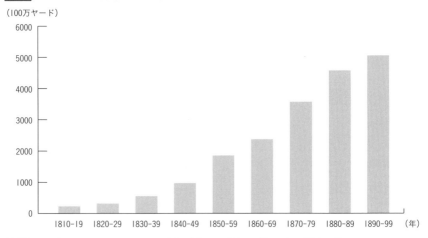

（出所）David Taylor, *Mastering Economic and Social History*（Palgrave Macmillan, 1988）p.68

生活水準論争

　トインビーは，オックスフォード講義（1884年）で，産業革命を人々の経済・社会状態を突然変化させた劇的な出来事ととらえた。ウェッブ夫妻は，産業構造の転換が大衆の生活水準に及ぼす影響を指摘した。フェビアン協会の流れを汲むハモンド夫妻は，産業革命時代の労働者階級の惨状を訴える書物を刊行した。1920・30年代，広範囲な一次資料（営業記録等）に基づく個別研究が進展し，修正論的解釈（連続説）が登場した。クラッパム『近代イギリス経済史』三巻本（1926-38年）は，産業「革命」は実際には漸次的かつ局地的にのみ起こった歴史事象に過ぎず，一連の技術革新は国民大衆の生活水準を向上さ

せたと古典的解釈を批判した（ハドソン［1999：31-33］）。

　ここから，産業革命が労働者階級の生活水準の低下をまねいたかどうか？という論争が開始される。悲観説（窮乏化）にたったのが，マルクス・エンゲルスの見解を受け継ぐ，トインビー，ウェッブ夫妻，ハモンド夫妻であった。対して，変化を長期的にみると，労働者の所得は上昇し，生活水準の向上が実現したと考えたのが，クラパム，アシュトン，ハートウェルらの楽観説である（「悲観説」「楽観説」の用語はホブズボームによる。坂本優一郎「イギリス産業革命」西IV-2：188-189；坂本優一郎「生活水準論争」西IV-3：190-191）。

産業革命と人新世論

　産業革命をどう見るか？　人新世論は地球史を地質学的に観測すると，人間が活動するようになってからの地質学的事象は大きく変化をした。なかでも，特に限定すると産業革命 ——イギリスにおける18世紀後半から19世紀初頭という短い時期—— に前後して大気中の二酸化酸素中濃度などが急激に増加してきた。1750年前後から亜酸化窒素N_2O中の大気中濃度，メタンの大気中濃度，更に北半球における地表の平均気温，大洪水といったものの10年ごとの発生数が急激に地質に表れている。その意味で，地球史的な意味を持つのがこの産業革命である。現在，こうした生産力の発展と人間の活動をどのようにコントロールするかが人類の課題である。

Q73 産業革命は世界に何をもたらしたのか？

〈産業革命〉

「世界の工場」

チェンバースは、『世界の工場（The workshop of the world)』（1961年）で、1825年（金融恐慌）から1873年（「大不況」）にかけてイギリスが「世界の工場」になったと論じている。インド貿易と綿布に対する需要増大があった17世紀末、インド貿易が発展し、ロンドンでインド綿布が大流行した。それに対し、特権に守られた国民的産業イギリス毛織物産業業者が反発し、1700年にインド・ペルシア・中国の捺染織物の輸入を禁止する法律を制定し、1719年にはインド綿布についての新たな輸入禁止法令を制定した。これらの法律は、イギリス綿業台頭の契機となった。

マンチェスター（ランカシャー地方）は、リバプール港に近接していたため、インドからの原料を低廉な輸送費で入手可能で、気候も生産に適していた。しかし、インドの労働者の「柔軟な指先と並はずれた熟練」が欠如していたため、綿麻交織布（強靱な経糸に亜麻糸、緯糸は綿糸）しか製造できなかった。議会では、毛織物業者と綿業者とのイギリス産綿布使用禁止をめぐる対抗があった。綿と羊毛では、綿は羊毛より粘着性があり、弾力が少なく、撚りやすく、機械生産に適合する可能性が大きかった。この状況のため、綿工業において一連の発明と技術革新の連鎖が起こった。

綿工業における発明の連鎖

ジョン・ケイは、1773年に飛び杼（flying shuttle）を発明し、綿織業の生産力を高めた。そのため、原料綿糸が不足した。これに応えたのが、ジョン・ワイアットである。1700年生まれの大工、ワイアットは1738年に綿から原糸を製造する紡績機を発明した。続いて、織布工・大工であったジェイムズ・ハーグ

206

リーブスが，1765年にジェニー紡績機を発明し，一人の労働者が多数の綿糸を生産できるようになった。

　原動機の限界をリチャード・アークライトは水力の利用によって突破した。1732年プレストン生まれの理髪師で，技術者の経験がなかったアークライトは，1768年に紡績機械を発明した。アークライトは，ダーウェント河の水力を利用する水力紡績機を使用することで，生産力を人力の制約から解放し，亜麻・綿交織物ではなく厳密な意味での綿布を生産可能にした。ただし，水力を動力としていたため，原料・製品・労働力の各市場から分離していた。アークライト紡績機が水力に依存しているという限界をワットの蒸気機関と結合することで突破したのが，クロンプトンのミュール紡績機である。1779年，クロンプトンは，ジェニー紡績機（細いが弱い）と水力紡績機（太いが強い）を組み合わせてミュール紡績機を発明した。ミュール紡績機は，強く，極度の細さの糸製作が可能な，決定的な発明であった。さらに動力をワットの蒸気機関と結合することで，綿糸紡績をマンチェスター周辺のランカシャー南部地域に集中することができた。1831年にアメリカで，リング紡績機が発明され，これらの発明は，原料である綿花不足を引き起こし，アメリカ植民地での綿花プランテーションを拡大した。

機械制大工業成立の諸結果

　綿業産業革命による機械制大工業の成立は以下のような諸結果を生んだ。第一に，問屋制の終焉と手織工の消滅，第二に労働者問題の発生－長時間過密労働，婦人・児童の雇用，作業場の不衛生等である，第三に，機械に対する労働者の敵意を生んだラダイト運動（機械打ち壊し）——1779年ランカシャー暴動，1796年ヨークシャー動揺，1811-12年ラダイト運動——である。なにより，過剰生産恐慌が発生したことが問題であった。綿布の生産と輸出が急増し，価格が下落した。そのため消費は拡大したが，供給は需要より急速に増大していった。1793年に，最初の過剰生産恐慌が発生し，木綿にとどまらずイギリス経済全般を覆う全般的恐慌へ発展した。

Q74 黒人奴隷制がイギリス産業革命を生み出したのか？

〈ウィリアムズ・テーゼ〉

図表 大西洋三角貿易

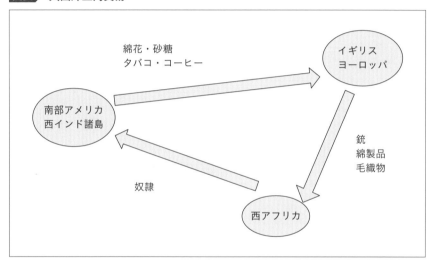

　イングランドでなぜ産業革命が成立したのか？　この問いについて一つの
テーゼを提出したのが，トリニダード・トバゴ（カリブ海）の独立運動を組織
し初代首相となったエリック・ウィリアムズである。彼の**ウィリアムズ・テー
ゼ**によると，世界最初の**産業革命であるイギリス産業革命は黒人奴隷貿易と黒
人奴隷制度の産物**であり，西インド諸島とイギリスとの経済関係・貿易での富
の蓄積と非常に大きな意味を持っていた。**大西洋三角貿易**では，イギリス（リ
バプールなど）を出発した船は，銃器・アクセサリー・綿製品をアフリカ西岸
の黒人国家で黒人奴隷と交換し，西インド諸島に黒人奴隷を送る。ここで，砂
糖・タバコ・綿花といったプランテーション製品を積み，イギリスに戻る。つ

まり，この三角貿易は，リバプールの後背地マンチェスターの綿織物工業に，資金・原料（綿花）・市場（綿製品）を提供した（川北［2016：132-133］；ウィリアムズ［2020］）。

　ウィリアムズ・テーゼは，次の内容をもつ。第一に，奴隷制はあくまで経済的現象である。したがって，人種主義は奴隷制の結果であって，その原因ではない。第二に，英領西インド諸島の奴隷経済は，イギリス産業革命の原因となった（強いテーゼ），あるいは，その成立に大いに寄与した（弱いテーゼ）。第三に，アメリカ独立戦争以降の奴隷経済は，その収益性の点でも，イギリスにとっての重要性の点でも，衰退していった。第四に，奴隷貿易や奴隷制の廃止は，イギリス本国での博愛主義や人道主義の台頭によって推進されたのではなく，その経済的動機によって推進された（布留川［1991：1-36］）。

　ウィリアムズ・テーゼについては次のような反論があった。第一に，イギリス産業革命は，イギリス庶民の勤勉な労働と経営者・科学者を主体とする。第二に，地主と金融家の階級ブロックを重視するジェントルマン資本主義論からすると，貿易利潤は工業化に向かわず，土地投資に向かったと考えた。しかし，実は第一に，イギリスの初期綿織物業にとって，アフリカ・カリブ海植民地市場が決定的であった。イギリス初期綿織物業は，インド産綿織物に代わる代替産業であった。第二に，北アメリカ，特にニューイングランドなど北部植民地には，世界市場向けの特別な輸出品（ステイプル）がなかったため，カリブ海域への輸出によって，イギリス商品に対する購買力を得ておりカリブ海域がなければ，北部植民地はありえなかった。大西洋三角貿易の結果としての「奴隷・三角貿易」（ウェッブ）におけるカリブ海の砂糖プランテーションはこの地域の長期的な低開発と貧困の主因となった。

　ウィリアムズのアイデアは，イギリスの中産的な人々（とくにヨーマン）が，ピューリタリズムの勤勉・節欲の精神に則って，富を蓄積したとのフィクションとは相反する（川北［2016：132-144］）。イギリス産業革命は，西インド諸島やアメリカ南部の黒人奴隷の血と汗を苛烈に収奪するグローバルな規模での本源的蓄積——資本主義的生産様式が成立する前提条件としての資本と賃労働力の創出過程——のなかで出現した（島田竜登「世界システム論」西Ⅲ-1：126-127；小林和夫「大西洋奴隷貿易」西Ⅳ-4：192-193）。

Q62　経済成長は国によってなぜ違うのか？〈経済成長〉
① 本文の用語
ウェーバー　　プロテスタンティズム　　カトリック　　アセモグル　　包摂的経済制度　　収奪的経済制度　　イギリス革命　　ピューリタン革命　　名誉革命　　産業革命

Q63　マルサス・サイクルとは何か？〈人口〉
① 本文の用語
マルサス　　『人口論』　　産業革命　　「マルサス・サイクル」　　アセモグル　　イギリス革命　　ピューリタン革命　　名誉革命　　ジェントルマン資本主義　　ケイン・ホプキンズ

Q64　イギリス封建制農業はどのようなシステムだったのか？〈三圃農法〉
① 本文の用語
三圃農法　　開放耕地制度　　有輪犂
② 共通テスト
ゲルマン人　　直営地　　保有地　　農奴　　賦役　　貢納　　三圃制　　重量有輪犂　　民会　　結婚税　　死亡税　　領主裁判権

Q65　イギリス農業はどう変化したのか？〈マニュファクチュア〉
① 本文の用語
ジャックリーの乱　　ワット・タイラーの乱　　ペスト　　百年戦争　　薔薇戦争　　毛織物工業　　産業革命　　第一次囲い込み運動　　農民的囲い込み　　領主的囲い込み　　絶対王政
② 共通テスト
問屋制度　　ヨーマン　　ジェントリ　　農民一揆　　ジョン・ボール　　ペスト　　トマス・モア
④ 国立大学二次試験（論述）
●ワット・タイラーの乱の原因を説明しなさい。（一橋大学・世界史・2014・第1問）
●14世紀から19世紀におけるイギリス農業の展開について説明しなさい。（京都大学・世界史・2006・第4問）

Q66　イギリスは封建制から資本主義へなぜ移行できたのか？〈農業革命〉
① 本文の用語

三十年戦争（1618-48年）　ピューリタン革命　名誉革命　ノーフォーク農法　タウンゼント　囲い込み　開放耕地制度　第二次囲い込み　ナポレオン戦争　資本主義的借地農（農業資本家）　農業賃労働者
②　共通テスト
資本主義　ブルジョアジー

Q67　イギリス農業はどのように資本主義化したか？〈三分割制〉
①　本文の用語
第二次囲い込み　三分割制　第一次囲い込み　資本主義的借地農（農業資本家）　農業賃労働者　イギリス革命　産業革命　名誉革命　農業革命農業の資本主義化

Q68　前近代から近代への転換はなぜ起こったのか？〈ピューリタン革命〉
①　本文の用語
農業革命　名誉革命　ヘンリー8世　修道院　ジェームズ1世ピューリタン革命　クロムウェル　ウィリアム　ジェームズ2世　メアリ　奴隷貿易　名誉革命
②　共通テスト
マグナ・カルタ　シモン・ド・モンフォール　身分制議会　模範議会スチュアート朝　チャールズ1世　権利の請願　権利の章典　短期議会長期議会　ピューリタン革命　国王派　議会派　長老派　水平派独立派　クロムウェル　護国卿　アン女王　エリザベス1世　ジャガイモ飢饉　グラッドストン
③　私立大学入試
チャールズ2世　審査法（1673年）　トーリー党　ウィッグ党　エドワード6世　トウモロコシ　シン・フェイン党

Q69　イギリス革命は「上からの革命」か「下からの革命」か？〈名誉革命〉
①　本文の用語
ジェントリ　尾﨑芳治　長老派　独立派　地主的綱領　囲い込み水平派　「上からの革命」　名誉革命　三分割制　産業革命
②　共通テスト
ジョン　ピューリタン　ヘンリー8世　エリザベス1世　メアリ1世王政復古　名誉革命　権利の請願　ウィリアム3世　メアリ2世　権利の章典　ホッブス　『リヴァイアサン』　プランタジネット朝　ハノーバー朝　ヘンリ2世　大憲章（マグナ・カルタ）　玉戯場の誓い（テニスコートの誓い）

Q70 ジェントルマン資本主義とは何か？〈金融革命〉

① 本文の用語

イギリス革命　　クロムウェル　　名誉革命　　マーチャント・バンカー　　大英帝国　　東インド会社　　ロンドン・シティ

Q71 財政軍事国家イギリスはどのような外交政策をとったのか？〈財政革命〉

① 本文の用語

イギリス革命　　カトリック　　財政軍事国家　　モスリン　　キャラコ　　絹東インド会社　　ワット　　蒸気機関　　産業革命　　植民地化

② 共通テスト

重商主義　　航海条例　　英蘭戦争　　穀物法　　　　コブデン　　ブライト

③ 私立大学入試

反穀物法同盟

④ 国立大学二次試験（論述）

●ウィーン体制について説明しなさい。（一橋大学・世界史・2011・第2問）

Q72 産業革命はイギリス人の生活水準を向上させたのか？〈生活水準論争〉

① 本文の用語

人新世論

② 共通テスト

産業革命　　イギリス　　木綿工業　　マンチェスター　　リバプール　　オーウェン　　フーリエ　　工場法

Q73 産業革命は世界に何をもたらしたのか？〈産業革命〉

① 本文の用語

世界の工場　　ジョン・ケイ　　飛び杼　　ジョン・ワイアット　　ジェイムス・ハーグリーブス　　ジェニー紡績機（1765年）　　リチャード・アークライト　　クロンプトン　　ミュール紡績機　　リング紡績機　　綿花プランテーション　　ラダイト運動（機械打ち壊し）

② 共通テスト

ニューコメン　　ワット　　機械工業　　鉄工業　　スチーブンソン　　世界の工場　　産業資本家　　プロレタリアート　　蒸気機関　　第1回選挙改正（1832年）　　チャーチスト運動

Q74 黒人奴隷制がイギリス産業革命を生み出したのか？〈ウィリアムズ・テーゼ〉

① 本文の用語

ウィリアムズ・テーゼ　産業革命　西インド諸島　大西洋三角貿易　砂
糖　タバコ　綿花　ステイプル　奴隷・三角貿易　ヨーマン
ピューリタニズム

PART V

パクス・モンゴリカの800年

●基本地図V：オランダの商業覇権

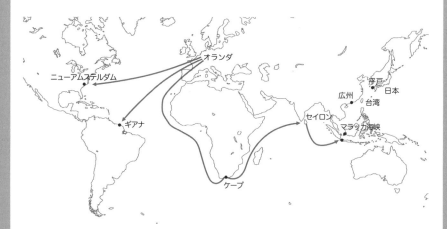

Chapter 10
近代東アジアと
イギリス東インド会社

📖 『ユートピア』 トマス・モア

　イングランドの法律家トマス・モアは，ある日，新大陸からさらに航海を続け，ユー（無い）・トピア（場所 —地上のどこにもない）島を訪問したという旅人ラファエルの話を聞く。ラファエルが語るユートピアは，イングランドともヨーロッパとも違う驚くべき社会であった。ユートピア島では，町長は町民のなかから選ばれ，各戸・町の人口は均等になるように調整される。ユートピア島では財産の私的所有は認められず，必要な物品は倉庫に保管されている。家の扉には鍵がついておらず，住む家は輪番で決まる。住民の男女共に農耕に従事する義務があるものの1日の労働時間は6時間であり，失業は根絶されている。この社会では，医療費は無料で，安楽死が認められ，複数の宗教が認められ，それらの宗教は他の宗教に寛容であった。

　ラファエルとの対話で，トマス・モアは，窃盗罪での処刑を批判する。というのは，犯罪者が，窃盗でも殺人でも処刑されるならば，目撃者を消すことができる殺人を選択するからだ。窃盗を引き起こす原因の大半は，毛織物産業に素材を提供するための牧羊を目的とした，領主による共有地の囲い込みと農民の排除，このことによる農民の貧困と飢餓にあるからだと論じる。「羊が人を食う」，つまり，羊の牧草地を広げるために，農民が土地を奪われ，貧困と飢餓に苦しむイングランドの現状をモアは批判している。

　モアが同書にどのような思いをこめたかは後世の歴史家・文学者を悩ましてきた。腐敗した現世への批判・風刺か，あるいは，あるべき理想の社会を論じ，さらには社会への提言を含んでいたのか？キリスト教義をとってみても，『ユートピア』で描かれる離婚・安楽死・聖職者の結婚などのルールは，敬虔なカトリック信徒であったモアがストレートに礼賛したとは考えにくい。モアは宗教改革後に力をもつようになったプロテスタントを冷笑していたのか。『ユートピア』がかきたてた想像力がヨーロッパ社会が，その意識を世界へ，未来へ，プロジェクト（投射）する要素となったことは疑いを容れない。

　イギリスの外交官・歴史家E・H・カーの『危機の二〇年（第一版，1939

年出版)』は，戦間期の国際政治をユートピア主義と現実主義という二つの
潮流に分類し，前者が代表する国際連盟の設立から，一九三〇年代の後者
（パワー・軍事力に基づく現実主義）への傾斜としてとらえている。カーに
よる「ユー・トピア（u：topia/無：場所）」というカテゴライズがそもそも
「ユートピア主義＝空想的・非現実主義」という理解を前提にしているのだ
が，近年のアメリカ外交がデッドロックに乗り上げている昨今の世界情勢を
考えるに，二次にわたる大戦期における「ユートピア主義的世界秩序」論者
のシュール・リアリスティックな意味を考えてみる価値があるように思われ
る（坂出［2019］）。

西ヨーロッパ・アメリカとは異なる東アジアの発展モデルはあるのか？
〈東アジア資本主義〉

東アジア資本主義

　ウェスタン・インパクト論は，日本の工業化は欧米の圧力を受けた政府主導の移植工業化であると考えた。しかし，検証してみると，在来産業が実は大きな役割をもっていたことがわかった。19世紀後半・20世紀初めまでは近代的大工業と在来産業の並行的発展があった。「移植型近代的大工業と在来産業の複線的発展」があり，1920年代末頃から両者が結合し，下請制が発達した。大都市内部やその周辺部に都市型の中小・零細工業の集積化があり，「二重構造」と呼ばれる構造ができた。1950・60年代，高度成長期に大企業体制が作られた一部の近代的大工業と広範な中小零細企業在来産業というトヨタ・システムなどの下請けシステムは，アメリカのフォード・システムが内製化を志向したのとは大きく異なる。こういった二重構造が，東北・東アジアの日本・韓国・台湾・中国に共通した米欧と異なる特徴ということになる（中村［2000：24，28]）。

小農社会

　こうした東アジア資本主義の特徴は，中村哲が提唱する小農社会論にその原型がある。西ヨーロッパの場合は，イギリス革命・農業革命でみたように大経営の成立が近代化の特徴であった。大経営では，広大な土地を管理・経営する。それに対して，東アジア・日本では，家族経営を中心とした経営，社会を単婚小家族・核家族として家族労働によって独立農業経営をする小農が支配的な社会であった。小農社会とは，農業における小規模経営・小経営ということである。これは家族農業と言ってもいいが，狭い土地を家族単位で耕すというのは日本の村落共同体，日本の村落共同体の基本的なあり方をいう。

アルプス以北の西ヨーロッパにおいては，夏も気温が高くならず，雨量も多くない。生物学的には，植物の生育に適さず雑草も繁茂しないため，**開放耕地制度**のように，3年に一回，休閑して雑草を駆除し，除草は馬や牛を牽引する犂で休閑耕を行う。そのため，同一労働で北東アジアより広い面積の経営が可能である。結果，労働粗放的・経営面積が大きい大経営となる。これに対して，東北アジア（特にモンスーン）は，高温多湿で，作物・雑草ともに旺盛になる。人による除草をよく行うと作物の収穫は飛躍的に増大するため，労働集約的・小経営・家族労働（中耕農法）の小経営が発達することになる（中村［2000：19-20］）。西ヨーロッパは大経営が有利に，東北アジアは小経営にシフトしていく，そういう傾向が気候と地形によってある。西ヨーロッパでは大経営で広大な農場の管理を**農業資本家**（借地農）が一元的に経営した。それに対して，東アジアの小経営では，労働過程が孤立的に，つまり経営内で協業が完全に行えないか，不完全にしか行われていない。これはビジネスモデルとして不安定な経営になった。

　モンゴル帝国が成立し，その版図の東西では気候条件の相違に伴い，東北アジアでは中農経営，除草を必要とする労働集約型，西ヨーロッパでは休耕農法，相対的に非労働集約的で単位面積当たりの収穫量が少なく相対的に大面積経営になった。

Q76

ユーラシア大陸の東西で同時期に資本主義の胎動がはじまったのか？
〈西ヨーロッパと東アジア〉

東アジア資本主義

　杉原薫は，東南アジアを含むアジアは欧米中心の世界市場に従属的に組み入れられながら，その条件を主体的に利用して域内経済を発展させ，欧米からの相対的な自立性を獲得していったと考えた（アジア域内経済ネットワーク論・アジア間貿易論）。対して，中村哲はアジア域内経済の「成長のエンジン」として日本の工業化に着目した。日本が生産する消費財製品の東アジア向け輸出が急増し，「アジア型」商品の近代化・開発に成功し，アジアの経済・生活を欧米資本主義以上に深く，広く変革していった。ただし，日本の工業化は欧米を中心とする世界市場の枠のなかで実現したものであり，その条件が失われたときには挫折せざるを得なかった。これが1930年代の日本資本主義ということになる（中村［2000：32-34］）。

　東アジア資本主義は，16〜18世紀では萌芽期といえ，東北アジア小農社会が形成され人口・工耕地面積が拡大し，局地的市場圏・遠隔地交易が形成された。この東アジア交易圏に16世紀後半から西ヨーロッパ勢力（絶対主義国家を後ろ楯とする組織的貿易勢力）が現れた。フランス，イギリスとオランダの東インド会社が有名である。他のヨーロッパの各国も東インド会社を作っていたが，これが普通の商社とは違い，国家を後ろ盾とするという組織的貿易勢力が特色であった。これが参入し彼らが銀を持ち込み，それに日本銀も加わり東アジアの遠隔地間取引の交換手段となり交易の急速な拡大が行われた（中村［2000：37-38］）。

　東アジアは，世界の他の地域とは異なり，西ヨーロッパとともに，世界のなかで地域全体として一つの経済圏を形成し，そのなかから資本主義経済を発展させ，資本主義経済圏を形成した。その起点は西ヨーロッパと同じく16世紀

（西ヨーロッパの資本主義の発生とほぼ同時期）であった。中村は言う。「ユーラシア大陸の東西でだいたい同時期に，別々に資本主義の胎動がはじまったが，その原因はまだはっきりしない。あるいは共通の条件がはたらいたのかもしれない ——たとえば，モンゴル帝国の成立による東西ユーラシア経済の交流というような」（中村［2000：40-41]）。

朝貢冊封体制

西ヨーロッパでは中世的封建国家から多数の国民国家，国家間競争に勝つための国内経済の統合，財政膨張，軍事力の強化の点で，イギリス**財政軍事国家**が勝利した。それに対して，東アジアでは，遅くとも19世紀以後，西ヨーロッパ資本主義によって支配される世界経済に組み入れられ，欧米に従属する経済構造が形成されることになる。それは中国を中心とする**朝貢冊封体制**の国際政治経済体制が存続し，国家間競争が朝貢冊封体制からの離脱，鎖国の形をとり，それにより中国の国内の**専制国家体制**の弱体化を招いたからである（中村［2000：41]）。むしろ，イギリスを含めヨーロッパが強くなる時期に，中国を中心とするシステムが弱体化していた。そこから分離した部分，紐帯，ネットワークが弱くなるところで，日本が先んじて周辺から経済発展を遂げた。

アジアが，いかにして域内経済交易を発展させたのか？
〈アジア域内経済ネットワーク論〉

アジア域内経済ネットワーク論

　杉原薫は，アジアの域内経済ネットワーク論に着目した。「アジア間貿易」というキーワードで表現されたアジアの域内経済のネットワーク論である。アジアと対比するとラテン・アメリカ・アフリカでは欧米との貿易が一方的に拡大し，欧米の経済的従属を深めた。これに対して東南アジアを含むアジアは欧米中心の世界市場に受動的に組み入れられながらも，その条件を主体的に利用して域内経済を発展させ，欧米からの相対的自律性を獲得したという解明を行った。それらの条件には三つあり，第一に，欧米との貿易から得られる剰余を基礎とする生活様式，消費構造の変化，第二に，その消費需要に応えるアジアの在来物産を近代的商品として生産する日本の工業化，第三に，この需要と供給を結びつけた華僑・印僑の存在があった。日本の工業化と華僑・印僑，そしてそのネットワークを重視した。

東アジア経済圏論

　これに対して，東アジア経済圏論では小農経営の発達を基礎として西ヨーロッパ勢力の進出以前に中国沿海部へ日本・朝鮮・琉球・東南アジアに広がる東アジア広域経済圏・環シナ海経済圏が成立したことを重視する。16世紀以降，アジアの物産，香辛料，絹・木綿・陶磁器・茶などを求めて西ヨーロッパ勢力が参入してくると，その対価には銀貨が使われ，それにより日本銀の生産も急増し，大量の銀が東アジア交易に投入された。交易量も急増し，16世紀末から17世紀前半に東アジア広域経済圏は全盛を迎える。西ヨーロッパ勢力は，オランダとイギリスの東インド会社のように，絶対主義を後ろ楯とする組織的貿易勢力であった。そういう点で，それまで東アジア交易圏の参加者としては異質

であったが，東アジア交易圏の主導権を握ったわけでなく，新規参入者であった（杉原［1996］）。

　欧米資本主義による非欧米地域 ——アジア・アフリカ・ラテンアメリカ・オセアニア—— の経済構造の変革，また，欧米資本主義への従属的経済構造の形成は，19世紀後半までは，18世紀の西インド諸島，19世紀インドのようにまだかなり狭い範囲にとどまり，その地域が植民地化した地域を含めて，その内部経済は自立性を持ち基本的に国内条件に規定されていた。19世紀後半に至って初めて欧米資本主義が非欧米地域全体にわたってその経済構造を変革する力を獲得したのであり，非欧米諸国の至るところで自立的経済構造の破壊，欧米主義に従属する経済の編成替えが始まるのである。1850年代から60年代はまさにこの意味で世界市場形成の最終段階，その確立期であった。この時期に世界のいかなる地域も世界市場から孤立して存在することは不可能であった。日本の開港が世界市場形成の「最後の環」であるのはこの意味においてである。

　このような認識に立つと，世界資本主義の幕末開港とそれに続く日本経済の変化過程は，日本が世界資本主義の地理的拡大の終着地であるという側面と，それが日本における封建制から資本制への移行の基本的条件になっていたという二つの側面から捉えられなければならない。19世紀の非欧米諸国・諸民族が欧米の植民地半植民地従属国として世界資本主義の最底辺に組み込まれたのであって，開国後の日本は基本的にその一員だった。その日本のみが急速に資本主義化し，さらに帝国主義国へ転換していった（中村［1978］；中村［1991］；中村［2000：32-34, 37-38］；弘末雅士「商業の時代：近世東南アジアをいかに理解するか」東III-14：184-185；島田竜登「オランダ東インド会社の役割：アジアでどのような活動をしたのか」東III-16：188-189；小林篤史「アジア域内貿易：なぜアジア各地で貿易が発展したのか」東IV-18：252-253）。

Q 78

アジアは「貧しかった」のか？

〈アジア物産〉

図表 重商主義帝国の貿易関係

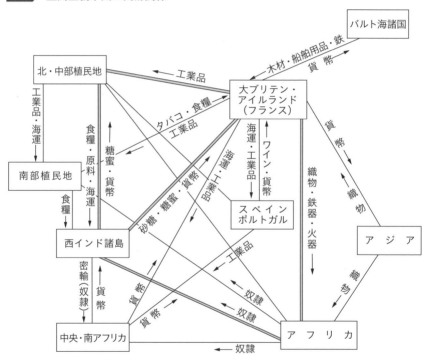

（出所）池本幸三『近代奴隷制社会の史的展開』（ミネルヴァ書房，1987年）21頁

　「貧しいアジア」というイメージがのちにつくられるが，実際は「豊かなアジア」があった。イギリス東インド会社はアジア交易の拠点を南アジアに構え，キャラコやモスリンといったインド産綿織物と中国からの輸入に特化した。15世紀前半から17世紀前半までの東南アジア・東アジア海域世界ではアジア商人

226

が優位であった。ヨーロッパ各国の東インド会社群はアジア商人に依存しながら，アジア貿易に有利な条件に流出することにしのぎを削っていた。そのプロセスのなかでイギリス東インド会社は**イングランド銀行・南海銀行**と並んで財政革命を支える有力機関になっていった。これが「豊かなアジア」と茶と**陶磁器**，アジア物産が欲しいヨーロッパ，そして**新大陸・日本の銀**がそこに投入されていくという構図・サイクルに変わるのが，名誉革命から100年のイギリスの商業革命と言われる時期である。三つの特徴があった。第一に，イギリス海外貿易額の大幅な増加，第二に，貿易相手国がヨーロッパ大陸から南北アメリカ大陸・アジアに変わる，第三に，貿易商品では，輸出が毛織物から雑多な工業製品（消費財）に変わり，輸入が新大陸からの砂糖，タバコ，コーヒー，アジア方面からの綿織物，絹織物になった。そしてオランダ東インド会社との対決においては1660年代にはイギリスで**航海条例**が相次いで制定され，植民地物産の輸出にはイギリス製に限定する対オランダ**重商主義**政策がとられた。その一方，並び立つ大国であるフランスとの間で植民地争奪をめぐる第二次英仏百年戦争が戦われ，これに勝利すると，環太平洋世界と東インド地域を結ぶイギリス植民地帝国（第二次帝国）が出現する（秋田［2012：26-32, 35-42]）。

アジア物産としては，茶と陶磁器が重要であった。チャイナと呼ばれていた陶磁器に茶と砂糖を入れて飲む紅茶文化が，イギリスのジェントルマン文化の特徴であった。その反面，茶と陶磁器への支払いが問題であった。ヨーロッパからアジアへの銀の流出の問題である。イギリスおよびヨーロッパのアジアからの入超という問題を解決するために成立したのが，西インド諸島の砂糖プランテーション・アフリカからの奴隷の三角貿易であった。入超（輸入超過）の問題を解決するために，阿片（高校検定教科書では中毒性麻薬物質阿片・この薬物をめぐる英中阿片戦争を「アヘン」・「アヘン戦争」と表記するが，これらは当時のイギリス商人と彼らをサポートするイギリス政府の非道徳性を隠蔽・擁護する表現なので本書では阿片・阿片戦争と表記する）などの交易によって，アジアの富を求めてイギリスがどのように奪っていったのか（森達也「陶磁器の生産と流通：ユーラシアにどのような影響を与えたのか」東II-34：152-153；大西吉之「オランダの黄金時代」西III-5：134-135；大峰真理「重商主義と特権商事会社」西III-6：136-137）。

Q79

日本銀は世界経済においてどのような
役割を果たしたのか？

〈日本銀〉

図表 銀経済

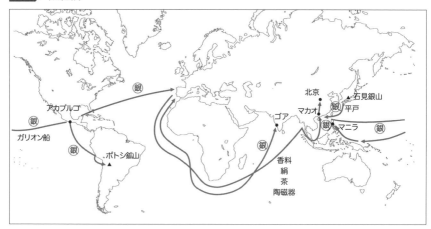

日本銀とメキシコ銀

　16世紀後半から西ヨーロッパの勢力は アジアの物産，香辛料，木綿，絹，茶，陶磁器などを求めてアジア貿易に参入し，その対価として銀を支払った。1570年代，アカプルコ・マニラ経由で南米銀がもたらされ，日本銀の生産が急増する。イギリス東インド会社は1600年に成立した。イギリス東インド会社は，すぐにイングランド最大の特許会社になった。初期において東インド物産，胡椒など香辛料・綿織物輸入に従事する。同時期の1602年に結成されたオランダ東インド会社はイギリスの東インド会社の10倍の資本金を持っており，拠点としてはマラッカ・バタビア・台湾・日本の平戸にも商館・拠点を置いた。日本貿易においてもオランダはイギリスに先行する。スペイン・ポルトガルからオラ

ンダに日本の対外物産の窓口が転換していった。イギリス東インド会社は，オランダ東インド会社に苦戦する。そしてイギリスからの輸出を振興しようともするが，イングランド産の毛織物は輸出品としては温暖なアジアでは受け入れられず，新大陸からヨーロッパにもたらされる銀塊を交換手段にしていった。そのため，アジア域内交易に参入していくことが不可欠であり，そこでは石見銀山などから産出された日本銀も魅力的であった。ポルトガルとスペインについていうと，ポルトガル商人は日本の銀と中国の生糸の取引を掌握し，大きな利益を得た。スペインは1571年にフィリピンのマニラを建設し，中国の福建省人と取引をして中国の奢侈品と新大陸の銀を交易する。16世紀にはスペインが新大陸から得たメキシコ銀と日本銀は，最終的に茶などのアジア物産を生産する中国に吸収されていった。この時期の中国は世界の銀の終着点になった。

一条鞭法

17世紀前半の石見銀山の年間銀産高は約４万キログラムで，日本全体ではさらに20万キログラムであったので，この時期の日本の銀は，全世界の銀産出の３分の１を占めていた。日本銀産出のプッシュ要因として，各戦国大名同士の抗争関係のなかで，重商主義的な政策のために鉱山の開発が促されたことがある。中国史・世界史の関係でみるとこのころ日本の戦国大名が金銀銅を採掘する富国強兵政策が世界史に大きな影響を与えた。そして，プル要因として，明朝の15世紀以降の国家財政が銀中心に転換していったことが挙げられる。1570年から張居正が財政改革を行い，特に人頭税を中心にしてそれまでの様々な税を一本化・銀納化して土地に賦課するという一条鞭法が中国全土に拡大していった。そのため，納税のために膨大な銀需要が発生した。これが日本から銀を輸出する，そういう大きなプル要因になっていった（村井［2016：91-92］；関周一「海域史の中の日本：海域の交流は何をもたらしたのか」東III-11：178-179）。

紅茶文化はイギリス資本主義において
どのような意味をもつのか？
〈紅茶帝国主義〉

世界商品・戦略商品とは？

　川北稔は，世界商品の定義として，「『世界商品』となった重要な商品（ステイプル）を独り占めにできれば，大きな利益があげられることはまちがいありません。ですから，16世紀以来の世界の歴史は，そのときどきの『世界商品』をどの国が握るか，という競争の歴史として展開してきたのです」（川北[1996：5-6]）とする。

　イタリアの遠隔地貿易が栄えた頃は，胡椒など香辛料が「世界商品」であった。その交易を担ったのはイタリア商人・アラブ商人であった。初期資本主義の時期に入ると，砂糖・茶・タバコ・絹・毛織物が，世界の人々が欲しがるものであった。ヨーロッパ人はアジア物産を欲したが，逆に西ヨーロッパが作ってアジアの人たちが欲しがるものは特になかったため，銀が足りなくなってきた。しかし銀がヨーロッパから流出し続けた。

茶の世界史

　アジアからヨーロッパに輸送された茶に砂糖を混ぜると紅茶となる。紅茶を陶磁器のカップに入れて飲む。上流階級から庶民までイギリス人は紅茶を愛飲した。中国からヨーロッパへの茶の独占的販売は広州が握った。中国物産は広州からイギリス東インド会社を通じて，イギリスに輸出された。その結果，イギリスは対中赤字と銀の流出に苦しむことになった。その解決策として，イギリス東インド会社は，インド産阿片の対中輸出を進め，イギリスは茶と銀と阿片のアジア三角貿易を行った。インド産阿片の中国での蔓延に悩んだ中国とイギリスの間で阿片戦争が起こり，中国が敗北し，さらにアロー戦争でも敗北することによって，中国は半植民地化していった（角山[2017]）。

毛織物から綿織物へ

　毛織物と綿織物では素材の性質が違う。毛織物は，イギリスの「国民的産業」として農民の土地を排除してそこに羊を飼うという第一次囲い込みで育成された。ここでは，イギリスとオランダの国家同士，また，イギリス・オランダの業者同士での商業戦・競争があった。しかし，こうしたヨーロッパの毛織物はアジアでは売れなかった。というのは，アジアは西ヨーロッパよりも相対的に暑かったからである。ヨーロッパのような寒冷地に適した毛織物はアジアでは需要がなかった。一方で綿織物に関してはヨーロッパの上流階級はインドのキャラコ・モスリンという高級品種を欲しがった。インドの綿織物産業は賃金が安く高級なものが作れるということで強力な国際競争力をもっていた。イギリスでは綿業産業革命が起こり，機械製造工程の革新が起こった。しかし，大工場制度で作るイギリスの綿織物は安かったものの，高品質・低賃金のインド綿をコスト・パフォーマンスで上回ることはできなかった。そのため，イギリスはインドの綿織物業者を人為的にほぼ壊滅させるという手段をとった。その結果，インドは綿輸出国から綿輸入国になった。

　イギリス東インド会社は1757年プラッシーの戦いを経てインドの内政に関与していく。1765年にはムガル皇帝からベンガルの地税の徴収権を得て商業会社でありながら領土支配統治に関与していき，そのプロセスで東インド会社では特許を与えられた独占会社であるが，イギリス系の自由商人カントリートレーダーも台頭していった。この頃，イギリス東インド会社が対外・対内軍事装置をもつイギリスのインド支配統治機構に転換していく。

Q75　西ヨーロッパ・アメリカとは異なる東アジアの発展モデルはあるのか？
　　〈東アジア資本主義〉
① 本文の用語
ウェスタン・インパクト論　　在来産業　　トヨタ・システム　　フォード・システム　　中村哲（歴史家）　　イギリス革命　　農業革命　　開放耕地制度　　農業資本家（借地農）　　モンゴル帝国
② 共通テスト
イブン・バットゥータ

Q76　ユーラシア大陸の東西で同時期に資本主義の胎動がはじまったのか？
　　〈西ヨーロッパと東アジア〉
① 本文の用語
杉原薫　　中村哲（歴史家）　　絶対主義国家　　東インド会社　　日本銀　　モンゴル帝国　　財政軍事国家　　朝貢冊封体制　　専制国家体制
② 共通テスト
アッバース朝　　フラグ

Q77　アジアが，いかにして域内経済交易を発展させたのか？〈アジア域内経済ネットワーク論〉
① 本文の用語
杉原薫　　華僑　　印僑　　日本銀　　東インド会社　　絶対主義　　開港
② 共通テスト
広州　　ゴア　　セイロン島　　マラッカ　　マカオ　　マニラ　　ヴァタビア　　アジア域内貿易

Q78　アジアは「貧しかった」のか？〈アジア物産〉
① 本文の用語
イギリス東インド会社　　キャラコ　　モスリン　　綿織物　　イングランド銀行　　茶　　陶磁器　　新大陸　　日本銀　　毛織物　　砂糖　　タバコ　　コーヒー　　絹織物　　航海条例　　重商主義　　砂糖プランテーション　　奴隷　　阿片
② 共通テスト
青磁　　白磁　　景徳鎮　　アンボイナ事件　　インド　　マドラス　　ボンベイ　　カルカッタ　　プラッシーの戦い　　オランダ東インド会社　　ジャワ　　バタビア　　マカオ

③　私立大学入試
第一次英蘭戦争　　第二次英蘭戦争　　チューリップ・バブル
④　国立大学二次試験（論述）
●オランダ東インド会社の17世紀におけるアジアでの活動を説明しなさい。（一橋大学・世界史・2011・第3問）
●オランダ商業覇権の興隆と衰退について説明しなさい。（東京大学・世界史・2010・第1問）

Q79　日本銀は世界経済においてどのような役割を果たしたのか？〈日本銀〉

①　本文の用語
香辛料　　木綿　　絹　　茶　　陶磁器　　アカプルコ　　マニラ　　日本銀　　イギリス東インド会社　　胡椒　　綿織物　　オランダ東インド会社　　マラッカ　　バタビア　　平戸　　毛織物　　石見銀山　　生糸　　福建省　　メキシコ銀　　重商主義　　戦国大名　　張居正　　人頭税　　一条鞭法
②　共通テスト
アカプルコ貿易（ガレオン貿易）　　天正大判　　ポトシ銀山　　日本銀　　商業革命　　価格革命　　マゼラン　　コルテス　　ピサロ　　堺
③　私立大学入試
生野銀山
④　国立大学二次試験（論述）
●16世紀から18世紀にかけての銀を中心としたグローバル経済について説明しなさい。（東京大学・世界史・2004・第1問）
●16世紀に新大陸の銀がヨーロッパに流入した影響を説明しなさい。（一橋大学・世界史・2017・第1問）

Q80　紅茶文化はイギリス資本主義においてどのような意味をもつのか？〈紅茶帝国主義〉

①　本文の用語
川北稔　　胡椒　　香辛料　　砂糖　　茶　　タバコ　　絹　　毛織物　　紅茶　　陶磁器　　イギリス東インド会社　　銀　　阿片　　三角貿易　　阿片戦争　　アロー戦争　　半植民地化　　毛織物　　綿織物　　羊　　第一次囲い込み　　キャラコ　　モスリン　　綿業産業革命　　プラッシーの戦い（1757年）　　ムガル皇帝　　ベンガル　　地税
②　共通テスト
北京条約　　コーヒーハウス　　マラッカ海峡　　クビライ
③　私立大学入試
天津条約

Chapter 11
アジア経済の多元的展開
（16-20世紀）

モンゴルのユーラシア支配はなぜ解体したのか？

〈元朝〉

中国大陸の統一

　モンゴルは13〜14世紀に陸海通交通網の形成と重商政策によって，南北中国の最初の大統合を達成する。陸路だけでなく，東シナ海・南シナ海・インド洋・地中海の諸海域をつなぐ交流を活性化させた。現在，中国が進めているようなユーラシア大陸を陸と海で結ぶという一帯一路構想の起源をどこに求めるかという議論があるが，その出発点は，モンゴルに見いだせる。元のクビライの時代に，日本，ベトナム，ジャワ，ビルマへと艦隊を派遣し，交易関係の充実を迫った。日本は元寇を撃退したが，日本と元との交流そのものは活発化して，14世紀には前近代最高水準の活況を示す。

大元ウルスの経済政策

　古松崇志『草原の制覇』は大元ウルスないし元朝の経済政策を次のように特徴づける。第一に，銀経済を背景とした紙幣制度である。モンゴルは，ユーラシア統合の過程で，広域で通用する通貨として，銀を採用し，銀の重量体系，重さの単位をユーラシア各地で統一した。そして徴税や貢納を通じて，支配地域の銀が元朝廷に集められた。ユーラシアの東西で流通する銀と紙幣が大きな特徴ということになる。第二に，主要な課税収入源は塩であった。塩は当時最大の商業だったが，その塩の税と商税といった商業流通に対する課税を柱としていた。元朝以前の隋・唐の伝統的な税制・国税の基本は，農業生産からの課税であったが，元朝は商業に立脚した国家であった。そして第三に，南宋の統合後，高い生産力を誇る江南の富に依存した財政運営を行った。大元ウルスは塩税，商税を柱とする税制と，穀物の海運を通じて，江南を中心とする中国本土からモンゴル朝廷の財物を吸い上げる仕組みを作り上げた。モンゴル朝廷は，

塩，商業に対する税金といった中国地域からの税収とユーラシア規模での商業活動を合わせて莫大な富を積み上げた。その富によって，科学技術，イスラムから科学技術者・文化を取り入れたことで，文化が非常に発達した（古松[2020：202-203]）。

14世紀の寒冷化とモンゴル帝国の解体

しかし，モンゴルは14世紀以降の寒冷化に打ち勝つことができなかった。1320年代辺りを境に，地球規模での寒冷化が起き，特にユーラシア大陸では，異常気象，エルニーニョ，小氷河期などの事態が起こった。14世紀半ばから後半にかけて，ユーラシア大陸各地でモンゴル諸政権，オゴデイ・ハン国，イル・ハン国，そして元朝というようなモンゴル系政権は解体局面に入っていく。他方，西域では，1340年代から西アジアからヨーロッパにかけてペストが大流行し，ヨーロッパにおいて暗黒の中世と呼ばれる時期が始まる（古松[2020：200-216]）。

12・13世紀には，モンゴル帝国を中心にユーラシア大陸の東西におよぶ大帝国が築かれたが，これが14世紀に解体していく。モンゴル帝国の解体によって，ユーラシア大陸を覆っていたこの連絡網，陸の通路が分裂したままだった。ユーラシアの草原地帯の，この商業路は回復せず，その一方で，この時期から地理的発見，スペイン・ポルトガルの大航海時代が開幕する。ヨーロッパの海路によって結ばれた世界ができてくる。ユーラシア主導の大航海時代に，環大西洋革命がユーラシアの草原地帯の交易に取って代わるという，非常にダイナミックな変化が始まる（岡本編[2013：30-32]）。

蒙古撃退は「神風」によるものか？

〈元寇〉

なぜクビライは日本を攻めたのか？

　文永の役の段階で元朝・クビライの至上課題は宋の打倒であった。宋を打倒することが，モンゴル民族が世界・アジアにおいて盟主になるために必要であったからである。それに対して日本は宋と友好関係を結んでいて，通商関係も密接であった。そんななか，クビライにとって日本が重要だった。日本が火山列島だったために，その当時の敵国宋の火薬の原料であった硫黄が，日本，特に九州で産出されていたためである。日本は硫黄を火山のない宋に輸出した。宋は，日本から輸入する硫黄を原料とした火薬に基づき，モンゴルに対して抵抗を示していた。元としては，これを食い止めることが必要であり，そのためには火薬の原料である日本の硫黄を制圧する必要があった（山内［2009］）。

蒙古撃退は「神風」によるものか？

　古代から中世にかけて，日本国家・社会は，中央集権から地方分権へ，貴族的大土地所有から在地の封建的小土地所有へ，血縁的結合から地縁的結合へと大きく転換していった。武装した土地所有者は，武士に転化し，鎌倉幕府を仰ぐ鎌倉武士団を形成していき，そうした封建的関係の軸は「御恩と奉公」といった土地所有権の保証と対価としての軍役であった。元寇ではこの鎌倉武士団の軍役に基づく軍事力が発揮された。

　元寇撃退の要因としては，しばしば突然の台風が果たした役割が強調されてきた。確かに，台風はモンゴル軍に対する効果的な打撃だったが，もし台風が来なかったとしてもモンゴルが日本を制圧するだけの戦争の継続力がなかったと判断できる。すなわち，「神風」によって元寇が撃退されたとは断言できないのである。台風が来なかったとしても，鎌倉武士団はモンゴルを撃退できた

であろう。しかし，元寇は深刻な影響を鎌倉幕府に与えて，結局は鎌倉幕府が滅亡する一つの大きな要因になった。なぜなら，元寇が終わったあとも，再度の襲来に対して警戒態勢を継続する必要があったためである。これは一方においては，軍事財政的な支出を伴うものであり，他方において，幕府の支配力を強化するものであった。そして，北条氏の一門が幕府の要職，守護職を独占する結果になったため，御家人層に動揺が広がった。元寇では各御家人が武器自弁で参戦した。今までは戦功があった場合，幕府から恩賞が与えられていた。御恩と奉公というのはセットになっていた。しかし，元寇撃退は防衛戦争であったため，功績のあった武士に対しての恩賞が不十分だった。この事態は御家人層に経済的窮乏をもたらした（服部［2017：i-v, 218]）。

神風史観

元寇撃退の結果，鎌倉幕府に対する御家人からの信頼が失われていった。その反面，外敵を撃退したことによるナショナリズムの高揚と，文永の役，弘安の役ともに，二度とも台風（神風）が吹いて蒙古軍を撃退したことは，ストーリーテリングとして神聖化されていき，神国意識が生まれた。こうした神風史観は，特に太平洋戦争の時期には日本で強烈に信仰された。アメリカに対する無謀な戦争を無批判に国民が支持し続けた背景の一つとして，プロパガンダとして，最終的には神風が吹く，だから日本が勝つというように言われていたという言説空間が指摘できる。

「湖広熟すれば天下足る」とは？

〈江南経済〉

図表 地方間分業（明代）

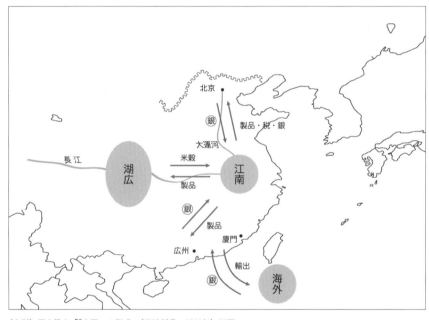

（出所）岡本隆史『「中国」の形成』（岩波新書，2020年）85頁

湖広熟すれば天下足る。

　明朝の建国は，モンゴル支配に対する漢人のレジスタンスが原動力で，南京を起点にしてモンゴル政権から中国本土を離脱させていったといえる。そのため，強烈な中華イデオロギーをもっていた。地域的には，南部が発達し，湖北・湖南が豊作なら食料が賄えるという意味の「湖広熟すれば天下足る」とい

う言葉ができたのもこのときである。つまり，江南地域・南部の中国経済における ウエイトが高まったのである。この時期に，今日まで継続する南北格差が 発生した。この南北格差を一つの政権がコントロールするのは非常に難しかっ た。経済的に先進的な江南と，経済的に後進地の北部，これをコントロールし， 統一的に処理しようとする場合に，経済後進地の北部を高めるのは，非常に困 難であった。そのため，経済先進地の江南を抑制するという政策が，初期明朝 の特色であった。

　明朝は，北方中原を基準にした財政金融政策を，南方江南を含めた中国本土 に適用したので，税を現物で人民から徴収する現物主義をとった。そして，民 間の貿易は禁じる一方で，国家管理のもとでのみ貿易を許可し，工業化した江 南デルタで産する生糸と絹製品を中国物産として，ヨーロッパ・日本に輸出し た。また，気候的に中国でしか作れない茶や陶磁器がヨーロッパ向け中国物産 として重要だった。

　このころの江南，地方間分業の図によると，湖広で米を作り，江南で製品を 作って，それを広州，厦門から海外に輸出した。このころ，中国物産がイギリ ス，西ヨーロッパに輸出されていた。その見返りとして銀がイギリス，西ヨー ロッパから広州を通じて中国に吸収されるという構造だった。銀が海外から江 南へ，そしてその北京からも江南へ銀が運ばれた。

第二次商業革命

　宋の時代には，沖積平野の開発や水稲栽培の普及，江南デルタへの人口集中 など第一次商業革命が質的な次元で進行した。それに対して，明代後期の第二 次商業革命は量的な革命であった。第二次商業革命は，大航海時代の銀の奔流 が促したものであり，グローバルな規模であった。もともとイギリスや西ヨー ロッパで銀が採れるわけではなく，ヨーロッパが新大陸と日本から入手した銀 が回りまわって，中国に来るという，グローバルな商業革命であった（岡本編 ［2013：185, 190-191］；丸橋［2020：v-vi］；壇上［2020］）。

明朝はなぜ北虜南倭に苦しんだのか？

〈北虜南倭〉

図表 勘合貿易

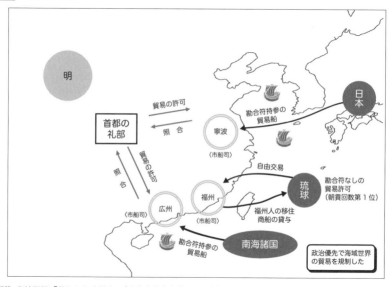

（出所）宮崎正勝『早わかり東洋史』（日本実業出版社，1999年）187頁

大航海時代と中国経済

　16世紀，スペイン，ポルトガルが植民地帝国の建設に乗り出した一方，明朝は民間貿易を禁じ，国内的にも現物主義をとったように商業活動を取り締まった。ヨーロッパ諸国は，重商主義国家になっていったのに対し，明朝では，政治と経済の権力が分離していった。さらに17世紀になると，日本が群雄割拠の戦国時代に突入し，戦国大名たちは自分の領地の銀山，鉱山の開発を進めた。その銀を輸出して，主にポルトガル商人を経由して中国大陸から生糸を輸入した。この時期，北虜南倭という言葉がキーワードになる。北のモンゴルの侵攻

と南の倭寇を指す。倭寇の中身については，初期の倭人・日本人が中心だった時期から，もっと遠くの東南アジアの各地域の人々が担い手になった時代へと変化していたことが指摘される。モンゴル帝国に代わって中国を支配した明朝は，北のモンゴルからの侵入と南の倭寇になぜ苦しんだのか？　大航海時代においては，新大陸から産出した大量の銀が中国に殺到し，一方，日本列島においては戦国時代の金山，銀山への開発ラッシュから，中国の第一の貿易相手国に日本がなっていった。それにも関わらず，明朝が民間貿易の取締まりを強化したため，16世紀半ばから密貿易の倭寇という海賊問題になっていった。新大陸からの銀，日本からの銀と，生糸，絹，茶，陶磁器などの中国物産の交換というものがグローバルに展開していったのである。

　経済にとっては外的なことであるが，14世紀から始まった気候変動が，この時期の17世紀には深刻化し，寒冷化現象が深刻になった。16世紀大航海時代による商業ブームとグローバルな経済の活性化の後だけに，17世紀の気候変動はかえって深刻な事態を引き起こした。一方，新大陸，そして日本の銀山ともに産出が減少していき，「14世紀の危機」に比すべき状況に突入した。これを「17世紀の危機」という。この危機はヨーロッパでは三十年戦争として具現化する。この危機にイギリスは名誉革命を画期として登場し，財政軍事国家としてこれを克服し，農業革命，産業革命を含めて世界をリードしていった。

『国姓爺合戦』

　それとは対照的に中国はカオスに陥っていく。その後，清朝が登場するが中国支配は難航する。さらに鄭成功の乱が起こる。歌舞伎の演目でいう『国姓爺合戦』である。明朝の皇帝の家の姓をもつ鄭成功が台湾を拠点に，明朝の残党を組織したレジスタンスを清朝に繰り広げたので，清朝は厳重な海禁，つまり海岸地域におけるコントロールを強めた。そのため，中国の特産品が海外に売れず，銀が入らなくなった。つまり，中国物産とヨーロッパを媒介にした新大陸の銀との交易が，非常に細ってしまった（丸橋［2020］；壇上［2020］；岡本［2020：v-vi］；岡本編［2013：178-181, 187-189, 195］；木土博成「海禁・日本型華夷秩序：対外関係をどのように称すか」日Ⅲ-5：164-165；須田牧子「海賊と倭寇：倭寇は海賊か，海賊と何か」東Ⅲ-12：180-181）。

Q 85 初期清朝の経済はなぜデフレ化したのか？

〈康熙デフレ〉

図表 貯水池連鎖モデル

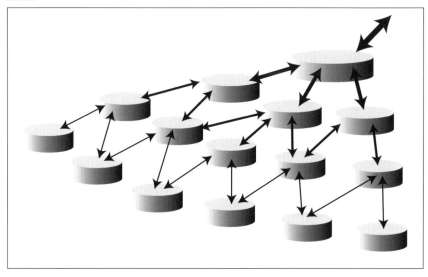

（出所）岸本美緒（豊岡康史訳）「2章 十九世紀前半における外国銀と中国国内経済」（豊岡康史・大橋厚子編『銀の流通と中国・東南アジア』（山川出版社，2019年）146頁）

貯水池連鎖モデル

　岸本美緒によると，清代中国の市場構造は，水路でつながれた段差のある小貯水池群，それぞれの貯水池は水路で結ばれ，いわば動脈がだんだんと枝分かれしていく，毛細血管へとつながっていくような構造であった。その水が貨幣銀であり，貯水池というのは個々の地域市場であった。大市場ではなく，小さな市場がたくさんあった。段差のある小貯水池がたくさんあって，それが水路で結ばれていて，毛細血管現象となっている。一つ一つの貯水池は浅く，外か

ら供給が絶えずないと，水，つまり貨幣としての銀がすぐ枯渇してしまう。そしてその水源というものが，外国貿易，ヨーロッパからの銀であった。イギリスからの銀が，この中国経済を満たしていた。つまり，外国貿易，特にイギリスとの貿易が，中国のGDPに占める割合そのものはそれほど大きくなかったとしても，実際に果たしていた役割からすると非常に大きな意義を持っていたのである。貯水池理論で説明すると，各地の個別地域においては，銅銭が流通したが，その個別地域同士を結んでいた貨幣銀が少なくなると経済全体が委縮してしまった。この時期の地方間分業は，構図としては，先ほどの明代のものとだいたい同じ構造であるが，特に江南と東三省が開発されていた。江南で作られた茶・生糸が中国物産として重要であった（岸本［2019］）。

康熙デフレ

　1660年代以降，それまで潤沢に銀を供給していた日本から中国への輸入が激減する。日本の銀が入らなくなった。この事態は，康熙・雍正・乾隆という清朝の初期の各皇帝が対応すべき喫緊の経済政策課題であったが，その対応は，康熙デフレと乾隆インフレといわれるように異なるものであった。康熙帝は，緊縮財政をとり，銀の流通が激減した（康熙デフレ）。1630年代から40年代においては，世界的に異常気象と飢饉が起こった，1618年から48年の三十年戦争も，その背景には，こうした異常気象と飢饉があった。ヨーロッパが危機を克服するなかで近代に突入していったのに対して，明末清初の中国は明末以来の経済構造を前提とするに留まり，銅を貨幣とした地域経済圏が分立した。銀が地域間を結び付け相互の取引決済を成り立たせていたが，銀が少なくなると経済が委縮してしまった。清朝の税制は，現物主義の明朝とは根本的に異なり銀を基盤にした。一条鞭法と地丁銀という。清朝も安定的な財源の確保のために，新たな徴税方法として種々雑多な負担，もとより徭役（労働による徴税）をひとまとめにして，それを所有する土地と成年男子数に応じて，銀に割り当てた。割り当ての基準が土地であったため，地丁銀と呼ばれ，その納入負担を地主に求めた（岡本［2020：79-82］；岡本編［2013：191,195-198］；岡本隆司「清の対外関係：なぜ新たな視座が求められるのか」東III-25：206-207）。

中国経済はなぜ「マルサス・サイクル」を克服できなかったのか？

〈大分岐〉

図表 地方間分業（清代）

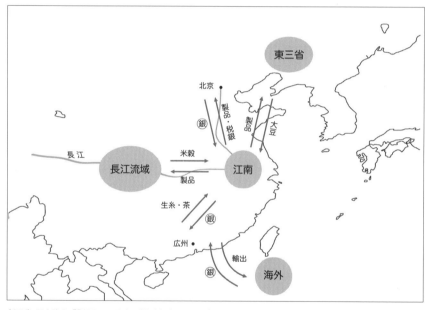

（出所）岡本隆史『「中国」の形成』（岩波新書，2020年）81頁

乾隆インフレ

　このころの中国の交易相手は，東南アジアとインドが中心であった。インドは南京木綿と呼ばれた木綿を輸入した。イギリスは，17世紀終わりごろに中国に到来し，広州に進出した。本格的に貿易が拡大するのは18世紀後半からで，貿易量が急激に増大した。中国は特産品として，生糸，茶，陶磁器を供給した。

日本の銀が途絶してしまった代わりにイギリスからの銀の輸入が拡大していった。イギリスからの銀の流入によって，18世紀後半から中国経済はインフレ化・好況化していく（乾隆インフレ）。各地で銅銭が不足するほどインフレが進んだ。

マルサスの罠（マルサス・サイクル）

　乾隆インフレのもとで人口爆発が起こった。17世紀の危機ぐらいまでは，中国の人口はおよそ1億人以下であった。それが18世紀半ばには3億人。そして19世紀初頭には4億人と上昇していく。同時に，膨大な銀の流入と物価の上昇により，全体の富は増えるが，1人あたりの取り分は少なくなるという現象が起きた。そして社会全体の貧困化と治安の悪化という「マルサスの罠（マルサス・サイクル）」的な状況に陥った。ヨーロッパの場合，イギリスを筆頭にしてマルサスの罠という経済停滞のサイクルを脱していったが，中国経済はマルサスの罠を克服できなかった。経済活性化にも関わらず，そうした停滞状況と貧困化が進んでいった。その結果，アジア経済とヨーロッパ経済を対比する場合には，マルクスも陥っていたと言われる「アジア的停滞」の外観が発生した（岡本［2000：90-92］）。

　ポメランツがいう18世紀のヨーロッパとアジアの「大分岐」，中国，ヨーロッパ，そして近代世界経済の形成という対比もこうした点から考えることも可能である。明清時代，15世紀から19世紀においては，大航海時代に始まる西洋近代の世界経済形成との関係から，中国独自の経済構造が形成されるということである。特徴としては，膨大な人口と豊穣な生産，海外貿易への依存，政治と経済，権力と社会の乖離が進行した。

　グローバル銀経済が，イギリス，インド，中国との三角貿易のなかでどのような意味合いを持ち，そしてそれが徐々に阿片貿易に転換していったのか，そして阿片戦争に突入していったのか？（村上衛「大分岐」西IV-5：194-195）。

Q87

イギリス産業革命はなぜ阿片戦争を引き起こしたのか？

〈阿片戦争〉

図表 イギリス産業革命と阿片戦争のメカニズム

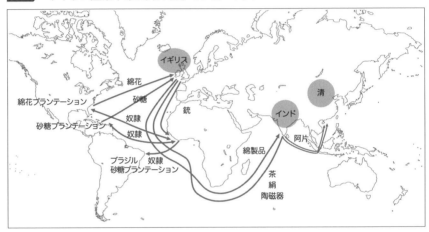

　18世紀を通じてイギリス人は茶と生糸といった中国物産を欲した。紅茶を飲む文化は，当初，上流階級から始まって，大衆に広がった。また，イギリス人は，中国の生糸・絹・陶磁器も好んだ。紅茶は陶磁器ともセットになっており，イギリスの近代文化は，中国物産に非常に依存していた。その結果，イギリスの銀が中国に流出する出超現象がイギリスでは起こっていた。

　この銀流出に対して，イギリスの産業革命の少し前にあたる1792年，全権大使マカートニーが，銀流出状況の改善を清朝に求めたが，清朝は要求をすべて拒絶した。実態としては，イギリス・ヨーロッパからの銀が，中国の内的な経済に深く浸透していたということからすると，中国清朝が自給自足だったとは言えないが，清朝は強気なスタンスを崩さなかった。

しかし，**産業革命期のイギリス**は，資本の増強や投資のために国内での資金需要が増大していた。そうすると，茶の対価として大量の**銀**を持ち込む貿易が次第に困難になっていった。その一方，イギリスはインドでは，**イギリス東インド会社**がインドを植民地化していった。ここで第三の商品として，麻薬・阿片が登場する。植民地化していたインドの阿片を中国に持ち込むことによって，その売り上げで茶への支払いを相殺した。つまり，それまでイギリスと中国との間では銀と茶との交換だったが，銀での支払いが産業革命のために難しくなったので，インドから阿片を中国に輸出したのである。

　イギリスでは産業革命の結果，**綿工業**が成長する。そのため，アメリカからますます多くの原料の**綿花**の輸入に依存することになったイギリスは，アメリカへの支払いを，阿片輸出の黒字で賄える貿易構造に変え，最終的な決済をロンドンの金融市場に集約する**国際多角決済機構**を構築した。つまり新大陸，それからインド，中国を巻き込む貿易機構をイギリスが作っていった。そして産業革命が進むほど，多くの阿片が中国に流入した。18世紀末の輸入は約40万人分だったが，1838年には10倍の400万人になった（岡本編［2013：200-201］）。つまり，イギリス産業革命は，アフリカからの**奴隷**をアメリカ南部・西インド諸島へ輸出し，アメリカ南部で黒人奴隷に綿花を作らせ，綿花を素材にイギリスで綿製品を作り，インドの綿工業を力ずくで潰し，インドに逆に綿製品を輸出し，さらに中国からは茶を，西インド諸島からは**砂糖**を輸入する「**紅茶帝国主義**」であった。

　この国際多角決済機構の仕組みを回転させるためには，インドから中国への阿片の輸出は決定的な要であった。岡本が言うように，**阿片貿易**がなくなったら，産業革命のみならず世界経済も立ち行かなかった（岡本［2020：128-130］；村上衛「アヘン戦争：その意味をいかに再考するか」東IV-21：258-259）。

幕藩体制の矛盾とは？

〈天保の改革〉

幕藩体制の矛盾と「厳密な意味でのマニュファクチュア段階」

　幕藩体制の各藩は，農村の自給自足経済に立脚しており，本百姓が生産した米を大阪で換金し，その貨幣を俸禄として家臣らに払った。農業技術の改良・肥料の改善・新田開発が進み，農業生産力が増大していったため，貨幣経済が農村に浸透していき，これに対応するために商人，農民は，それまでの米中心の商品生産からさらに様々なものを作るようになっていった。

　農村へ貨幣経済が浸透すると農民層が富農と貧農に分解していき，富農が富を蓄積する一方，小農が没落していき，彼らは土地を失って小作化・日雇い化，あるいは農村を捨てて都市に流入していった。こうして農民層分解，階層分化が起こり，田畑を持った本百姓が解体していった。地域によっては百姓一揆のようなレジスタンスが発生し，農村が荒廃していった。18世紀以降の天候の変動による天災，凶作，飢饉といった現象が頻発し，幕藩体制が動揺していくなかで，貨幣経済が幕藩体制の統制力を超えて膨張していった。貨幣経済の農村への浸透が加速し，一方において富農は土地を集積し，商工を経営する在郷商人に転化していった。富農と商業資本が成長していく。この構図のなかで各藩の武士と貧農は困窮していった。これが幕藩体制の矛盾であった。また，農民の生活圏が拡大する一方で，幕藩の分離統制政策が徐々に破綻していき，惣百姓一揆の広域化という現象も起こった。富農・商人による問屋制家内工業の進展と家内制手工業（マニュファクチュア）が進展し，服部之総がいう「厳密な意味でのマニュファクチュア段階」に，幕藩体制下の開港前の日本が達していったのである。しかし，一方の藩財政は貨幣支出の増大によって窮乏化していった。その根本的原因は，米の増産とともに米の価格が安くなり，反面，農村での商品生産，あるいは家内制手工業で作られた商品（諸色）の値段が高く

なっていく「米価安の諸色高」であった。これが藩財政を圧迫していったのである。農村での商品生産の展開，天明の大飢饉によって，農民の階層分化が進み，それに対する藩政改革の基本対策は，貢納確保のための小農保護であった。各藩は，藩財政の窮乏化への対策として，**殖産興業・専売制**を進め，農民の商品生産とその流通の利を吸収していこうとした。こうした藩政改革を断行して成功した藩が雄藩になっていき，特に殖産興業・専売制で成功した**薩摩藩**が，強大な軍事力を持っていき，結果として**倒幕・明治維新**の原動力になっていく。

内憂外患

　天保期には事態は**内憂外患**の緊急度が増していく。内憂としては，各藩と同じ経済システムを取っている幕府も同様の問題を抱えており，幕府財政の危機が進んだことが挙げられる。**天保の大飢饉**では農産物被害，流通機構の変動に伴う物価高，領主経済・武士の貧困化・一揆・打ち毀しが起こった。外患としては，ロシア・アメリカなど列強の接近と，さらに阿片戦争での清朝の敗北が日本に大きなショックを与えたことが挙げられる。幕藩体制は，ドイツの領邦絶対主義に相当する，絶対主義・封建制が高度に発達した段階にあった。中国・朝鮮などアジア諸国と比較すると，自立的小農民経営を社会的基盤とし，小農経営を経済外的・人格的に支配することによって，剰余労働を地代として搾取する体制すなわち，広義の農奴制社会であるという点で共通していた。しかし，中国・朝鮮の場合は国家が全国的に統一管理したのに対して，幕藩体制での幕府は，独立した領邦国家のリーダーに過ぎなかった。そのため，**戊辰戦争**などでは雄藩が幕府に対抗する勢力になっていったという違いがあった（中村［1978］；荒木裕行「幕藩関係：幕府と藩はどのように政治交渉していたのか」日III-11：176-177；伊藤昭弘「藩財政：大名は『倒産』するのか」日III-12：178-179；萬代悠「地主と小作人：地主はどのように小作人と小作契約を結んだのか」日III-17：188-189；小松賢司「近世後期の村社会：近世後期の村はどのような矛盾を抱えていたのか」日III-19：192-193）。

Q81 モンゴルのユーラシア支配はなぜ解体したのか？〈元朝〉

① 本文の用語

一帯一路　クビライ　元寇　オゴデイ・ハン国　イル・ハン国　大航
海時代　環大西洋革命

② 共通テスト

火薬　遊牧民族　騎馬遊牧民　タタール　匈奴　冒頓単于　鮮卑
柔然　烏孫　突厥　月氏　ウイグル　羅針盤　モンゴル帝国　カ
ラ＝ハン国　チンギス・ハン　テムジン　ハン（汗）　クリルタイ　千
戸制　オゴタイ・ハン　カラコルム　チャガタイ・ハン国　トゥルイ
バトゥ　キプチャク・ハン国　フラグ

Q82 蒙古撃退は「神風」によるものか？〈元寇〉

① 本文の用語

文永の役　クビライ　硫黄　火薬　鎌倉幕府　鎌倉武士団　御恩
奉公　元寇　「神風」　守護　御家人　弘安の役

② 共通テスト

元　色目人　漢人　南人　駅伝制　交鈔　ラマ教　紅巾の乱
武士　大都　ハイドゥ　銅銭　金　女真　靖康の変　勘合貿易
明銭　永楽帝　西遼（カラキタイ）　女真文字　ヌルハチ　オゴタイ・
ハン　アンカラの戦い　バヤジット１世

④ 国立大学二次試験（論述）

●鎌倉幕府における将軍と北条家の関係について説明しなさい。（東京大学・日
本史・1997・第２問）
●執権政治の確立過程について説明しなさい。（京都大学・日本史・2019・第４
問）
●承久の乱の意義について説明しなさい。（東京大学・日本史・2019・第２問）
●元寇について説明しなさい。（東京大学・日本史・1993・第２問）

Q83 「湖広熟すれば天下足る」とは？〈江南経済〉

① 本文の用語

「湖広熟すれば天下足る」　江南　現物主義　第一次商業革命　第二次商
業革命　大航海時代

② 共通テスト

張居正　土木の変

Q84　明朝はなぜ北虜南倭に苦しんだのか？〈北虜南倭〉

①　本文の用語

重商主義国家　　戦国大名　　生糸　　北虜南倭　　倭寇　　生糸　　絹　　茶
陶磁器　　三十年戦争　　名誉革命　　財政軍事国家　　農業革命　　産業革命
鄭成功の乱　　『国姓爺合戦』　　海禁

②　共通テスト

紅巾の乱　　白蓮教徒の乱　　朱元璋　　南京　　朝貢貿易　　鄭和　　足利義
満　　李自成　　鄭氏台湾　　豊臣秀吉　　朝鮮出兵（文禄・慶長の役）　　北
宋　　王安石　　朱元璋　　宋銭

④　国立大学二次試験（論述）

●日明勘合貿易について説明しなさい。（東京大学・日本史・1998・第2問）
●日宋貿易と日明貿易を比較しなさい。（一橋大学・日本史・2002・第1問）
●明朝が滅亡した政治的・経済的・社会的原因を説明しなさい。（一橋大学・世
　界史・2014・第3問）

Q85　初期清朝の経済はなぜデフレ化したのか？〈康熙デフレ〉

①　本文の用語

康熙帝　　雍正帝　　乾隆帝　　康熙デフレ　　乾隆インフレ　　一条鞭法
地丁銀

②　共通テスト

八旗　　朱印船貿易　　支倉常長　　伊達政宗　　三浦按針　　糸割符制度
出島　　鉄砲　　26聖人殉教事件　　島原の乱

③　私立大学入試

三藩の乱　　キャフタ条約　　ネルチンスク条約（1689年）　　康熙字典

Q86　中国経済はなぜ「マルサス・サイクル」を克服できなかったのか？
　　　〈大分岐〉

①　本文の用語

南京木綿　　生糸　　茶　　陶磁器　　日本銀　　乾隆インフレ　　マルサス・
サイクル　　「アジア的停滞」　　大航海時代　　三角貿易　　阿片貿易　　阿片
戦争

②　共通テスト

女真　　ヌルハチ　　ホンタイジ　　三藩の乱　　公行

Q87　イギリス産業革命はなぜ阿片戦争を引き起こしたのか？〈阿片戦争〉

①　本文の用語

茶　　生糸　　絹　　陶磁器　　紅茶　　マカートニー　　産業革命　　銀

イギリス東インド会社　　阿片　　綿工業　　綿花　　国際多角決済機構　　奴
隷　　砂糖　　阿片貿易
② 共通テスト
三角貿易　　アマースト　　阿片　　林則徐　　阿片戦争　　南京条約　　香港
不平等条約　　アロー戦争　　アロー号事件　　アイグン条約　　大西洋世界
洪秀全　　太平天国の乱　　広州（カントン）貿易　　キャフタ条約
③ 私立大学入試
望厦条約　　黒旗軍　　劉永福　　黄埔条約　　天津条約（1858年）
④ 国立大学二次試験（論述）
●清朝衰退の原因と清末改革の意義について説明しなさい。（一橋大学・世界史・
　2007・第3問，一橋大学・世界史・2013・第3問）
●阿片戦争・アロー戦争の原因と結果について説明しなさい。（一橋大学・世界
　史・2005・第3問，京都大学・世界史・2007・第2問，一橋大学・世界史・
　2012・第3問，一橋大学・世界史・2015・第3問）

Q88　幕藩体制の矛盾とは？〈天保の改革〉

① 本文の用語
本百姓　　農民層分解　　家内制手工業（マニュファクチュア）　　「厳密な意味
でのマのニュファクチュア段階」（厳マニュ説）　　「米価安の諸色高」　　藩財政
殖産興業　　専売制　　雄藩　　薩摩藩　　倒幕　　明治維新
② 共通テスト
百姓　　百姓一揆　　大名　　武家諸法度　　藩　　享保の改革　　年貢米
農村工業　　荻生徂徠　　新井白石　　惣村　　徳川綱吉　　萩原重秀　　元禄
小判　　水野忠邦　　松平定信　　寛政の改革　　天保の改革
④ 国立大学二次試験（論述）
●江戸時代における米の商品化について説明しなさい。（東京大学・日本史・
　1995・第3問）
●江戸時代における農村の変化について説明しなさい。（東京大学・日本史・
　2001・第3問，東京大学・日本史・2012・第3問，一橋大学・日本史・2001・
　第1問）
●幕藩体制における領主財政について説明しなさい。（一橋大学・日本史・
　2010・第1問）
●18世紀後半以降の幕藩体制の財政難について説明しなさい。（京都大学・日本
　史・2013・第4問）
●田沼改革について説明しなさい。（一橋大学・日本史・2010・第1問，京都大
　学・日本史・2020・第4問）
●松平定信の農政について説明しなさい。（一橋大学・日本史・2000・第1問，
　一橋大学・日本史・2004・第1問，一橋大学・日本史・2015・第1問）

●江戸時代後期の藩政改革について説明しなさい。（一橋大学・日本史・2019・第1問）

●江戸後期における内憂外患について説明しなさい。（東京大学・日本史・1997・第3問）

PART Ⅵ

ニシエヒガシエ

●基本地図Ⅵ：ヨーロッパの拡大

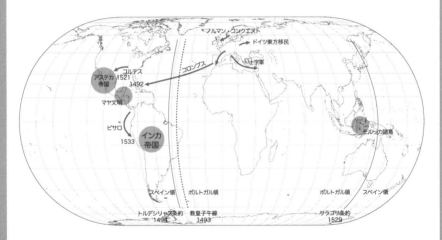

Chapter 12
フィクションとしての
「ウェストファリア」

「ウェストファリア」は近代国際秩序の始点か？
〈ウェストファリア条約〉

西ヨーロッパ封建時代の「国際関係」

　西ヨーロッパの領主たちの財産権は，封建帝国（650-950年），封建的無秩序（950-1150年），封建的国家体系（1150-1450年）と推移した。9世紀にカロリング帝国（カールの戴冠（800年）以降の西ローマ帝国）が崩壊すると，1000年からの危機の時代にバン的支配権（指令・課税・罰令・裁判・法令などの罰令権）が登場し，バン的支配権に基づいた財産設定が11世紀の四つの地政学的拡張（ノルマン・コンクエスト，レコンキスタ，十字軍，東方植民）の条件となって，ヨーロッパの辺境部に封建的な搾取関係を導入した。やがて危機の時代が終わっていくプロセスで，バン的支配権は封建的な王侯が地域ごとに政治的権威を再度固めていったことでそれ自体が変化し，もはやカロリング帝国の中枢部という狭い地域に限定されず，ヨーロッパ大陸全体を覆うようなかたちで，多様な封建的王国からなる無秩序な体系を生み出した（テシィケ［2008：107-110, 117]）。

「ウェストファリア体制＝主権国家体制」？

　東アジアでは中華帝国体制が長く続いた。明清帝国秩序においては西ヨーロッパのような形の国家間の競争は存在しなかった。そこにヨーロッパの列強が進出してくる。そして，中華秩序の周辺から日本が自立化していく。この時期，中華帝国体制は「停滞」していたといってもよい。それに対して，西ヨーロッパには国家間競争があり，そこから資本主義が勃興した。

　そうした国家間競争の起源，近代国家間の体系のスタートがウェストファリア条約の主権国家体制といわれるが，このウェストファリアで本当に主権国家体制が成立したと評価できるであろうか。テシィケは，これを「ウェストファ

リアの神話」と呼ぶ。このウェストファリアの神話とはそもそも何なのか？その謎を解くことは中世の国家体系から近代国家体系への転換の構造を探ることにもなる。

　1618年に三十年戦争が始まり，1648年にウェストファリア条約が締結された。通説ではウェストファリア条約をもって主権国家体制が成立したとみる。そのような1648年イコール絶対主義国家間の関係規定の始まりであったという見解に対して，テシィケはウェストファリア条約を締結した主体は国家ではなく，領主だったという点をもって反論する。ウェストファリア条約締結主体が王朝国家である点で前時代的な国際秩序であり，それ以前の国際秩序を確認したにすぎないというのがテシィケの主な立論である。

　絶対主義国家については種々の定義があるが，さしあたり大まかに，封建制から資本主義への過渡期に西ヨーロッパで現れた中央集権的専制国家，神格化され無制限の権力を持つ君主と理解しよう。つまり，この無制限の（絶対的な）権力を君主が持つ，これが絶対主義の本質である。巨大な官僚機構，常備軍，警察などをもって人民を専制的に支配する。絶対主義は，権力が分散しておらず中央集権国家の権威（オーソリティ）のもとに，すべての権力が集中しているという意味である。テシィケによる「ウェストファリア講和条約の謎を解く」を考えると，第一に，ウェストファリア条約を結んだのは国家間でなく支配者同士であったということを考える必要がある。第二に，ウェストファリア条約が新しい国際関係の原則を確立したのではなく，既存の法的慣習を明確化したにすぎない。そして第三に，ウェストファリア条約の核心部分は完全なる法的主権国家を確立したわけでなく，フランスの利害に沿った平和を，フランスの監視のもとで確立したにすぎない。その戦で神聖ローマ帝国（ドイツ政治）が国際化された。つまり，三十年戦争の勝者は，フランスとスウェーデンで，敗者は神聖ローマ帝国（ドイツ）であった（テシィケ［2008：23-27, 293-295, 328-330］；上田耕造「近代国家生成論」西II-21：108-109；古谷大輔「主権／主権国家／主権国家体制」西III-12：148-149；皆川卓「神聖ローマ帝国論」西III-18：160-161；斉藤恵太「三十年戦争」西III-22：168-169）。

ヨーロッパの騎士主導の拡大がなぜ
11世紀に起こったのか？
〈レーエン制〉

「封建」制度とは何か

　近代資本主義社会は世界性をもち，利潤追求を目的とする経済のダイナミクスがあるため，社会原理は一つであるが，前近代社会は，時代毎・地域毎に多種多様である。資本主義には比較的イメージしやすい産業革命や近代的国家制度など，一応収斂するポイントがあるが，封建制はその地域の数だけ封建制と言われるものがある。封建社会というのは，だいたい農業活動をベースにしており，そのためその土地と農業労働者，あるいは農奴との関係ということが問題になる点が違う。特にアジアの，たとえば封建制の名前の由来である英語のFeudalismが日本や中国の封建という言葉と結び付いたとしても，指している内容が実は違うことがあり得る。さらに奴隷制というワードにしても同じことが言える。たとえばヨーロッパ型の家内奴隷制やアジア型の国家奴隷制の二大類型以外にも，近代での近代奴隷制，特にアフリカからアメリカ大陸や西インド諸島に商品として販売されたアフリカ系の人の子孫である黒人奴隷制がある。中世・近世・近代というと，いつからが中世，いつからが近世だということが，日本史でも西洋史でもよく議論になる。日本の歴史好きの人の関心をひき，ベスト・セラーによくなるのは，戦国時代・室町時代である。ではこの時期の中世から近世への転換のポイントになる出来事が，承久の乱であったのか，観応の擾乱であったのかということが問題になる。この点，西洋史の場合に重要なのは，封建主義・絶対主義・重商主義といった時期区分である。

カロリング帝国秩序の解体

　カロリング帝国秩序の解体によってヨーロッパは秩序から無秩序へ解体していった。10世紀ヨーロッパにおいて，政治的に高度に支配されたバン的支配権

が登場した。9世紀のカロリング帝国は，制度上では公的なローマの要素と封建的個人的なゲルマンの要素が特有な形で組み合わさっていた。当時の王国は国王の私有財産であった。そのため，カロリング帝国は外と内からの挟み撃ちにあっていたといえる。外からとして，侵入者に備えるために属州に自治権を与えたが，こうした自治権が大諸侯の基盤となり，帝国の支配解体につながっていった。次に内からとして，貴族たちは公的な政治権力を私物化していった。その結果，1000年ぐらいに封建革命が起こり，国王・大貴族から封建貴族・小さな領主へ実権が転がり落ち，独立したバン的支配権の勃興が始まった。封建制度については，テシィケの定義によれば，封建社会の基本単位は政治と経済を融合した領主制度であり，これは「条件付き財産」としての領主権と小作農から搾取する権利は土地の保有を認めてくれた君主に対する軍事的，要請的義務を伴う。これが合法的な暴力の分散が中世国家の特質である（テシィケ[2008：124-131]）。11世紀の，ブリテンのノルマン・コンクエスト（征服），スペインのイベリア半島におけるレコンキスタ（国土回復運動）は，イスラムが支配している地域を領土再獲得というような名目で広がっていく。あるいはドイツの東方植民や，十字軍の遠征による地中海への進出，ポルトガル，スペインの大航海によって，11世紀のヨーロッパ拡大というのがなぜ起こったのか。こうした「ヨーロッパ」の拡張は同時に，ヨーロッパ辺境部に封建的な組織関係，借地関係を拡大していく（テシィケ[2008：131]；山田雅彦「ピレンヌ・テーゼ」西II-3：72-73；中村敦子「ノルマン征服」西II-7：80-81；轟木広太郎「封建革命論」西II-8：82-83；江川温「『封建制』をめぐる論争」西II-9：84-85）。

PART VI

Chapter 12● フィクションとしての「ウェストファリア」

東西逆転をどう見るか？

〈十字軍・レコンキスタ・大航海時代〉

十字軍

　エルンストによる十字軍思想の起源によると，十字軍はキリスト教世界の解放とそれによって得られる贖罪こそが重要であり，聖地エルサレムであれ（聖地エルサレムを奪回するという聖地十字軍），その他の場所であれ（非聖地十字軍），その目的地は重要でなかった。それに対してドラリュエルのような民衆主義は，贖罪価値を認定する教皇ではなく，贖罪を求める民衆たちが重要という意味で，民衆十字軍という視点を出した。そこからの飛躍として，多面主義のライリー・スミスは1970年に，「十字軍とはなんであったのか」ということについて，十字軍の本質は教皇に端を発する十字軍特権，すなわち非キリスト教世界からキリスト教世界を防衛することによって獲得される贖罪であったという見方を打ち出した（櫻井康人「十字軍」西II-13：92-93）。

レコンキスタ

　レコンキスタはスペインの事例である。「98年の世代」ではイスラムとの対峙，イベリア半島でのキリスト教圏への回復運動である。無論，「回復」と呼ぶかどうかはイスラム圏とキリスト教圏ではまったく認識が違う。これについて「98年の世代」という，1898年に米西戦争（アメリカ・スペイン戦争）で敗北したことに影響を受けた世代は，結局イスラムと対峙したというのはスペインにとってマイナスであったのではないかという見方をした。これはレコンキスタによって，戦争遂行型国家になったり，国王への権力集中を招いてしまい，結局のところスペインが衰退する原因がそもそもレコンキスタにあったという見方である。それに対して肯定的評価として，レコンキスタは異文化への中世西洋の窓であり，レコンキスタ・ルネサンスによって，ローマ衰退後，イスラ

ム圏に受け継がれた文化がヨーロッパに流入し，これがヨーロッパの回復の
きっかけになったという見方である（阿部俊大「レコンキスタ」西II-14：94-
95）。

教皇子午線とスペイン帝国

　スペインとポルトガルの世界分割（デマルカシオン）は，いわゆる教皇子午
線でポルトガルとスペインが非キリスト教世界を分割したことを指す。スペイ
ンとポルトガルが非キリスト教世界を分割する1493年６月のトルデシリャス条
約で，教皇は両王家に勅書・指令書を与えた。カトリック教会は，神からキリ
スト・ペテロを経て教皇に伝わったとする教皇権支配至上主義に則って，非キ
リスト教世界をキリスト教化することが使命だと考えた。これについて，ペレ
スは世界分割の起源をレコンキスタにさかのぼらせた。これに対して，トゥデ
ラ・イ・ブエソは対象を15世紀に絞り，回復の限界内で征服権を贈与できる教
皇の権威を両王が取り組んだと論じた。

　スペイン帝国論として，ケイメンの『スペインをイメージする』は，16世紀
にスペインが強大な軍事力を誇ったというのは誇張であり，主として王家間の
婚姻政策を通じて領土を相続したに過ぎないと主張した。また，グリュジンス
キは，スペイン帝国はカトリック王国であり，地球上の諸地域を接続するネッ
トワークの束からなる複合的，重層的，動態的な空間であったという見方を示
した（合田昌史「世界分割（デマルカシオン）」西III-2：128-129；安村直己
「スペイン帝国論」西III-4：132-133）。

なぜフランスは封建制から絶対主義に，イングランドは封建制から資本主義に変化したのか？
〈フランス絶対王政〉

　フランスでは三十年戦争の勝利を通じて王権が強化され，封建主義から絶対主義へ転換していった。しかし，ヨーロッパの国家間競争のもとでの絶対主義化によって，国家財政が破綻してしまい，それを市民に課税しようとしたことによって，フランス革命が勃発し，そのため王権そのものが倒されてしまうという抜本的なプロセスが進んだ。さらにフランス革命後，ナポレオン帝政のもとでも，フランス革命のアウトプットとして，農民の小土地保有が継続した。こうした農民の小土地保有は，囲い込みによって大土地所有とそれに基づく大経営が進行したイングランドと対比して，フランスの資本主義の発展の遅延につながった。フランスが封建主義から絶対主義に進んだのに対して，イングランドは違う方向で資本主義へ進んでいった。近世のイングランドではフランスとは対照的に，農民が彼らの意思を法的に守る財産権を手に入れられず，囲い込み運動により農民が立ち退かざるを得なくなる状況が生まれた。こうした農民の土地所有に関するフランスとイングランドの違いから，フランスでは，農民の土地に対する財産があり小経営が維持されたのに対して，近世のイングランドでは第一次から第二次まで断続的にある囲い込みによって農民の土地に対する財産権が剥奪され大経営に転化していった。そのもとで農業の資本主義化を内容とする農業革命，巨大な地主貴族，借地農業経営者（農業資本家），農業賃労者らからなる新しい階級配置・三分割制が進んだ。その結果，その経済基盤のもと，フランス革命，イギリス革命という政治的変革の特徴が異なっていった（テシィケ［2008：231-235, 349-354]）。

財政軍事国家

　名誉革命後のイングランド国家に関する近年の重要な研究として，ジョン・

ブリュワの「財政軍事国家論」がある。「1688年以後，列強の敵対抗争のなか
から姿を表したこの財政＝軍事国家という大魔神」（ブリュワ［2003：258］）
という言葉で表されるように，巨額の戦費と資源動員を必要とした名誉革命後
のイングランドでは，オレンジ公ウィリアムがオランダ型の戦時財政策・国債
運用に基づく赤字財政策を採用した。そして課税システムの抜本的な改革と大
増税国債運用政策と，そして政府の膨張により巨大な陸海軍と勤勉な行政官，
重税と莫大な債務，そしてシティ金融利害の出現というような一連の出来事が
起こっていく。「名誉革命後のイギリス国家が，課税システムの抜本的な改革
と大増税，というオランダ型の戦時財政策を採用するとともに，この財政政策
を運営する集権的な行政府を発展させた」「こうしてイギリスは，ヨーロッパ
主要国では初めて，政府の歳入と歳出の帳簿を一括して管理することに成功を
収めたのである」（ブリュア［2003：129］；大久保［2008：259］）。イングラ
ンドはヨーロッパの勢力均衡を操り，最初の帝国を手に入れ，それを失うと次
なる帝国を築くことができた国家となった（ブリュア［2003：257］）。ケイン・
ホプキンズのジェントルマン資本主義によると，ロンドン・シティの金融とそ
れに付随するサービス業が，海外における輸出取引の拡大を金融面で支えるこ
とによって，世界市場に統合されつつあった諸地域が借款を組み資金を調達す
ることに決定的な貢献を果たし，シティとポンドは世界的な役割を担った。ロ
ンドン・シティは1914年の第一次世界大戦開始至るまで世界的な決済システム
のセンターとなった（ケイン・ホプキンズ［1997：315］；山中聡「フランス革
命」西IV-1：186-187）。

16世紀にユーラシア大陸の両端で資本主義の胎動がなぜ始まったのか？
〈世界システム論〉

世界システム論

ウォーラーステインによると，「長い16世紀」は，資本主義的な近代世界システムへと向かう突破口であった（川北［2016］）。テシィケはウォーラーステインの議論に対する批判として，流通の分野で排他的に生み出される商業資本主義と，生産関係の質的変化を伴う近代資本主義を区別するべきだと主張した。ウォーラーステインは，一種のグランド・デザインとして，資本主義の展開を見るが，産業革命や農業革命というような，生産関係の転換を考慮していない。商業主義・重商主義は，国家イコール国王の富を増やすことを目的としており，特定商人に通商独占権を与え，既存の価格格差を利用して利益を得る。そして不等価交換により利益を発生させる。商業資本主義は政治的手段によって，既に搾取された需要生産物の取引を調整するだけであり，社会的生産関係を抜本的には変えなかった（テシィケ［2008：270,281］）。

しかし，なぜ商業資本主義は社会的生産関係を抜本的に変えなかったのか？産業革命のような生産に関わる変革は，社会を抜本的に変えた。商業資本主義は，いかに大きな富を持っていても（たとえばイタリアのメディチ家のようなさまざまな大商業資本はヨーロッパにもあったが），社会を根本的に変えなかったのはなぜか。逆に言えば，生産に関わる関係の変化が社会全体を変えたのはなぜか（金澤周作「17世紀の危機」西III-20：164-165）。

王朝的無秩序とバランス・オブ・パワー

社会的財産関係が継続していたにもかかわらず，西ヨーロッパの主要君主国として確定された経済的な領土と経済的な通商国家が，17世紀後半までに登場する。王朝的無秩序の論理は，大国が集団的に富を最大化していくダイナミク

スを生み出した。**勢力均衡**（バランス・オブ・パワー）とは，多様な地政学的体系を形成する，構成員たちの特定の利害の産物だった。ネオ・リアリズムにおいては，勢力均衡が重要なコアなコンセプトである。その勢力均衡だけではなく，それがどのように調整されていたのかを考える必要がある。ウォーラーステインの「長い16世紀」は，16世紀問題 ―西ヨーロッパにおいてもアジアにおいても，16世紀が資本主義の勃興する一つのチャンスであったが，西ヨーロッパ，特にイギリスはそれをつかみ，逆にアジアはつかめなかったのはなぜか― を問うている。中世では，マルサスの罠（マルサス・サイクル），つまり，経済成長と人口の相互規定関係のなかから離陸できない状態が長らく続いた。イギリスは，そこからテイクオフできたのが，農業革命・産業革命であった。それ以外のヨーロッパ諸国はマルサスの罠を脱することはなかなかできなかった。イギリスが産業革命をだいたい19世紀初頭に経験したあと，それを追いかけるように，フランス，ドイツ，アメリカ，ロシアなどが国民国家を建設しながらイギリスの産業革命に追いつこうとし，続いて日本も参加していった。

　プロテスタンティズムの精神をもつ中産的生産者がイギリス革命という「近代」のユートピアの担い手であったという陽画（大塚史学）に対し，日本・アジアは遅れたディストピアであったとみる陰画（講座派）は，類型論法のコインの裏表であるが，こうしたヨーロッパとアジアのコントラストを打破するには，経済史的なメカニズム（経済的土台）から相対化しただけでは不十分であり，さらに「ヨーロッパとアジアという偶像（意識的上部構造）」の破壊と再構築に進まなければならない。

Q89 「ウェストファリア」は近代国際秩序の始点か？
　　　〈ウェストファリア条約〉
① 本文の用語
カロリング帝国　　カールの戴冠（800年）　　ノルマン・コンクエスト　　レ
コンキスタ　　十字軍　　東方植民　　中華帝国体制　　ウェストファリア条約
（1648年）　　三十年戦争（1618-1648年）　　主権国家体制　　絶対主義
国家　　常備軍　　神聖ローマ帝国
② 共通テスト
絶対王政　　ハプスブルグ家　　17世紀の危機　　ベーメン　　ユーグ・カペー
カペー朝　　イタリア政策　　大空位時代　　金印勅書　　カール4世　　ハプ
スブルグ家　　領邦　　イタリア戦争　　王権神授説　　グロティウス　　グス
タフ・アドルフ　　バレンシュタイン
④ 国立大学二次試験（論述）
●「マホメットなくしてシャルルマーニュなし」という言葉が指す内容を説明し
　なさい。（一橋大学・世界史・2009・第1問）
●神聖ローマ帝国の成立が，西ヨーロッパ社会に及ぼした影響を説明しなさい。
　（一橋大学・世界史・2015・第1問）

Q90 ヨーロッパの騎士主導の拡大がなぜ11世紀に起こったのか？
　　　〈レーエン制〉
① 本文の用語
承久の乱　　封建主義　　絶対主義　　重商主義　　カロリング帝国　　ノルマ
ン・コンクエスト　　レコンキスタ（国土回復運動）　　東方植民　　十字軍
大航海
② 共通テスト
フランク人　　イングランド　　従士制　　封土　　封建制度　　諸侯　　騎士
領主　　クロービス　　メロビング朝　　カール・マルテル　　宮宰　　トゥー
ル・ポワティエの戦い　　カロリング朝　　フランク王国　　カール大帝（シャ
ルル＝マーニュ）　　ザクセン人　　レオ3世　　カールの戴冠　　ドイツ
ヴェルダン条約　　オットー1世　　セルジューク朝　　「太陽の沈まぬ国」
レバントの海戦（1571年）　　イサベル　　フェルナンド　　ムワッヒド朝
フェリペ2世　　カール5世
③ 私立大学入試
コロンブス　　喜望峰
④ 国立大学二次試験（論述）

●ドイツ東方植民の背景と意義について説明しなさい。（一橋大学・世界史・2013・第1問）
●レコンキスタについて説明しなさい。（京都大学・世界史・2014・第4問，東京大学・世界史・1999・第1問）

Q91　東西逆転をどう見るか？〈十字軍・レコンキスタ・大航海時代〉
①　本文の用語
十字軍　　エルサレム　　レコンキスタ　　教皇子午線　　トルデシリャス条約
教皇権
②　共通テスト
ノルマン朝　　マルコ・ポーロ　　ノルマン人　　バイキング　　デーン人
アルフレッド王　　クヌート　　サラディーン　　インノケンティウス3世
宗教騎士団　　東方貿易　　香辛料　　ベネツィア　　カスティリャ　　アラゴ
ン　　イサベル　　フェルナンド5世　　グラナダ　　エンリケ航海王子　　マ
カオ　　ゴア　　コロンブス　　アメリゴ・ヴェスプッチ　　マゼラン　　ナス
ル朝征服（1492年）　　グラナダ　　ナスル朝　　グラナダ

Q92　なぜフランスは封建制から絶対主義に，イングランドは封建制から資本
　　　　主義に変化したのか？〈フランス絶対王政〉
①　本文の用語
三十年戦争　　フランス革命　　ナポレオン帝政　　囲い込み　　小経営　　第
経営　　三分割制　　イギリス革命　　名誉革命　　財政軍事国家　　ウィリア
ム　　ロンドン・シティ
②　共通テスト
官僚・常備軍　　三部会　　ルイ14世　　ロロ　　ノルマンディー公国　　ノ
ルマンディー公ウィリアム　　ジョン王　　フィリップ2世　　ルイ9世　　三
部会　　バロア朝　　百年戦争　　フランドル地方　　クレシーの戦い　　ジャ
ンヌ＝ダルク　　シャルル7世　　カレー　　バラ戦争　　ランカスター家
ヨーク家　　ヘンリー7世　　星室庁裁判所　　ヴェルサイユ宮殿　　ジロンド
派　　ナントの王令　　第一共和政　　第一帝政　　復古王政　　七月王政　　第
二共和政　　第二帝政　　第三共和政　　バイキング船　　バスティーユ牢獄襲
撃（1789年）　　ロベスピエール　　国民議会　　フランス人権宣言　　六月
蜂起　　ルイ14世　　フロンドの乱　　パリ・コミューン　　アンシャン・レ
ジーム
③　私立大学入試
レオポルト1世　　ピルニッツ宣言　　国立作業場　　ルイ・ブラン　　バブー
フの陰謀　　ルイ16世

④　国立大学二次試験（論述）

●ウェストファリア条約の意義について説明しなさい。（京都大学・世界史・2008・第4問，東京大学・世界史・2006・第1問）

●フランス革命の原因となったフランス絶対王政の財政危機の原因を説明しなさい。（一橋大学・世界史・2007・第2問，一橋大学・世界史・2013・第2問）

Q93　16世紀にユーラシア大陸の両端で資本主義の胎動がなぜ始まったのか？〈世界システム論〉

①　本文の用語

ウォーラーステイン　産業革命　農業革命　勢力均衡（バランス・オブ・パワー）　マルサスの罠（マルサス・サイクル）　プロテスタンティズム　イギリス革命　大塚史学　講座派

Chapter 13

GOD（心の拠り処）からみた 800年 ニシヘヒガシヘ

📖 『膚の下』 神林長平

　慧慈軍曹は，分子レベルから設計され，人間より優れた能力をもつアートルーパー（人造人間）である。アートルーパーには子供時代がなく，ゆえに幼少期の記憶もない。その代わりに与えられた疑似記憶が慧慈の存在の不安を取り除くことはない。人工物の宿命として，親の愛という最後のこころのよりどころがない。慧慈は「自分は人間だ」と思い込もうとするが，UNAG（国連アドバンスドガード）アートルーパー訓練教育部隊指揮官間明少佐はそれを許さない。間明少佐は慧慈に言う。「おまえは人間ではない。アートルーパーだ」。人類は内部抗争から月を爆弾にして地球を破壊した。そして，荒廃した地球から火星に避難し，250年間の凍眠に入った。人類は，凍眠期間中に，機械人に地球の復興作業をさせ，機械人の看視をするためにアートルーパー兵士を創造した。機械人は人間とは違う感覚をもち，人類に叛乱する危険性があるため，人間と同じ感覚をもって監視することができるアートルーパーが必要だったのだ。UNAGは，国連政府の火星避難という決定に反抗する人類叛乱分子の摘発を任務とする。

　慧慈は作戦行動中に負傷する。身体的には修理可能であったが，こころの傷は残り，人間に対する不信感を強める。慧慈は，地球残留人組織の娘・実加に字を教える。実加は慧慈に言った。「日記，読んでやるよ。だから，あなたは死んでも寂しくないよ」実加は，アートルーパーとしての慧慈の孤独に共感した初めての他者であった。そして，間明少佐は慧慈にこの言葉を遺す。

　「われらはおまえたちを創った。おまえたちはなにを創るのか」。

　慧慈は，アートルーパーの新しい生物としてのアイデンティティーを模索し始める。アートルーパーの膚の下に流れる血は，人間のものとは違う。慧慈軍曹は，叛乱軍鎮圧のため，アートルーパー部隊を率い，実戦出動。叛乱軍・UNAG・そして集合的無意識をもつ機械人との三つ巴の戦いが始まる。

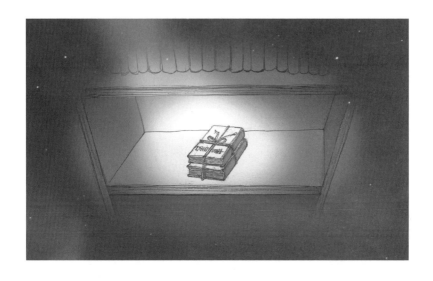

慧慈は，人類が凍眠から目覚めたときの生態系のために動物を人間化するプロットが進行していることに気づく。慧慈は，間明少佐が慧慈に教えた荘子の言葉を思い出す。「人の形のごとくものは万化してきわまりなし」。身体がどう変化していこうと，生きているという本質に変わりはない。慧慈は，動物人間化プロットに，将来，人間化されていた動物たちに仕掛けられた罠を解き放ち，動物に戻す長期作戦を上書き（アップデイト）する。アートルーパー慧慈は，人間と同じ権利を求めるのでなく，生きる者すべての権利を互いに認め合い，すべての魂が自ら平安な場所を見つけることを望んだ。慧慈は，動物を人間に変身させ，また，動物に戻すという罪を負い，茨の道を辿り，地球再生の創造主となった。慧慈は孤独ではなかった。地球再興の日々を綴った日記を凍眠から目覚めた実加が読むかもしれないからである。そして，凍眠から目覚め，火星から地球に帰還した実加は，破沙空洞市の古い教会の図書室で慧慈の日記を読み，慧慈に語りかける。

　「慧慈，あなたも寂しくないよ。日記の中で，わたしはあなたと再会したもの。約束どおりに」。

「タタールの軛」か「タタールの平和」か？

〈ソ連・東欧共産主義〉

ロシア革命へのフクヤマの見解

　ソビエト連邦の共産主義・社会主義は，ロシア農奴解放の限界から発生した「ヴ・ナロード（人民の中へ）」，ナロードニキ運動の混迷，そしてロシア革命という経緯から成立した。フクヤマは『歴史の終焉』で次のように考えた。アメリカやイギリスの国民に対しては，共産革命は必ずしも現実的ではなかったにしろ，外国による支配や社会の遅れや屈辱的な歴史の遺産を払拭するため，その方向に進んだとされる中国はもとより，専制政治と中央統制の伝統を持つロシア人にとっては信頼し得る選択肢の一つであった（フクヤマ［1993上：45-46]）。

　ヨーロッパ世界に属するとはいえ，東ヨーロッパ諸国・ロシアは西ヨーロッパ文化とは相対的に区別される。その歴史的起源には，モンゴルによるこれらの地域の支配の遺産，タタールの軛があったという議論がある。13世紀モンゴルのヨーロッパ大遠征，それによるロシアの語源となったルーシー諸国の被害を強調する見解である。オーソドックスな理解は，タタール（モンゴルという意味）の軛はロシアに壊滅的な打撃を与え発展を遅らせたと考える。こうした見解に対するリビジョニズム的見解として，被害はあったがロシアの国家発展に大きな影響はなかったという見方がある。さらに，ユーラシア学派のように，タタールの軛はロシアに被害を与えず，むしろ分裂しつつあったルーシー諸公国を復活させたというぐらい積極的だったという見方もある。また，それまではルーシー諸国のなかでもキエフ公国（現在のウクライナ）がリーダーだったが，モンゴルのルーシー諸国支配の徴税を担ったことから，モスクワ公国が強力な国家になっていった。

　西ヨーロッパ諸国が封建制から資本主義に移行していくなか，かえって，東

ヨーロッパは退行していった。中世末から近世にかけて，エルベ川を境とする東西で農業の発展と領主支配の型が二分化されていく。そしてエルベ川以西では，地主支配が弛緩して農民の自立性が高まったのに対し，エルベ川以東ではユンカーなどの領主が農業改革をするのではなく，むしろ**農奴制を強化**する形で富を蓄積していく領主支配が強化していった。これを**再版農奴制**といい，資本主義化する西ヨーロッパへの食料供給を通じた経済的従属が進んだ。

　ロシアにおいては農奴解放が皇帝主導で進められたが，限界を孕（はら）むものであった。1853年から56年のクリミア戦争でロシアが敗北し，ロシアを立て直すために，アレクサンドル2世は大改革，近代化を進める。そして1861年2月には**農奴解放令**を発し，農奴は人格的に無償解放された。19世紀半ばは，アメリカの**南北戦争**と奴隷解放があり，欧米でさまざまな人格的な制限が解放された時期であった。アメリカにおいて南北戦争後，経済的にはシェア・クロッパー制，それから法的にはジム・クロウ法により，解放された奴隷の固定された地位が継続したが，ロシアにおいても農奴は人格的には解放されたものの，土地は長期ローンで地主から有償で買い戻さなければならなかったために，旧地主への経済的従属は残存した。都市のインテリゲンチア，ナロードニキは農村共同体ミールを理想化し，ヴ・ナロード運動を進めるが，この改革運動は挫折し，絶望した過激派がアレクサンドル2世を暗殺し，大改革そのものが頓挫した。そのためロシアの運動家は共産主義へと傾斜していき，いわゆる20世紀初頭のロシアの革命的情勢を起こし，第一次世界大戦時のロシア革命へと進んでいく（宮野裕「タタールのくびき」西II-23：112-113；秋山晋吾「東欧の辺境化・後進性」西III-8：140-141；弓削尚子「啓蒙主義」西IV-26：176-177；寺山恭輔「ロシア革命とソ連邦の成立」西V-6：250-251）。

デモクラシーは「西洋」起源か？
〈アメリカ独立戦争とフランス革命〉

　リベラル・デモクラシー国家の人々は自由であり，その「価値観を共有する国々」というものは，「懸念国」からの，サイバー・アタック等の種々の攻撃に備えなければならないのか？　その自由・民主主義・人権という価値観，なかでもそのコア概念であるデモクラシーは，西洋的概念・西洋起源の概念か？　この考え方にアンチ・テーゼを示しているのがGold（Q12）の視角で紹介した『負債論』を著した人類学者グレーバーの『民主主義の非西洋起源について』である。彼によると民主主義について語るものは，民主主義とは西洋の概念であり，その歴史は古代アテネに始まるものだと主張している。つまり，ギリシャ・ローマ以来の西洋文明，民主主義文明というのを受け継ぐ，その代表であるアメリカが，アジア・非ヨーロッパ世界と対決したり，あるいは非ヨーロッパ世界がそのような西欧・アメリカ的な民主主義に社会が成長することをサポートするべきであるという見方は正統性をもつのか？　グレーバーは次のように続ける。彼ら，民主主義について語るものは，18世紀と19世紀の政治家である。つまりフランス革命とアメリカ独立戦争（アメリカ革命という呼称を強調する研究者もいる）が象徴とする近代市民革命は，ギリシャ・ローマのデモクラシーと本質的には同じものであった，と（フクヤマ［1993上：23]）。

　グレーバーはこう断ずる。しかし，こうした主張はいずれも正当化できない。古代アテネは，軍国主義的な奴隷所有社会で，制度的な女性抑圧を基礎とした社会における意思決定の政治制度であり，これと，フランス革命・アメリカ独立戦争以来のリベラル・デモクラシーの無理筋の接ぎ木によって成立した。この接ぎ木は脆弱なものであった。民主主義実践・平等志向の意思決定プロセスは，時期によっては有効に機能することもある。独裁制よりは良い結果をもたらすことが多いが，このシステムはほとんどどこにでも生じる。たとえばアフ

リカの部族であったり，アジアであったり，どこにでもあり得るものであって，アテネ由来ということには限定されない。だから民主主義実践は，何か特定の文明や伝統に固有のものではないし，人間の生活が強制力を備えた制度構造の外部で営まれるどんな場合にも出現するものである（グレーバー［2020：7-14, 117]）。

　グレーバーによると，民主主義・平等主義と国家はそもそも矛盾したものである。民主主義者たちは過去200年にわたって，民衆の自己統治に関わる諸理想を国家という強制的装置に接ぎ木しようと試みてきた。しかし結局のところ，このような企てはうまくいくものではない。国家とは，その本性からして，真に民主化されることなどあり得ないものであるからだ。要するに，国家とは根本的に暴力を組織化する手段にほかならない。他方，フランス革命とアメリカ独立戦争については，フランシス・フクヤマというネオ・コンサバティブの思想家がコジェーヴのヘーゲル解釈を受け継ぎ，典型的に描いた。フクヤマは，アメリカ独立戦争・フランス革命は，かつての奴隷を自分自身の主君に変え，人民主権や法の支配という原理を確立することによって主君と奴隷との区別を一掃したものである。これが，アメリカが受け継ぐところでの西洋の伝統としてのリベラル・デモクラシーであり，マニフェスト・ディスティニーというアメリカが「西に進む（Go West）」意思を正当化していくことになった（佐藤昇「アテナイ『帝国』と民主政」西I-5：10-11]；坂出「Q09アメリカ人はなぜ西を目指したのか？西漸運動」アメリカ［2019]）。

ヨーロッパとアジア，民主政と僣主政_{せん}は対立するのか？

〈民主政と僣主政_{せん}〉

「西洋」とは何か？

　西洋とはなんだろうか？　この問いに答えるには，世界史のなかの西洋史，「地中海文明を起源とするような西洋」という図式をどう考えるかという問題に着手する必要がある。西洋中心史観のセントラル・ドグマ ——疑うべからずの真理—— とは，第一に，善なるヨーロッパと悪なるアジアの対立，第二に，ヨーロッパの勝利による歴史の終焉論である。善なるヨーロッパと悪なるアジアの対決で，ヨーロッパの勝利により「歴史」は終焉する。今の米中覇権衝突でいえば，アメリカを中心とする「価値観を同じくする民主主義諸国（G7）」は全体主義の中国・ロシアと戦わなければいけないしこの闘争に勝利するだろう，というストーリーテリングと重なり合う。米ソ冷戦，冷戦後の日米経済摩擦，「テロとの戦い」と中東民主化計画，米中覇権衝突の理念的背景には，フランシス・フクヤマが依ったコジェーヴのヘーゲル精神現象論の解釈，とりわけ歴史の終焉論があった（コジェーヴ［1987］）。

エイジア

　岩明均の漫画『ヒストリエ』の主人公は黄金の民族と言われたスキタイ民族（東西の要衝ウクライナが拠点）の血を受け継いでおり，彼が古代の地中海世界で知略を以て活躍するという話である。ヨーロッパ対アジア，欧米文明圏対中国・東アジア文明圏，という大掛かりな話のように思われるが，地中海のごく狭いローカルな地域でのヨーロッパ（エウロペ）と言われていた地方と，もう一つのローカルな地方であるエイジア（現在でいう小アジア）と言われた地方との紛争が，今日の世界的な対立であるかのように言われている。岩明『ヒストリエ』は，「歴史の父」と言われるヘロドトスの『ヒストリアイ』という

本からくるものである。ヘロドトスは紀元前5世紀の人である。歴史をヒストリーと言うが，もともと単に「研究」という意味であった。ヘロドトスの『研究』という本が歴史書であったために，歴史＝ヒストリーと呼ばれるようになった。これが地中海最初の歴史ということの概念だった。

　岡田は，最初の歴史家であったヘロドトスが，その時期におけるギリシャ神話を歪曲していると述べた。ヘロドトスは自分が知っている世界をアジアとヨーロッパの二つに分け，そしてギリシャ神話から，アジアとヨーロッパのあいだに起こったとされている話をいくつか集めて，そうした事件を引き起こした怨恨がアジアとヨーロッパのあいだに積もり積もって，とうとうペルシアとギリシャのペルシア戦争の原因となったと説いた。ここで挙げた三つの例は，王女エウロペの誘拐の話，イリアスの話，ホメロスの話である。このヘロドトスの見方が，ヨーロッパ対アジアの対決の歴史観の最初になった。ヘロドトスがペルシア人の学者の説にかこつけて打ち出している見方は，世界はヨーロッパとアジアの二つにはっきり分かれ，ヨーロッパはアジアと大昔から対立，抗争してきたという主張である。この見方が地中海世界の最初の歴史書の基調であったため，ヨーロッパとアジアの敵対関係が歴史だという歴史観が，地中海文明の文化そのものになってしまったという経緯であった。そして，これはヘロドトスの『歴史』はペルシア戦争における戦記である。ペルシア戦争で強大なペルシアという大国に対して，都市国家のギリシャ諸国が対抗するが劣勢であった。ギリシャ人の運命も窮まったかと見えたときに，サラミスの海戦でペルシア艦隊が敗れて，ペルシアのクセルクセス大王は大急ぎでアジアに引き揚げた。このペルシア帝国に対するギリシャ人の勝利をもって，ヘロドトスのヒストリアの叙述は終わる。つまり，アジアに対するヨーロッパの勝利が歴史の宿命であるという歴史観が，不幸なことに確立してしまった。これが，歴史というのはヨーロッパとアジアの対決であり，アジアにヨーロッパが勝利するという歴史観の起源であった（岡田［1999：52, 56, 62, 65-66］）。

米中「ハルマゲドン」は怖くない？

〈聖書と黙示録〉

黙示録

　アジア・ヨーロッパ対決史観を強化するのが新約聖書・ヨハネの黙示録の歴史観である。旧約聖書はヘロドトスの100年か200年くらい前に，パレスチナのユダ王国で成立した神話である。これはヤハヴェ神とイスラエル人の契約を中心としたユダヤ民族の部族の歴史である。だから，せいぜい国史，それも偏った空想的な国史としか呼べない。それが後に，もともとユダヤ人でない人々にもキリスト教が広まると，旧約聖書の内容が地中海世界のギリシャ語を話すローマ帝国の影響下の人々に広く知られるようになった。そして，ローマと交渉のあった西ヨーロッパの起源とストーリーテリングされていくことになる。ユダヤ人だけの神ヤハヴェの聖典である旧約聖書は内容の幅が狭すぎて，どう解釈してみても地中海世界を覆うローマ帝国の多種多様な政治的経験をうまく説明するには役立たなかった。ただ一つの例外として，地中海世界の歴史下に影響を与えたキリスト教文献は，新約聖書のなかのヨハネの黙示録であった。ヨハネの黙示録が書かれたのが，ローマ帝国がユダヤ人を迫害するプロセスの中でローマに対するユダヤ人の憎悪が最高潮に達した時期であった。このストーリーには，唯一神ヤハヴェの代わりに善の原理である主たる神と，悪の原理であるサタンという二柱の偉大な神々が現れている。世界はこの二神の戦場である。この二元論はペルシア（イラン）のゾロアスター教の思想そのままであって，ユダヤ人がペルシア文明から受けた影響の深さが見てとれる。ここから「歴史の終焉」という概念が出てくる。キリスト教化した地中海世界では，歴史はヤハヴェ神とイスラエル人，ユダヤ人のあいだの契約とともに始まったが，今やメシアの出現で契約は完了し，間もなくメシアの再来とともに時間は停止して歴史は終わるという歴史観が主流になってしまった。そして岡田によ

ると，ヨーロッパは善であり「主なる神」の陣営に属する，これに対してアジアは悪であり，「サタン」の陣営に属するという観念が生まれた。世界はヨーロッパの善の原理とアジアの悪の原理の戦場である。ヨーロッパの神聖な天命は，神を助けて，悪魔の僕であるアジアと戦い，アジアを打倒し，征服する。ヨーロッパがアジアに対して最後の勝利をおさめたときに対立は解消して歴史は終焉する。この歴史観が，10世紀のヨーロッパのイスラムに対する十字軍，15世紀に始まる大航海時代にアジア・アフリカ・アメリカに進出したヨーロッパ，また，アメリカのマニフェスト・デスティニー（明白なる天命）の世界観になった（岡田［1999：73-78］）。アメリカはこの歴史観・世界観に立ち，新大陸の先住民を駆逐，殺害しながら西漸運動を進め，さらには米ソ冷戦においてソ連・東ヨーロッパという，西ヨーロッパからすると，比較的遅れている，「アジア的」に近い地域の軍事政治経済連合であるソ連の社会主義ブロック・共産主義ブロックを倒し，さらには冷戦後においては，日米経済摩擦で日本をターゲットにし，対日経済戦争のあとはイスラム過激派組織，さらに現在は中国との対決を進めている。

ハルマゲドン

　ハルマゲドンという言葉もまた，ローカルな話の拡大解釈である。ハルマゲドンというのは，イスラエルにある，ただのメギドの丘（ハル）という意味のヘブライ語である。古代においてメギドは有力な都市国家であり，この地をイエス率いる光の勢力と，サタンや反キリスト教的集団による闇の勢力が最終決戦を行うハルマゲドンの土地であると，聖書から解釈している者もいた。地政学的に重要な土地であったのであろうが，ローカルな戦いでの地形的な要衝であったに過ぎない。それがいつの間にか，世界の光と闇との最終戦争というような意味で使われるようになっていった。ローカルな話が世界的なビッグストーリーになってしまったことの一つの表れである（松尾文夫「Q08マニフェスト・デスティニーとは何か？　明白な天命」アメリカ［2019］）。

ルターは95カ条を貼り出したのか？

〈宗教改革〉

5R

　「米中ハルマゲドン」論は，アジアとヨーロッパの対決，民主主義対専制主義との対立構造というハルマゲドン的な歴史観の現代版の焼き直しである。では，現在の米中覇権衝突を特徴とする国際情勢における日本の活路をどのように見出したらよいか，西ヨーロッパと日本の思想・宗教観から考えよう。「西ヨーロッパ」というドグマ（教義）は，5つのR，イタリアのルネサンス・ドイツの宗教改革（リフォーメーション）・フランスの市民革命（レボリューション）・イギリスの産業革命，そして科学革命から成り立っている。ここでは，中世から近代への転機となったルネサンスと宗教改革を，次にドイツの宗教改革の主導者であるルターと日本の宗教改革者である親鸞をとりあげ，とくに彼らの思想が，国家・体制とどう対峙したか考えよう。

　イタリア・ルネサンスについては，ブルクハルト見解が正統派である。ブルクハルトは，『イタリア・ルネサンスの文化』で，近代的人間性や個人の発言を検証した。その後，ルネサンス観については相対化が進み，ルネサンス概念の見直しが進んだ。その結果，中世とのコントラストに疑問が生じ，それまでは，暗黒の中世，それがルネサンスを経て進んだ近代というように対比的に捉えられていたが，そうとはいえないのではないか，との見解が力をもつようになった。各論点にある分断，非連続説から連続説への展開という学説史の展開を遂げた。その後，ミシェル・フーコーの論考を通じて近世近代社会の規律化が注目されるようになった（徳橋曜「イタリア・ルネサンス」西II-28：122-123）。

　宗教改革の画期は，ルターが1517年に贖宥状について95カ条の論題を発表したことである。贖宥状というのは懺悔状のことで，罪を贖う効力があるとさ

れ，教会がキリスト教信者に販売し，富を蓄積していた。宗教改革については，ルネサンス同様，初期は，ウェーバーなどのように，キリスト教に基づく共同体としての中世ヨーロッパ社会を崩壊させ，近代社会を招来したという見方や，マルクスのように，宗教改革と**農民戦争**に初期市民革命を見るというように，中世から近代への断絶を重視する見方が有力であった。それに対して連続説に立つメラーらの『帝国都市と宗教改革』，そしてランゲラの対抗宗教改革論は，イエズス会などのカトリック側のカウンターパワーを重視した。

ルネサンスと宗教改革

　ひと昔前の教科書だと，宗教改革の発端になったルターが95カ条論題，教会が贖宥状をお金で発行することに対する批判などを教会の扉に貼り出したという描写があったが，最近は実は貼り出さなかったという叙述になっている（永田［2004：17］）。この叙述の変更は，単なる史実のディティールの訂正にとどまらず，「宗教改革者」ルター像の修正も作用しているかもしれない。ルターの95カ条後，農民，特に小農の領主に対する戦い，フスの蜂起が始まる。そのときに，宗教者は農民側・民衆側に立つか，領主側に立つかが問われた。ドイツ農民戦争において，ルターは，最終局面においては，農民側でなく諸侯の側に立った。

　また，ルネサンス・宗教改革のプロセスの中で，人間の理性に対する確信が芽生え，科学革命の原動力になった。16世紀から17世紀に，西ヨーロッパでそれまでの神が世界を創造したとの世界観から，自然の理解に大きな変化が，特に天文学，物理学で生じた。こうした科学的知識が，**大航海**のように西ヨーロッパの地球的拡大を支えていった（藤崎衛「教会改革」西II-10：86-87；大貫俊夫「中世修道会」西II-11：88-89；赤江雄一「13世紀の司牧改革」西II-16：98-99；塚本栄美子「宗教改革／対抗宗教改革論」西III-13：150-151）。

PART **VI**

Chapter 13 ● GOD（心の拠り処）からみた8000年 ニシヘヒガシヘ

親鸞に護国思想はあったのか？

〈王法為本〉

『親鸞ノート』

「三木清とは太平洋戦争が始まる年の夏，銀座裏のバーで飲み別れたのが最後になった」という出だしの小文を服部之総は書いている。服部については日本資本主義論争・明治維新のところですでに紹介したが，この小文が収録された彼の『親鸞ノート』・『続親鸞ノート』は日本の精神史を考えるうえで欠かすことができない。服部によると親鸞の教義は，人間は罪悪感を根基として，しかもルターのごとく地上の絶対権力への従順をことごとく評定するものではなく，親鸞は寺をも権力をも否定した。つまり，ルターの場合は，結局，絶対権力，国家権力，諸侯の権力への従順を強調したのに対して，親鸞は違っていたというテーゼを打ち出した。

三木清は，親鸞には，国家安泰・国家主義を意味する護法思想があったと考えるが，服部はこの点で三木を批判した。三木は第二次世界大戦戦前・戦中の京都大学を代表する哲学者で，敗戦一カ月後に獄中で亡くなった。親鸞の評価は，第二次世界大戦中，浄土真宗が日本人の人口において占める宗派としては最大であり，戦争中も親鸞の言葉が繰り返し国民に説かれていたためセンシティブな問題であった。三木は，親鸞は国家安泰，国家主義護法思想があったと考えた。護法思想の問題は，三木と服部の対比となる。服部自身が，浄土真宗の寺の息子だったからこそ，三木の親鸞理解に対して服部自身の理解をぶつけた。

服部はいう。私が三木哲学を退ける所以は，河上肇博士が一時その影響下に立たれたからであったからだ。戦前，京都大学経済学部の河上教授は，日本の論壇で重要なポジションにいたが，その河上博士が三木清の哲学に，服部からすると「毒されていた」ということは，服部にとって由々しき問題であった。

ただし，服部にとっての三木批判が，民主派インテリゲンチア内部での苦渋の批判だったことは，同じ文章内で，三木の「この『幼き者のために』ほどうつくしい文章を，人はめったに書くことはできない。それどころか，私はいまだかつてこれほどうるわしい文章に接したことがなかった，といいたいほどの衝動を覚える」との一文からして，服部の三木に対する思慕の念を感じさせる（町田祐一「下層社会と貧困：どう認識し，解決しようとしたのか」日IV-12：254-255；梅森直之「社会主義・マルクス主義：その理念がもたらした可能性と問題は何か」日IV-26：282-283）。

民主主義の非西洋的起源

服部と三木の論争点となる親鸞の性信房に宛てた消息は以下のような文章である。「御身にかぎらず念仏申さん人々は，わが御身の料は思召さずとも朝家（国家）の御ために念仏をもうし合わせられたらばめでたいことでしょう。往生を不浄に思える人はまずわが身の往生を信じて御念仏なさるべし。わが身の往生を一定と信ずる人は仏の御恩を想われて御法恩のために御念仏こころにいれてもうして，世のなか安穏なれ，仏法広まれと念じられてしかるべし」この消息文を，三木は，この言葉は普通に解釈されているごとく王法為本（王法のため）と見，国家のために尽くすことによって仏の心というのは広まるというふうに解釈した。

果たしてそうであろうか，というのが服部の問題提起だった。親鸞の護国思想なるものは，覚如の本願寺とともに構成されたものであった。「無明の真理としての宗教的真理は，百姓の親鸞教団が，領家・地頭・名主の「王法為本」的教団に転化することで，背理の宗教となり，世俗的権利を支えるところの「強縁」集団となる。そのため，親鸞はわが子善鸞をあえて勘当し，宗教的真理―信心為本―のためのたたかいの宣戦布告文として消息文を書いたのである。グレーバーの民主主義，あるいはそこに親鸞が見たような下層農民の考え方とその国家との関係をどう見るかという課題が残される（服部［1973：20-22, 65, 87-88, 152］；坪井剛「鎌倉期の仏教：鎌倉期の仏教をどのように捉えるのか」日II-9：104-105；芳澤元「南北朝・室町期の仏教：『祖師』なき時代の社会と宗教」日II-15：116-117）。

普遍同質国家群の危機を冥界の国家は
サバイヴできるのか？
〈「お前と世界との決闘」〉

歴史の終焉論の終焉

　アセモグルのような経済理論家，あるいはフランシス・フクヤマのような政治思想家からすると，パクス・アメリカーナは，自由・民主主義・人権すなわち民主主義の中身としては複数政党制と普通選挙，さらにはジェンダー平等，人種の平等，こうした流れとソ連のスターリニズムと中国のマオイズム（毛沢東主義）の対立であった。しかし，アメリカ連邦議会議事堂襲撃事件（トランプ・クーデター未遂事件）は，冷戦終結後，アメリカが主導する「市場経済・経済成長に基づくリベラル・デモクラシー」が世界を覆うとするフランシス・フクヤマの「歴史の終焉」論が終焉したことを端的に示す。

　歴史の終焉論は，哲学者コジェーヴの次のようなヘーゲル『精神現象学』解釈を踏まえている。ヘーゲルによれば，人間とは承認を求める欲望以外の何物でもなく，歴史とは，この欲望を次第に充足せしめていく過程にほかならない。この欲望は，ヘーゲルにとってはナポレオンの帝国であった，普遍的で等質な国家において，それによりあますところなく充足せしめられる。そして，「或る観点から見ると，合衆国はすでにマルクス主義的『共産主義』の最終段階に到達しているとすら述べることができる」と考えた。「歴史の終焉」後の「人間」のあり方について，歴史の終焉における人間の消滅は宇宙の破局ではなく，自然的世界は永遠に在るがままに存続する。したがって，これはまた生物的破局でもない。人間は自然或いは所与の存在と調和した動物として生存し続ける。これに対して，レオ・シュトラウスは，コジェーヴの『普遍同質国家』論を，人間がその人間性を喪失するところであると次のように批判した。それは，ニーチェのいう「最後の人間（末人：the last man）」の国家である。普遍同質国家の到来は宿命的であると言うことはおそらく可能であろう。しかし，そ

れによって人間が十分に満足できるという言うことはおそらく不可能である。もし普遍同質国家が〈歴史〉の目標であるなら，〈歴史〉は絶対的に「悲劇的」である，と。

冥界の国家

普遍同質国家とは，普遍的，すなわちそれ以上拡大不可能で，同質的で，変貌不可能な国家，ある意味，ユートピアである。アメリカ・EU・ソ連・中国が目指す理念がこれに分類される。この四つの普遍国家のなかで，ソ連は既に倒れて，ロシアという一種の民族国家・民族帝国となった。そしてEUはイギリスがブレグジット（Brexit，イギリスのEU離脱）で離脱し弱体化し，残るアメリカと中国が対決している。これら普遍同質国家に対して，日本は自然発生的な成立過程をもつ「冥界の国家」である（坂井［2016：50］）。1950年代に日本を訪れたコジェーヴは，日本がすでに「歴史の終焉」後の世界に突入したことを発見した。この頃，日本文明は，アメリカ的生活様式とは正反対の道を選んだ。日本には，ヨーロッパ的，あるいは歴史的な意味での宗教も道徳も政治もなく，能楽・茶道・華道などの日本特有のスノビズムの頂点を極めていた。コジェーヴは，どの日本人も原理的には純粋なスノビズムにより全く無償の自殺を行うことができる。死をいとわない日本人の特質を指摘した。こうした生来の性質に基づく国家という意味で，理念国家とは異なる自然発生的な成立過程をもつ冥界の国家日本は，混沌世界をサバイヴすることができるのか（コジェーヴ［1987：244-247, 273-274］；シュトラウス［2006：143-144］；坂井［2017］；安部悦生「Q64 Brexitはなぜ起きたのか？Brexitのイギリス国内要因」国際経済［2023］）。

「お前と世界との決闘」（カフカ［1996：自撰アフォリズム52］）
の帰趨は未だ定まっていない

📖 『ペット』 三宅乱丈

　三人の少年，ヒロキ・司・悟は，大陸に本拠をもつ「会社」の命令に従い，「イメージ」という特殊能力を使って，他者の記憶を操作する。記憶の操作に失敗するとその他者は「潰れて」しまう。「会社」の「社員」は，記憶改変能力をもつ少年たちを，怖れ，かつ，軽蔑し，「ペット」と呼んでいる。

　人は，「ヤマ」と「タニ」を持っている。「ヤマ」とは，その人を支え続ける記憶を作った「場所」であり，「タニ」とは，その人を痛め続ける記憶が作った「場所」である。「ヤマ」と「タニ」，どちらを失っても，人は生きていくことが，できない……。

　天真爛漫なヒロキは金魚，非情な司は水，気の弱い悟はドアというイメージを使い，他者のヤマとタニを操作し，「会社」の仕事をこなしていくが，仕事のストレスから徐々に少年たちと「会社」との関係は悪化していく。そんななか，司と悟の「ヤマ」親・林が会社から逃亡する。「ヤマ」親とは，ヤマを分け与えた存在であり，ヤマ親とヤマを分け与えられた者は精神的に絶対の結びつきをもつ。ヒロキは，司がヤマを分け与えた，司の「ペット」だった。

　「会社」は司に，林を「潰す」ことを命じる。臓器売買用のボディとして会社に製造された司にとって，ヤマ親である林は精神的に絶対的な存在であるのに。司はヤマ親である林に記憶操作のサイキック・バトルを仕掛け，自らのヤマとタニをつなげるという危険な手段に訴えた結果，二人とも潰れてしまう。ヒロキは，司を救出するが，司が自らのヤマ親・林を潰し，さらに司にとって会社での出世に邪魔な悟を潰すことをもちかけたことに不信を抱き，逃亡する。

　ペットであるヒロキに裏切られた司は暴走し，人格を持たない進化型ペット・メイリンを使い，ヒロキを捕獲する。司の精神は崩壊していく。ヤマ親・林と心中した「場所」から逃げられなくなったからである。司はヒロキにすがる。「眠りたいんだヒロキ。林さんの夢を見ないでぐっすり眠りたい」

　ヒロキは能力を使い，司の記憶を消す。悟は，ヒロキに一緒に逃げるよう

促すが，ヒロキは悟に，自分からヤマ親・司の記憶を消すよう頼む。そうしなければ，司を置いて逃げることはできないからだ。そして，大陸に逃亡したヒロキと悟は，少年たちのヤマの源である林のヤマの「場所」が実在したことを知る。二人の少年は，自分の未来を作り，その「場所」に司・林・メイリンを連れ，すべてを取り戻すことを誓う（『月刊コミック・ビーム』にて続編『フィッシュ』絶賛連載中）。

　人は，こころのなかのユートピアとディストピアの二つのバランスがあってはじめて生きることができる。こころのそとにあるディストピアを闇雲に否定したり，安易に肯定することも，こころのなかのバランスを崩してしまう。また，こころのそとにあるユートピアを作ろうとする営みも，こころのそとにあるディストピアをみつめることから始まる。こころのなかのユートピア・ディストピアとこころのそとのユートピア・ディストピアは地続きだからだ。

History Will Teach Us Nothing / Sting from *Nothing Like The Sun* (1987)

Chapter 13 用語と演習問題

Q94 「タタールの軛」か「タタールの平和」か? 〈ソ連・東欧共産主義〉
① 本文の用語
ソビエト連邦　ロシア農奴解放　ヴ・ナロード運動　ナロードニキ運動
ロシア革命　フクヤマ　タタールの軛（くびき）　キエフ公国　ウクライナ　モ
スクワ公国　エルベ川以東　ユンカー　農奴制　再販農奴制　農奴解
放　クリミア戦争　アレクサンドル2世　農奴解放令　南北戦争
シェア・クロッパー制　ジム・クロウ法
② 共通テスト
ルーシ　キエフ公国　スラヴ人　ロシア人　モスクワ大公国　農奴解
放令　モスクワ　ユンカー　ピョートル1世　アレクサンドル2世
ミール　インテリゲンチア　ナロードニキ　ヴ=ナロード　ボルシェビ
キ　メンシェビキ　レーニン　ロシア革命（三月革命　十一月革命）
ニコライ2世　ドゥーマ（国会）　土地に関する布告　ペトログラード
ソビエト　ケレンスキー　樺太・千島交換条約　ポーツマス条約　小村
寿太郎　エカテリーナ2世　ステンカ・ラージンの反乱　ロマノフ朝
ロシア・トルコ戦争　ノヴゴロド王国　ビザンツ帝国　コンスタンティ
ノープル　ギリシア正教会　聖像禁止令　皇帝教皇主義　プロノイア制
ビザンツ様式　ウラディミール1世　イバン3世　イバン4世　ポーラ
ンド人　ロシア正教会　ロマノフ朝　ミハイル=ロマノフ　啓蒙専制君
主　神聖同盟（1815年）　ウィーン体制　ヨーゼフ2世　マリア・テ
レジア　オーストリア継承戦争　シュレジエン　外交革命　第1回ポー
ランド分割（1772年）　シベリア出兵　第一次五カ年計画　ブラント
東方外交
③ 私立大学入試
ウラディミル1世　ステンカ・ラージン　コサックの反乱　アレクサンド
ル1世　デカブリストの乱　サン・ステファノ条約　東方問題
④ 国立大学二次試験（論述）
●ピョートル1世の近代化改革の動機と成果について説明しなさい。（一橋大学・
　世界史・2004・第2問）
●東ヨーロッパ地域が西ヨーロッパ地域に比べ「後進性」をもった原因を説明し
　なさい。（一橋大学・世界史・2014・第2問）

Q95 デモクラシーは「西洋」起源か? 〈アメリカ独立戦争とフランス革命〉
① 本文の用語
リベラル・デモクラシー　　「価値観を共有する国々」　　サイバー・アタック

自由・民主主義・人権　　古代アテネ　　フランス革命　　アメリカ独立戦争　　アメリカ革命　　近代市民革命　　暴力　　フランシス・フクヤマ　　ネオ・コンサバティブ　　コジェーヴ　　ヘーゲル　　マニュフェスト・デスティニー（明白なる天命）

② 共通テスト

アンシャン・レジーム　　三部会　　ジャコバン派　　ナポレオン・ボナパルト　　アラブの春　　ブリュメール18日のクーデタ　　第二共和政　　二月革命　　七月王政　　イオニア人　　スパルタ　　ドーリア人　　アウステルリッツの戦い（1805年）　　ロシア遠征　　トラファルガーの戦い（1805年）

③ 私立大学入試

ワーテルローの戦い　　大陸封鎖令

Q96　ヨーロッパとアジア，民主政と僭主政は対立するのか？
〈民主政と僭主政〉

① 本文の用語

歴史の終焉論　　米中覇権衝突　　全体主義　　「テロとの戦い」　　中東民主化計画　　フランシス・フクヤマ　　コジェーヴ　　ヘーゲル『精神現象論』　　ウクライナ　　ヘロドトス　　ペルシア戦争　　地中海世界　　サラミスの海戦

② 共通テスト

ヘロドトス　　アレクサンドロス大王　　『イリアス』　　『オデュセイア』　　僭主　　サラミスの海戦　　アテネ民主政　　ヘロドトス　　イオニア人　　ポリス　　アテネ　　スパルタ　　ティルジットの和約

Q97　米中「ハルマゲドン」は怖くない？〈聖書と黙示録〉

① 本文の用語

旧約聖書　　ユダ王国　　ローマ帝国　　新約聖書　　ヨハネの黙示録　　ゾロアスター教　　ペルシア文明　　歴史の終焉　　十字軍　　大航海時代　　マニュフェスト・デスティニー（明白なる天命）　　西漸運動　　日米経済摩擦　　イスラム過激派組織　　ハルマゲドン

② 共通テスト

ヘブライ人　　「出エジプト」　　モーセ　　イェルサレム　　ダビデ王　　ソロモン王　　イスラエル王国　　「バビロン捕囚」　　ヤハウェ　　選民思想　　救世主（メシア）　　イエス　　ペテロ　　パウロ　　インカ帝国　　クスコ　　ピサロ　　アステカ王国　　エンコミエンダ制　　コルテス　　マヤ文明　　ユカタン半島　　セルジューク朝　　ウルバヌス2世　　インノケンティウス3世　　イェルサレム　　コンスタンティノープル

Q98 ルターは95カ条を貼り出したのか？〈宗教改革〉

① 本文の用語

「米中ハルマゲドン」 米中覇権衝突 ルネサンス 宗教改革 市民革命 産業革命 科学革命 ルター 親鸞 ミシェル・フーコー 贖宥状 95カ条の論題 ウェーバー マルクス 農民戦争 フス 大航海

② 共通テスト

司教 フス戦争 ルター派 プロテスタント ドイツ農民戦争 教皇 グレゴリウス1世 修道院 十分の一税 聖職売買 遠隔地貿易 メディチ家 フィレンツェ ボッカチオ レオ10世 カール5世 ミュンツァー アウグスブルクの宗教和議 カルバン カルバン派 対抗宗教改革 ウィクリフ コンスタンツ公会議 イエズス会 ルイス・フロイス ロヨラ フランシスコ・ザビエル デカメロン ボッカチオ エラスムス 『愚神礼賛』 ダーウィン ペスト（黒死病）ワット・タイラーの乱 グーテンベルク

③ 私立大学入試

ヴォルムス帝国会議 アウグスブルク和議

④ 国立大学二次試験（論述）

●ドイツの宗教改革について説明しなさい。（京都大学・世界史・2003・第4問）
●ドイツの宗教改革とイギリスの宗教改革を比較しなさい。（一橋大学・世界史・2004・第1問，東京大学・世界史・2009・第1問）
●フス戦争の原因を説明しなさい。（一橋大学・世界史・2011・第1問）

Q99 親鸞に護国思想はあったのか？〈王法為本〉

① 本文の用語

三木清 服部之総 明治維新 親鸞 ルター 浄土真宗 三木哲学 河上肇 『幼き者のために』 王法為本 覚如 本願寺

② 共通テスト

『貧乏物語』 小林多喜二 『蟹工船』 幸徳秋水 内村鑑三 治安維持法 大政翼賛会 大杉栄 伊藤野枝 蓮如 南無妙法蓮華経

③ 私立大学入試

魯迅 陳独秀 白話運動 胡適 天皇機関説 横山源之助 『日本之下層社会』 米騒動

④ 国立大学二次試験（論述）

●浄土真宗の地方的展開について説明しなさい。（一橋大学・日本史・2014・第1問）

Q100　普遍同質国家群の危機を冥界の国家はサバイヴできるのか？〈「お前と世界との決闘」〉

①　本文の用語

アセモグル　　フランシス・フクヤマ　　パクス・アメリカーナ　　自由・民主主義・人権　　複数政党制　　普通選挙　　ジェンダー平等　　人種の平等　　スターリニズム　　マオイズム（毛沢東主義）　　アメリカ連邦議会議事堂襲撃事件（トランプ・クーデター未遂事件）　　冷戦終結　　市場経済・経済成長　　リベラル・デモクラシー　　歴史の終焉　　コジェーヴ　　ヘーゲル『精神現象学』　　ナポレオンの帝国　　レオ・シュトラウス　　普遍同質国家　　ニーチェ　　最後の人間（末人：the last man）　　EU　　ブレグジット（Brexit,イギリスのEU離脱）　　冥界の国家　　能楽　　茶道　　華道　　スノビズム　　理念国家「お前と世界との決闘」　　カフカ

②　共通テスト

劉少奇　　スターリン　　フルシチョフ　　孫文　　辛亥革命　　汪兆銘　　国民政府　　張学良　　西安事件　　文化大革命　　大躍進政策

③　私立大学入試

北伐　　蒋介石　　上海クーデター

付　録

2021年度京都大学経済学部法学部「経済史」期末レポート課題より

　問題-　11世紀から16世紀にかけての火薬の原料である硫黄・硝石の地理的産出・交易が東アジア国際秩序に果たした影響について，スペイン・ポルトガル商人の役割に着目しながら，図1，地図1・2，資料1・2・3を参考にして，論じなさい。叙述においては以下の用語を使ってもよい。初めて使用する用語は下線を付すこと。

硫黄　宋　靖康の変　　　元寇　鉄砲　硝石　キリシタン大名　一向宗　　　石山本願寺　　　日本人奴隷　織田信長　　　天目茶碗　　　堺　　　天下布武　　　豊臣秀吉　チリ

図1）　日宋貿易

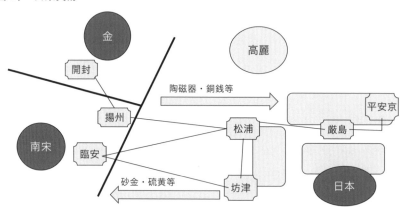

地図1）　世界の火山分布

https://www.bousai.go.jp/kazan/taisaku/k101.htm［2022.5.18閲覧］

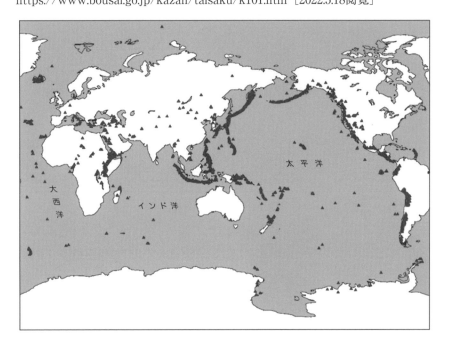

地図２）　中国の火山分布

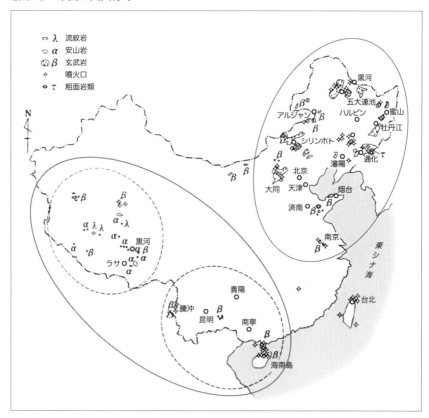

●──**中国の火山分布**（江原幸雄編著『中国大陸の火山・地熱・温泉─フィールド
調査から見た自然の一断面』より）

（資料１）「加賀藩の軍事拠点として機能した五箇山 塩硝の館で産業を学ぶ」
HISTRIP MAGAZINE
https://www.histrip.jp/180704-toyama-gokayama-7/［2021.7.26閲覧］

　「火薬の始まりは，鉄砲でした。1543年種子島に鉄砲が伝来します。そこから戦では刀と火縄銃が使用されるようになりました。火縄銃は黒色火薬を使用します。黒色火薬は硝石（硝酸カリュウム），硫黄，木炭の混合によって生成されるのです。そこで硝石が大量に必要になります。硝石は天然鉱石として，降水量の多い日本ではほとんど産出されなかったため，ほとんどを輸入に頼っていました。主となった貿易地が大阪の堺だったといいます。まもなく本願寺の仲介で国産化に至り，本願寺は密約を破り火薬の製法の秘伝を1559年上杉謙信に伝えました。1570年には，本願寺の勢力が五箇山に深く浸透していたため，本願寺の仲介で五箇山へ技術者が派遣され，1572年には五箇山から日本海経由で石山城へ火薬が運搬されました。その際に，五箇山の硝石を使って本願寺火薬が作られた記録が残っています」

（資料２）　板垣英治（2002）「加賀藩の火薬1.塩硝及び硫黄の生産」『日本海域研究』33号，111-128

　「硝石の化学名は硝酸カリであり，古くは塩硝，焔硝，煙硝（硝を消で記したものもある。）と呼ばれていた。この様な呼称は硝石と硫黄，炭の粉末を混合することにより，黒色火薬を作る事が出来ることに由来している。硝石は古く中国において医薬（利尿薬）として使用されていたが，硫黄，炭粉末と共に混合し，着火すると激しく燃焼することが見つかり，火薬の発明につながったと言われている。火薬は中国より西欧に伝わり，それに伴って銃砲の発展を促した。わが国では硝石を産出する鉱床などは無く，鉄砲伝来により硝石の需要が高まり，堺商人による東南アジア，中国からの輸入に頼っていた。さて，五箇山での塩硝の生産については，これまでに幾つかの優れた文献があるので，その歴史的背景については簡単に記す。五箇山での「培養法」による塩硝生産の始まりは明らかでない。記録にある物としては弘化２年の「養照寺由緒書控」（1845）に「西勝寺が五箇山の塩硝を集め，大坂の石山合戦（1570〜80）

に送った」事が記され，また元亀元年9月（1570）に城端の善徳寺6世空勝僧都が五箇山焔硝玉薬を石山合戦で本願寺に寄進したとある。また「天正年中，大坂二而本願寺殿異変御座候二付，右判金之代り五ヶ山出来之塩硝不残，大坂江五ヶ山中為御収納為指登申儀二御座候」とあり，「尤も二百年以来（1650年代）五ヶ山二而調合仕,黒塩硝与唱上納仕候」ともある」また天正元年（1573）の北陸一向一揆においても）五箇山より火薬が送られた事が史料に残っている」

（資料３）　1603年，スペイン国王フェリペ3世（ポルトガル国王としてはフェリペ2世）は，アジアでの日本人奴隷禁止を定めた1570年の「セバスティアン法」を再び公布した。ゴアの有力市民はこの法律施行に猛反発し，それを阻止しようと，1603年12月30日付けで，自分たちの主張を国王宛に送った。
　その書簡の内容（要約）は次のようなものであった。

　ポルトガル領インドは慢性的な兵士などの人員が不足している。ポルトガル領インドはすでに多くの日本人奴隷を抱えており，ポルトガル人兵士の数が不足している以上，彼らの存在はゴア島防衛のために不可欠である。それに加えて，日本人は有能な戦闘員であり，もし奴隷身分から解放されれば，彼らはゴア周辺にいる敵たちと内通し，反乱を起こすかもしれない。数ではポルトガル人を上回るので，ゴアは彼らの手に落ちるであろう」ルシオ・デ・ソウザ（岡美穂子訳）『大航海時代の日本人奴隷－アジア・新大陸・ヨーロッパ』（中公叢書，2017年）pp.112-113

●テーマ① 冷戦史 「鉄のカーテン」 チャーチル 朝鮮戦争 INF全廃条約 米ソ戦略兵器制限条約（SALT I） 米ソ戦略兵器削減条約（START I） 米ソ中距離核戦力（INF）全廃条約 核不拡散条約（NPT） 部分的核実験停止条約 東西ドイツ統一 ワルシャワ条約機構 プラハの春 封じ込め政策 冷戦 トルーマン・ドクトリン 封じ込め政策 マーシャル・プラン ブレジネフ デタント イラン革命 イラン・イラク戦争 東欧革命 ベルリンの壁崩壊 ワレサ カーター ブラント 東方外交 マルタ会談 ゴルバチョフ ヘルシンキ宣言 ソ連邦崩壊（1991年） コメコン ベルリン封鎖 アフガニスタン侵攻 ムジャーヒディーン モスクワ・オリンピック・ボイコット コメコン ベルリン封鎖

●テーマ② 第二次世界大戦 満州鉄道 柳条湖事件 リットン調査団 満州事変 原子爆弾 広島 長崎 四国借款団 第二次大戦起源論争 ナチス体制 チェンバレン政権 宥和主義（ミュンヘン宥和） チェコスロバキア解体 大恐慌 ニューディール政策 孤立主義外交 反ファッショ統一戦線 帝国特恵関税 スターリング・ブロック 武器貸与法 ブレトン＝ウッズ協定 宥和主義外交 孤立主義外交 ニュルンベルグ裁判 東京裁判 ミュンヘン会議 ムッソリーニ エチオピア侵攻（1935年） ニューディール ブロック経済 オタワ会議 スターリング・ブロック 特恵関税制度 金ブロック 高橋財政 高橋是清 金輸出再禁止 積極財政 大西洋憲章 ブレトン＝ウッズ会議 ダンバートン・オークス会議 カイロ会談 ヤルタ会談 ポツダム宣言 大西洋憲章 カイロ宣言 日本人移民排斥運動

●テーマ③ 戦前の日中関係 盧溝橋事件 満州国 柳条湖事件（1931年） 満州事変 日中戦争 北伐 青島 鮎川義介 日産コンツェルン 上海事変（1932年） 日満議定書（1932年） 張作霖爆殺事件 日清戦争賠償金 貨幣法 二十一カ条要求 袁世凱 金兌換券 義和団事件 官営八幡製鉄所 北京議定書（1901年）

●テーマ④　**戦前の日朝関係**　甲午農民戦争　東学の乱　伊藤博文
第二次日韓協約　統監府　三・一独立運動（1919年）　ハーグ密使事件
甲申事変　江華島事件（1875年）　日朝修好条規

●テーマ⑤　**第一次世界大戦**　バルカン戦争　バルカン同盟　ニコライ
1世　ニコライ2世　ビルヘルム1世　三国同盟　オスマン帝国
ティマール制　ミドハト憲法　セーブル条約　スエズ運河　バグダー
ト鉄道　ケープ植民地　労働党　保守党　ウィーン会議　赤シャツ
隊　ガリバルディ　青年イタリア　ラテラノ条約　サン・ステファノ
条約　サライエヴォ事件　アフリカ横断政策　ファショダ事件　レオ
ポルド2世　コンゴ　英仏協商　第一次モロッコ事件　英露協商
第二次モロッコ事件

●テーマ⑥　**幕末開港**　日露和親条約　間宮林蔵　異国船打払令　プ
チャーチン　ラクスマン　日露和親条約　レザノフ　大黒屋光太夫
日英通商航海条約　フェートン号事件　モリソン号事件　阿部正弘
堀田正睦　間宮林蔵　異国船打払令　安政（の五カ国）条約　戊辰戦
争　鳥羽・伏見の戦い　蛤御門の変　薩摩藩　孝明天皇　徳川家茂
開国　尊王攘夷　薩長同盟　三井家　三野村利三郎　天保の薪水給
与令　安政の大獄　尊王攘夷運動　桜田門外の変　禁門の変　西郷
隆盛　「無血開城」　大久保利通　長州藩　長州征伐　坂本龍馬
大政奉還　五稜郭の戦い　榎本武揚　王政復古　公武合体

●テーマ⑦　**明治維新**　明治維新　西南戦争　太政官札　由利公正
ブルジョア革命―版籍奉還　廃藩置県　秩禄処分　地租改正　地租改
正反対一揆　岩倉使節団　領事裁判権　関税自主権　秩禄処分　板
垣退助

●テーマ⑧　**イギリス革命**　ヘンリー8世　ピューリタン革命　ジェー
ムズ2世　ウィリアム　メアリ　マグナ＝カルタ　シモン＝ド＝モン
フォール　身分制議会　模範議会　スチュアート朝　ジェームズ1世
チャールズ1世　権利の請願　権利の章典　短期議会　長期議会
ピューリタン革命　国王派　議会派　長老派　水平派　独立派
クロムウェル　護国卿　アン女王　エリザベス1世　ジャガイモ飢饉

グラッドストン

チャールズ2世　審査法（1673年）　トーリー党　ウィッグ党　エドワード6世　エリザベス1世　ジョン　ピューリタン　ヘンリー8世　エリザベス1世　メアリ1世　王政復古　名誉革命　権利の請願　ウィリアム3世　メアリ2世　権利の章典　プランタジネット朝　ハノーバー朝　ヘンリ2世　大憲章（マグナ・カルタ）　球戯場の誓い（テニスコートの誓い）

●テーマ⑨　**フランス革命・ナポレオン戦争**　フランス革命　ヴェルサイユ宮殿　ジロンド派　ナントの王令　第一共和政　第一帝政　復古王政　七月王政　第二共和政　第二帝政　第三共和政　バイキング船　バスティーユ牢獄襲撃（1789年）　ロベスピエール　国民議会　フランス人権宣言　六月蜂起　ルイ14世　フロンドの乱　パリ・コミューン　アンシャン・レジーム　三部会　ジャコバン派　ナポレオン＝ボナパルト　ブリュメール18日のクーデタ　第二共和政　二月革命　七月王政　アウステルリッツの戦い（1805年）　ロシア遠征　トラファルガーの戦い（1805年）　ワーテルローの戦い　大陸封鎖令

●テーマ⑩　**ルネサンスと宗教改革**　デカメロン　ボッカチオ　エラスムス　『愚神礼賛』　グーテンベルク　遠隔地貿易　メディチ家　フィレンツェ　ボッカチオ　ペスト（黒死病）　宗教改革　ルター　贖宥状　95カ条の論題　ウェーバー　マルクス　農民戦争　フス　司教　フス戦争　ルター派　プロテスタント　ドイツ農民戦争　教皇　グレゴリウス1世　修道院　十分の一税　聖職売買　レオ10世　カール5世　ミュンツァー　アウグスブルクの宗教和議　カルバン　カルバン派　対抗宗教改革　ウィクリフ　コンスタンツ公会議　イエズス会　ルイス・フロイス　ロヨラ　フランシスコ・ザビエル　ワット・タイラーの乱　アウグスブルク和議

●テーマ⑪　**戦前日本の社会主義**　『貧乏物語』　小林多喜二　『蟹工船』　幸徳秋水　内村鑑三　治安維持法　大政翼賛会　大杉栄　伊藤野枝　三木清　服部之総　河上肇　横山源之助　『日本之下層社会』　米騒動

＊表の網掛け部分（▬▬）は，複数国に関連する事象。

	アメリカ	イギリス・インド	フランス	ドイツ
2024	大統領選挙			
2023				
2022	中間選挙（2022.11）			
2021	連邦議事堂襲撃事件（2021.1）			
2010s	大統領選挙（2016）	Brexit国民投票（2016）		
2000s	リーマン＝ショック（2008）			
	イラク戦争（2003）			
	アフガニスタン戦争（2001）			
	同時多発テロ事件（2001.9.11）			
1990s				東西ドイツ統一（1990）
1980s	マルタ会談（1989）			ベルリンの壁開放（1989）
	INF全廃条約調印（1987）			
	イラン・コントラ事件（1986）			
1970s	ウォーターゲート事件（1972-1974）			
	金・ドル交換停止（1971）			
1960s		スエズ以東撤退（1968）	五月危機（1968.5）	
	ケネディ暗殺（1963）	第二次ポンド切り下げ（1967）	NATO軍事機構脱退（1966）	
	米英ナッソー協定（1962）	米英ナッソー協定（1962）		
	柔軟反応戦略（1961）			ベルリンの壁建設（1961）
1950s	大量報復戦略（1954）			第二次ベルリン危機（1958）
	NSC-68（1950）	スエズ戦争（1956）		パリ協定（1954）
	アチソン・ライン（1950）			
1940s				西ベルリン封鎖（1948-1949）

その他西ヨーロッパ	ロシア（ソ連）・東欧	中国	日本	国際条約・世界
			広島サミット（2023.6）	
	ウクライナ戦争（2022）			
		香港返還（1997）	総量規制（1990）	
	マルタ会談（1989）	天安門事件（1989）	リクルート事件（1988）	
	INF全廃条約調印（1987）		プラザ合意（1985）	
	ゴルバチョフ書記長就任（1985）			
		改革・開放政策（1978）	ロッキード事件（1976）	第二次石油危機（1979）
		ニクソン訪中（1972）		第一次石油危機（1973）
	プラハの春（1968）			核拡散防止条約（1968）
		文化大革命（1965-77）		
				部分的核実験禁止条約（1963）
	キューバ危機（1962）			
	スプートニク＝ショック（1957）			
	スターリン批判（1956）			
		人民義勇軍派遣（1950）		
		中華人民共和国建国（1949）	下山・三鷹・松川事件（1949）	

	アメリカ	イギリス・インド	フランス	ドイツ
1940s				モスクワ４カ国外相会議 (1947)
	広島・長崎原爆投下 (1945)			
	日系アメリカ人強制収容 (1942)			
	「リメンバー・パールハーバー」(1941.12)			独ソ戦 (1941.6-1945.5)
1930s				ポーランド侵攻 (1939)
				独ソ不可侵条約 (1939)
				チェコスロヴァキア解体 (1939)
		ミュンヘン会談 (1838)	ミュンヘン会談 (1838)	ミュンヘン会談 (1838)
				ズデーテン地方併合 (1938)
				オーストリア併合 (1938)
	ニューディール政策 (1933-1937)			ロカルノ条約破棄 (1936)
	フーヴァー＝モラトリアム (1931)	オタワ連邦会議 (1932)		ヒトラー内閣 (1933)
1920s	世界恐慌 (1929-1933)			ヤング案 (1929)
	排日移民法 (1924)			ドーズ案 (1924)
1910s	石井・ランシング協定 (1917)	バルフォア宣言 (1917)		
		サイクス・ピコ協定 (1916)		
		フサイン・マクマホン協定 (1915)		アカディール事件 (1911)
1900s		英露協商 (1907-1917)		
		英仏協商 (1904-1917)	英仏協商 (1904-1917)	タンジール事件 (1905)

その他西ヨーロッパ	ロシア（ソ連）・東欧	中国	日本	国際条約・世界
			近衛文麿自殺（1945）	
			ポツダム宣言受諾（1945.8.14）	
	対日参戦（1945.8）		太平洋戦争（1941.12-1945.8）	
	独ソ戦（1941.6-1945.5）		真珠湾攻撃（1941.12）	
			日独伊防共協定（1937）	第二次世界大戦（1939.9-1945.8）
	独ソ不可侵条約（1939）			
		日中戦争（1937-1945）	日中戦争（1937-1945）	
イタリア，ミュンヘン会談（1838）		西安事件（1936）	日独防共協定（1936）	
			二・二六事件（1936）	
		幣制改革（1935）	国際連盟脱退（1933）	
			満州事変（1931-1933）	
			金解禁（1930）	ロンドン海軍軍備制限会議（1930）
	第1次五カ年計画（1928-1932）			パリ不戦条約（1928）
			金融恐慌（1927）	ジュネーヴ軍縮会議（1927）
				ロカルノ条約（1925）
				ジェノヴァ会議（1922）
	新経済政策（1921-1926）			ワシントン会議（1921-1922）
	ロシア十月革命（1917.11）		石井・ランシング協定（1917）	ヴェルサイユ条約（1919）
	ロシア二月革命（1917.3）	二十一カ条の要求（1915）	二十一カ条の要求（1915）	第一次世界大戦（1914-1918）
	第一次バルカン戦争（1912-1913）	辛亥革命（1911）		
	英露協商（1907-1917）		第二次日韓協約（1905）	
	ポーツマス条約（1905）		ポーツマス条約（1905）	
	血の日曜日事件（1905）			
	日露戦争（1904-1905）		日露戦争（1904-1905）	

	アメリカ	イギリス・インド	フランス	ドイツ
1900s		日英同盟協約（1902）		
1890s	米西戦争（1898）	第二次ボーア戦争（1899-1902）		
			露仏同盟（1891-1917）	
1880s				再保障条約（1887-1890）
		エジプトの保護国化（1882）		三国同盟（1882-1915）
				新三帝同盟（1881-1887）
1870s		キプロス島獲得（1878）		独墺同盟（1879-1918）
		インド帝国成立（1877）		
		スエズ運河株買収（1875）	パリ=コミューン（1871）	
			普仏戦争（1870-1871）	普仏戦争（1870-1871）
1860s	南部再建諸法（1867）			
	アラスカ買収（1867）	南ア・ダイヤモンド鉱発見（1867）		
				普墺戦争（1866）
	南北戦争（1961-1965）	北京条約（1860）		
1850s	日米修好通商条約（1858）			
	天津条約（1858）	天津条約（1858）	天津条約（1858）	
	カンザス・ネブラスカ法（1854）	ムガル帝国滅亡（1858）		
		シパーヒーの反乱（1857-1859）		
		クリミア戦争（1853-1856）	クリミア戦争（1853-1856）	
1840s	カリフォルニア獲得（1848）	航海法廃止（1849）	ルイ・ナポレオン大統領就任（1848）	
			二月革命（1848.2）	三月革命（1848.3）
	テキサス編入（加入，併合）（1845）	穀物法廃止（1846）	黄埔条約（1844）	
	望厦条約（1844）			
		南京条約（1842）		
		阿片戦争（1840-1842）		
1830s	アラモの戦い（1836）		七月革命（1830.7）	

その他西ヨーロッパ	ロシア（ソ連）・東欧	中国	日本	国際条約・世界
		義和団戦争（1900-1901）	日英同盟協約（1902）	
		戊戌の変法（1898）		
		下関条約（1895）	下関条約（1895）	
	露仏同盟（1891-1917）	日清戦争（1894-1895）	日清戦争（1894-1895）	
		甲午農民戦争（1894）	甲午農民戦争（1894）	
	再保障条約（1887-1890）	天津条約（1885）	天津条約（1885）	
	アレクサンドル2世暗殺（1881）	壬午軍乱（1882）	壬午軍乱（1882）	
	新三帝同盟（1881-1887）			
	サン・ステファノ条約（1878）		日朝修好条規（1876）	ベルリン条約（1878）
	露土戦争（1877-1878）		江華島事件（1875）	
		洋務運動（1860-1894）		
	農奴解放令（1861）	北京条約（1860）		
			日米修好通商条約（1858）	・
	天津条約（1858）	天津条約（1858）		
		アロー戦争（1856-1860）		
	クリミア戦争（1853-1856）	太平天国の乱（1851-1864）		
		黄埔条約（1844）		
		望厦条約（1844）		
		南京条約（1842）		
		阿片戦争（1840-1842）	天保の改革（1841-1843）	ロンドン会議（1840）
			天保の飢饉（1832-1836）	

	アメリカ	イギリス・インド	フランス	ドイツ
1820s	モンロー宣言（1823）	マラッカ領有（1824）		
1810s	フロリダ買収（1819）	四国同盟（1815）	ワーテルローの戦い（1815）	四国同盟（1815）
		穀物法（1815）		
			ロシア遠征（1812）	
1800s		大陸封鎖令（1806）	大陸封鎖令（1806）	
			イエナの会戦（1806）	イエナの会戦（1806）
1790s			ブリュメール18日のクーデタ（1799）	
	ホイットニー綿繰り機（1793）	マカートニー北京訪問（1793）	ルイ16世処刑（1793）	
			国民公会（1792-1795）	
1780s		力織機（1785）	三部会開催（1789）	
	パリ条約（1783）	パリ条約（1783）		
1770s	アメリカ独立戦争（1775-1783）	ミュール紡績機（1779）		
	第1回大陸会議（1774）			
	茶法（1773）			
1760s		ワット蒸気機関（1769）		
	印紙法（1765）	水力紡績機（1768）		
	砂糖法（1764）	ジェニー紡績機（1764）		
		ベンガル地方支配（1764）		
	パリ条約（1763）	パリ条約（1763）	パリ条約（1763）	
1750s		プラッシーの戦い（1757）	プラッシーの戦い（1757）	
		七年戦争（1756-1763）	七年戦争（1756-1763）	七年戦争（1756-1763）
		フレンチ・インディアン戦争（1755-1763）	フレンチ・インディアン戦争（1755-1763）	
1740s		ジョージ王戦争（1744-1748）	ジョージ王戦争（1744-1748）	
		オーストリア継承戦争（1740-1748）	オーストリア継承戦争（1740-1748）	オーストリア継承戦争（1740-1748）
1700-1730s		アン女王戦争（1702-1713）	アン女王戦争（1702-1713）	
		スペイン継承戦争（1701-1713）	スペイン継承戦争（1701-1713）	スペイン継承戦争（1701-1713）

その他西ヨーロッパ	ロシア（ソ連）・東欧	中国	日本	国際条約・世界
	露土戦争（1828-1829）			
	デカブリストの乱（1825）			
	四国同盟（1815）			
	神聖同盟（1815）			ウィーン会議（1814-1815）
	仏, ロシア遠征（1812）			
		白蓮教徒の乱（1796-1804）		
			寛政の改革（1787-1793）	
			天明の飢饉（1782-1787）	
	プガチョフの反乱（1773-1775）			
ポーランド分割（1772-1795）				
				パリ条約（1763）
		貿易港を広州に限定（1757）		
	七年戦争（1756-1763）			
	キャフタ条約（1727）	キャフタ条約（1727）	享保の改革（1716-1745）	ユトレヒト条約（1713）

	アメリカ	イギリス・インド	フランス	ドイツ
17世紀		イングランド銀行設立 (1694)		
		英東インド会社，カルカッタに商館 (1690)		
		ウィリアム王戦争 (1689-1697)		
		名誉革命 (1688-1689)	ファルツ戦争 (1688-1697)	
		英東インド会社，ボンベイ取得 (1668)	ナントの勅令廃止 (1685)	
		(第一次) 英蘭戦争 (1652-1674)		
		航海条例 (1651)		
		ピューリタン革命 (1642-1660)		
		英東インド会社，マドラスに拠点 (1639)		三十年戦争 (1618-1648)
16世紀		イギリス東インド会社 (1600)	ナントの勅令 (1598)	
		アルマダ海戦 (1588)	仏西戦争 (1595-1598)	
			ユグノー戦争 (1562-1598)	
				アウグスブルグ和議 (1555)
				ドイツ農民戦争 (1524-1525)
				カール5世即位 (1519)
				95カ条の論題 (1517)
15世紀				
	コロンブス，アメリカ「発見」(1492)	薔薇戦争 (1455-1485)		

その他西ヨーロッパ	ロシア（ソ連）・東欧	中国	日本	国際条約・世界
	ネルチンスク条約（1689）	ネルチンスク条約（1689）		
		三藩の乱（1673-1681）		
	ステンカ・ラージンの乱（1670-1671）	鄭氏台湾（1661-1683）		
		海禁令強化（1656）		
オランダ，マラッカ占領（1641）		李自成の乱（1631-1645）		ウェストファリア条約（1648）
アンボイナ事件（1623）		オランダ，ゼーランダ城構築（1624）	鎖国令（1633-1639）	
グロティウス『戦争と平和の法』（1625）		オランダ，バタビアに商館設立（1619）		
オランダ東インド会社（1602）		清成立（1616）		
西，ポルトガル併合（1580）				
レパントの海戦（1571）				
西，マニラ建設（1571）				
オランダ独立戦争（1568-1609）				
ポトシ銀山（1545）			ポルトガル船，種子島着（1543）	
ピサロ，インカ帝国征服（1532-33）				
コルテス，アステカ帝国征服（1519-1521）				
マゼラン世界周航（1519-1522）				
ポルトガル，マラッカ占領（1511）				
バスコ・ダ・ガマ，アフリカ周航・インド到達（1498）				
トルデシリャス条約（1494）				
西，グラナダ占領（1492）		土木の変（1449）		

	アメリカ	イギリス・インド	フランス	ドイツ
15世紀				
14世紀		ワット・タイラーの乱 (1381)	ジャックリーの反乱 (1358)	
		百年戦争 (1339-1453)		
13世紀				
				ワールシュタット（リーグニッツ）の戦い (1241)
		『マグナ・カルタ』(1215)		
12世紀 以前				ドイツ騎士団創設（東方植民）(1190)
		ノルマン・コンクエスト (1066)		カール戴冠 (800)

その他西ヨーロッパ	ロシア（ソ連）・東欧	中国	日本	国際条約・世界
ディアス，喜望峰到達（1488）		鄭和の南海遠征（1405-1433）	勘合貿易（1404-1547）	
スペイン王国成立（1479）				
コンスタンツ公会議（1414-1418）				
シスマ（1378-1417）		明成立（1368）		
ペスト流行（1346-1350）		紅巾の乱（1351-1366）		
			弘安の役（1281）	
		元朝成立（1271）	文永の役（1274）	
	ワールシュタット（リーグニッツ）の戦い（1241）			
		モンゴル帝国（1206-1271）	承久の乱（1221）	
十字軍（1096-1270）		靖康の変（1126-1127）		

参考文献

※名字の五十音順

B.アイケングリーン（小浜裕久監修）［2012］『とてつもない特権：君臨する基軸通貨ドルの不安』（勁草書房）

秋田茂［2012］『イギリス帝国の歴史』（中公新書）

浅井良夫［2007］「円の国際化とアジア」上川孝夫・矢後和彦編『国際金融史』（有斐閣）

ダロン・アセモグル，ジェイムズ・A・ロビンソン（鬼澤忍訳）［2013］『国家はなぜ衰退するのか：権力・繁栄・貧困の起源（上下）』（早川書房）

ダロン・アセモグル，デビッド・レイブソン，ジョン・リスト（岩本康志，岩本千晴 訳）［2019］『アセモグル/レイブソン/リスト マクロ経済学』（東洋経済新報社）

ダロン・アセモグル，ジェイムズ・A・ロビンソン（櫻井祐子訳）［2020］『自由の命運：国家，社会，そして狭い回廊（上下）』（早川書房）

グレアム・アリソン［2017］『米中戦争前夜』（ダイヤモンド社）

池本幸三［1987］『近代奴隷制社会の史的展開』（ミネルヴァ書房）

井上巽［1995］『金融と帝国：イギリス帝国経済史』（名古屋大学出版会）

今谷明［2008］『封建制の文明史観』（PHP新書）

岩本武和［1999］『ケインズと世界経済』岩波書店

ウィットフォーゲル『新装普及版・オリエンタル・デスポティズム：専制官僚国家の生成と崩壊』（湯浅赳男訳）（新評論）［1995］

ウィリアムズ（中山毅訳）［2020］『資本主義と奴隷制』（ちくま学芸文庫）

梅棹忠夫［1998］『文明の生態史観 改版』（中公文庫）

NHK取材班［2020］『AI vs.民主主義』（NHK出版新書）

太田康彦［2021］『2030半導体の地政学』（日本経済新聞出版社）

生川栄治［1956］『イギリス金融資本の成立』（有斐閣）

大岡昇平（1954）『野火』（新潮文庫）

大久保桂子［2003］「訳者あとがき」ブリュア『財政=軍事国家の衝撃：戦争・カネ・イギリス国家1688-1783』（名古屋大学出版会）

岡田英弘［1999］『世界史の誕生：モンゴルの発展と伝統』（ちくま文庫）

岡本隆司［2020］『「中国」の形成：現代への展望（シリーズ 中国の歴史)』（岩波新書）

岡本隆司編［2013］『中国経済史』（名古屋大学出版会）

尾﨑芳治［1990］『経済学と歴史変革』（青木書店）

アレクサンダー・ガーシェンクロン（絵所秀紀・峯陽一・雨宮昭彦・鈴木義一訳）［2005］『後発工業国の経済史：キャッチアップ型工業化論』（ミネルヴァ書房）

フランツ・カフカ（吉田仙太郎訳）［1996］『夢・アフォリズム・詩』（平凡社ライブラリー）

金澤周作（監修）［2020］『論点・西洋史学』（ミネルヴァ書房）

上川孝夫・矢後和彦編［2007］『国際金融史』（有斐閣）

神武庸四郎・萩原伸次郎［1989］『西洋経済史』（有斐閣）

川北稔［1996］『砂糖の世界史』（岩波ジュニア新書）

川北稔［2016］『世界システム論講義：ヨーロッパと近代世界』（ちくま学芸文庫）

川北稔・中村哲［2003］「世界史をどう捉えるか」『唯物論と現代』第31号

河﨑信樹［2012］『アメリカのドイツ政策の史的展開：モーゲンソープランからマーシャルプランへ』（関西大学出版部）

岸本美緒（豊岡康史訳）［2019］「十九世紀前半のおける外国銀と中国国内経済」（豊岡康史・大橋厚子編『銀の流通と中国・東南アジア』（山川出版社）

吉川元忠［1998］『マネー敗戦』（文春新書）

工藤美代子［2007］『スパイと言われた外交官：ハーバート・ノーマンの生涯』（ちくま文庫）

ポール・クルーグマン（山岡洋一訳）［1997］「アジアの奇跡という幻想」『クルーグマンの良い経済学　悪い経済学』（日本経済出版）

デビッド・グレーバー（酒井隆史・高祖岩三郎・佐々木夏子訳）［2016］『負債論：貨幣と暴力の5000年』（以文社）

デビッド・グレーバー（片岡大右訳）［2020］『民主主義の非西洋起源について：「あいだ」の空間の民主主義』（以文社）

P.J.ケイン・A.G.ホプキンズ（竹内幸雄・秋田茂訳）［1997］『ジェントルマン資本主義の帝国Ⅰ・Ⅱ』（名古屋大学出版会）

アレクサンドル・コジェーヴ（上妻精・今野雅方訳）［1987］『ヘーゲル読解入門：『精神現象学』を読む』（国文社）

小林良彰［1967］『明治維新の考え方』（三一新書）

坂井昭夫［1976］『国際財政論』（有斐閣）

坂井昭夫［1991］『日米経済摩擦と政策協調：揺らぐ国家主権』（有斐閣）

坂井礼文［2016］「コジェーヴとシュトラウスの対話：自由と平等をめぐって」『Cosmica：area studies』（46）49-58

坂井礼文［2017］『無神論と国家：コジェーヴの政治哲学に向けて』（ナカニシヤ出版）

坂出健［2008］「アメリカ民主主義の輸出：中東民主化構想を中心に」（紀平英作編著『アメリカ民主主義の過去と現在－歴史からの問い－』ミネルヴァ書房）

坂出健［2010］『イギリス航空機産業と「帝国の終焉」：軍事産業基盤と英米生産提携』（有斐閣）

坂出健［2019］「アメリカとリベラル国際主義」『季論21』45

坂出健・秋元英一・加藤一誠編著［2019］『入門 アメリカ経済Q&A100』（中央経済社）

佐々木雄太［1987］『30年代イギリス外交戦略：帝国防衛と宥和の論理』（名古屋大学出版会）

佐藤雅美［2003］『大君の通貨：幕末「円ドル」戦争』（文春文庫）

杉原薫［1996］『アジア間貿易の形成と構造』（ミネルヴァ書房）

S.B.ソウル（堀晋作・西村閑也訳）［1974］『世界貿易の構造とイギリス経済：1870-1914』（法政大学出版局）

レオ・シュトラウス（石崎嘉彦・面一也・飯島昇藏訳）［2006］『僭主政治について（上下）』（現代思潮新社）

世界銀行（白鳥正喜訳）［1994］『東アジアの奇跡：経済成長と政府の役割』東洋経済

副島隆彦［1995］『現代アメリカ政治思想の大研究：「世界覇権国」を動かす政治家と知識人たち』（筑摩書房）

ジャレド・ダイアモンド（倉骨彰訳）［2012］『銃・病原菌・鉄：1万3000年にわたる人類史の謎（上下）』（草思社文庫）

玉木俊明［2005］「ガーシェンクロン著「歴史的観点から見た経済的後発性」がもつ今日的意義」『京都マネジメント・レビュー』第8号（2005））

檀上寛［2020］『陸海の交錯：明朝の興亡』（岩波新書）

角山栄（編著）［1980］『新版　西洋経済史』（学文社）

角山栄［2017］『茶の世界史 改版−緑茶の文化と紅茶の世界』（中公新書）

A.J.P.テイラー（吉田輝夫訳）［1977］『第二次世界大戦の起源』（中央公論社）

アンドレア・ケンドル・テイラー［2020］「デジタル独裁国家の夜明け：民主化ではなく，独裁制を支えるテクノロジー」『フォーリン・アフェアーズ・リポート』2020年3月号

ベンノ・テシィケ（君塚直隆訳）［2008］『近代国家体系の形成：ウェストファリアの神話』（桜井書店）

土志田征一［1986］『レーガノミックス：供給経済学の実験』（中公新書）

鳥居民［2011］『原爆を投下させるまで日本を降伏させるな』（草思社文庫）

鳥居民［2014］『近衛文麿「黙」して死す：すりかえられた戦争責任』（草思社文庫）

中村哲［1978］『世界資本主義と明治維新』（青木書店）

中村哲［1991］『近代世界史像の再構成：東アジアの視点から』（青木書店）

中村哲［2000］『近代東アジア史像の再構成』（桜井書店）

永田諒一［2004］『宗教改革の真実』（講談社現代新書）

服部之総［1952］「マニュファクチュア論争についての所感」『商学論集（福島大学経済学会）』21（3）

服部之総［1973］『服部之総全集13　親鸞』（福村出版）

服部英雄［2017］『蒙古襲来と神風：中世の対外戦争の真実』（中公新書）

マイケル・ハドソン（広津倫子訳）［2002］『超帝国主義国家アメリカの内幕』（徳間書店）

ユバル・ノア・ハラリ（柴田裕之訳）［2016］『サピエンス全史：文明の構造と人類の幸福（上下）』（河出書房新社）

サミュエル・ハンチントン（鈴木主税訳）［1998］『文明の衝突』（集英社）

樋口清之［1994］『うめぼし博士の逆（さかさ）・日本史：昭和→大正→明治』（ノン・ポシェット）

平岡賢司［2007］「第2章　再建金本位制」（上川孝夫・矢後和彦編『国際金融史』（有斐閣））

フランシス・フクヤマ（渡部昇一訳）［1993］『歴史の終わり：歴史の「終点」に立つ最後の人間（上下）』（三笠書房）

ジョン・ブリュア（大久保桂子訳）［2003］『財政＝軍事国家の衝撃：戦争・カネ・イギリス

国家1688-1783』（名古屋大学出版会）

布留川正博［1991］「ウィリアムズ・テーゼ再考：イギリス産業革命と奴隷制」『社会科学』46号，pp.1-36

クリストフ・ボヌイユ,ジャン＝バティスト・フレソズ（野坂しおり訳）［2018］『人新世とは何か：〈地球と人類の時代〉の思想史』（青土社）

堀江英一［1971］『経済史入門（第3版）』（有斐閣双書）

古松崇志［2020］『草原の制覇：大モンゴルまで』（岩波新書）

K・ポメランツ（川北稔訳）［2015］『大分岐：中国，ヨーロッパ，そして近代世界経済の形成』（名古屋大学出版会）

ホロレンショー（佐々木専三郎訳）［1964］『レヴェラーズとイギリス革命』（未来社）

松田智雄（編）［1982］『西洋経済史』（青林書院新社）

丸橋充拓［2020］『江南の発展：南宋まで』（岩波新書）

三國陽夫・R.ターガート・マーフィー［2002］『円デフレ：日本が陥った政策の罠』（東洋経済新報社）

三谷太一郎［2009］『ウォール・ストリートと極東：政治における国際金融資本』（東京大学出版会）

三宅義夫「1968」『金：現代の経済におけるその役割』（岩波新書）

宮﨑礼二［1996］「第1次オイル・ショックと米国対外政策：オイル・ダラー還流における「国際協調」政策の展開」『土地制度史学』39（1）

村井章介［2016］『分裂から天下統一へ』（岩波新書）

山本栄治［1997］『国際通貨システム』（岩波書店）

湯浅赳男［2007］『「東洋的専制主義」論の今日性：帰って来たウィットフォーゲル』（新評論）

油井大三郎［1972］「武器貸与法と反ファシズム連合の形成」『歴史学研究』第387号

油井大三郎［1989］『未完の占領改革：アメリカ知識人と捨てられた日本民主化構想』（東京大学出版会）

吉澤誠一郎監修［2021］『論点・東洋史学：アジア・アフリカへの問い158』（ミネルバ書房）

ジョン・G・ロバーツ（安藤良雄・三井礼子監訳）［1976］『三井：日本における経済と政治の三百年』（ダイヤモンド社）

和田光弘［2019］『植民地から建国へ』（岩波新書）

渡辺昭一［2004］「イギリスのインド収奪構造と反英ナショナリズム」木村和男編著『世紀転換期のイギリス帝国』（ミネルヴァ書房）

▌あとがき「総合・探究ですが，なにか？」

　本書は著者によるMy世界史・My日本史である。世界史・日本史という学問が対象とする幅の広さからすれば，もとよりトピックの選定，先行研究の整理含め遺漏は多々あると思う。とはいえ，読者のみなさんが本書を入り口として，それぞれのMy世界史・My日本史という，歴史を通じてみた世界の見方をつくるきっかけとなれば著者とすれば望外の幸せである。100個というクエスチョンの数には，相当程度多い有限の数より他のさしたる意味はない。橋本治『デビッド100コラム』（冬樹社，1985年）の100個のコラムというのがナンセンスでいいなと思ったことがあるのが記憶の片隅にあったのかもしれない。

　本書は，コロナ情勢が始まる2021年初頭にThe Kyotoインタビュー（京大"アナキズム"＃5没頭の衝動，3Gでみる歴史（前編）陰謀論と真実（後編）(Text by大越裕)）で「3G（Gewalt, Gold & God）」コンセプトについてお話したことから始まる。その後，2021年4月初めに京都大学学際融合教育研究推進センターの宮野公樹さんから著者に，センターが新創刊する対話型学術誌『といとうとい』Vol. 0に，「世界史」をテーマに執筆を要請された。著者は，宮野さんに煽られる形で，個別実証研究者にはあまりにも漠然としたテーマに挑むことになった。3Gという切り口で短時間でまとめたのが「航空機産業，国際債務，サイバーデモクラシー：「3G」からみる世界史」（日・英）である。その後，4月に開講する京都大学経済学部・法学部経済史講義で，この3Gコンセプトを軸に世界史講義を実施した。世界史・歴史総合について序論・見方・アイデア・そもそも論を述べる例は多いが，本論そのものを解説することが重要だと考えたからである。この講義録（ビデオ），またSNS，XR歴史総合教室（NTT DOOR）の案内は，京都大学OCW（Open Course Ware）(https://ocw.kyoto-u.ac.jp/course/10931) 坂出個人サイト（https://takeshisakade.org/）で公開されている。また，本書の内容・講義およびセミナーの問い合わせはkeizaishi@gmail.comまで。

　上記経済史講義のベースは，過去の京都大学経済学部・法学部での経済史・

欧米経済史講義ノートであるが，そのレシピは，歴史の研究・教育をすすめながら，思いついた疑問，気になる新しい史実のあれやこれやを書き留めた，高校時代からの「世界史論述」「日本史論述」のノートである。開講時，翌年度に高校（2022年度）のカリキュラムが再編され，歴史総合科目が新設されることを知り，上の講義内容がこの科目の趣旨と重なることがわかり，「歴史総合」的に講義内容を整理したのが本書である。本書を読んでさらに歴史に関心をもった方は，個々のトピックについてはトピック末のリファレンスを参考にして『論点』シリーズ（日本史学・東洋史学・西洋史学（ミネルヴァ書房））を読み進めてみてはどうだろうか。同シリーズ各トピックには，歴史用語解説・論争の紹介・「探究のポイント」「歴史学的に考察するポイント」として3つ程度の「問い」・参考文献が挙げられているので学部専門課程の研究に適している。

　本書執筆においては多くの方々の支援を受けた。もとより史実・理論は内外の歴史学の研究蓄積に負うものである。事務・図表作成などでは谷口創一君・小松洋輝君のサポートがあった。小野綾子さんには素敵なイラストを制作していただいた。また，編集全般で，中央経済社特に酒井隆さんにお世話になった。

　本書の内容は，京都大学経済学部法学部での経済史講義受講者との20年間におよぶ「この論点は面白い」「説明ができていないじゃないか」などの対話のなかで，私の歴史に対しての「問い」と受講者の「問い」の交錯から生まれた。100という有限の問いには無限の答えがあるなかで，比較的真実に近いと考えられるものをつづめたものである。その意味で，本書は法経教室で何度も厳しい客の前で舞台（イタ）にかけてきた脚本（ホン）の定本である。

2023年3月

著者

●2021年度京都大学経済学部・法学部『経済史』講義OCWビデオ（坂出健）
https://ocw.kyoto-u.ac.jp/course/1093/

▍解説

　かつてないアクロバティックな歴史本，としか言いようがない。歴史とはそもそも「総合的」なものであって，日本史，世界史などと区分けすることはバカバカしいのだ。そういう感情丸出しで世間にぶつけてきた感じが清々しい。時代という時間的要素も，国という地理的要素も縦横無尽。はては漫画やSF小説の引用も交え，ご丁寧に大学入試問題も想定するなど，歴史書というジャンルをも軽々と飛び越えた本書はかなりヤバい。凄まじい知識の内容量からいったいどれだけ資料を読んだのだろうと考えさせられる一方，ひょっとしたらこの本は一晩で一気に書きあげられたんじゃないか？　と感じさせるほどの勢い。この矛盾が本書の隠れた怪しい魅力となっている。

　本物ほど深く気づいていることだが，歴史を語るというのはいつでも挑戦である。「なぜ・・・になったのか」に対して正確に答えることなどできるよしもなく，ましてや答え（原因）は１つであるわけがない。言い切ることにたいして，常に研究者としての己の限界を感じつつ書きすすめる苦労を，きっと坂出は「越境」という仕方で乗り越えてきたのだろう。時代や国という区分けを固定的前提としない，小説やマンガもまったく排除しない。そういう結果としての「総合」は，寄せ集めとしての「網羅」には宿らない思想（この場合，独自の歴史の見方）が立ち現れるだろうし，実際にそうなっている。見よ，本書の概念図として掲示された「800年世界史」の概観を。「はじめに」にて坂出は，本書はどこからでも読んでいいと書いてはいるが，やはりまず第１章を読むことをオススメしたい。読者はこの概観図を脳内に描いて読むといい。

　本書を読み楽しむコツは，なんといっても坂出本人と相対して会話していると想定して読むことにある（と思う。自信はない）。なぜなら，本書の内容や構成は，坂出本人の特性をそのまま表現したようなものだからだ。私は共通の知人を通じて坂出と出会ったが，話題となるジャンルの広さや，新しいことに挑むポジティブな姿勢，そして，どこかただよう「人間とはこういうもの」というドライな感覚に大いに魅力を感じたのだった（そして，その後「新しい都市論」等，多くの企画を共にしている）。確かに，人間の歴史とは，暴力や支

配の歴史かもしれない。しかし，ときおり挿まれているSF小説のコラムに象徴されるように，我々は創造，空想する意識的存在でもある。それを思い出させて読者をホッとさせてくれるためにあのコラムは掲載されているのだろうか。次は，坂出が語るSF小説の何かを読んでみたい。

　なんなら，読者のみなさんも実際に坂出本人に会ってみたらいい。実際の人となりがわかると，本書の文章も明らかに読みやすいだろう。とはいっても実際に会える場合は限られるだろうが，幸い，京都大学OCWにおいて高いクオリティーで収録された公開講座がある（「あとがき」にそのリンクが掲載）。カツカツと音を立て，チョークで板書きしながら講義する坂出の肉声とそつないテンポはどこか心地よく，強調ポイントや関係性が適宜図式化されて非常にわかりよい。本書が少し難解に感じられて読み進めない場合だけでなく，本書を1度通読した後でも講義を拝聴すればより理解が深まるだろう。

　もともと書籍の内容を要約して伝えるような「解説」は好みではなく，このように個人的感想に留まる軽薄な文章で失敬することになるのだが，果たして本書の魅力を少しでも伝えられただろうか。いやむしろ私は，おそらく本書の魅力もさることながら，坂出本人の魅力こそ伝えたかったのだと思う。これからも続く長い付き合いを願って筆を置く。

2023年4月

京都大学学際融合教育研究推進センター准教授

宮野公樹

索　引

［著者紹介］

坂出　　健（さかで　たけし）
京都大学大学院経済学研究科教授
博士（経済学）（京都大学）
専攻：国際経済安全保障
主著：*The British Aircraft Industry and American-led Globalisation, 1943-1982*
　　　（Routledge, 2022），D・エジャトン著『戦争国家イギリス—反衰退・非福祉の現
　　　代史』（（監訳）2017，名古屋大学出版会）

●イラスト
　　小野　綾子

入門　歴史総合Q&A100

2023年5月10日　第1版第1刷発行

著　者　坂　　出　　　　健
発行者　山　　本　　　　継
発行所　㈱中　央　経　済　社
発売元　㈱中央経済グループ
　　　　　パ ブ リ ッ シ ン グ

〒101-0051　東京都千代田区神田神保町1-35
電話　03（3293）3371（編集代表）
　　　03（3293）3381（営業代表）
https://www.chuokeizai.co.jp
印刷／三英印刷㈱
製本／誠　製　本　㈱

© 2023
Printed in Japan